日米同盟と朝鮮半島
Japan-U.S. Alliance and
the Korean Peninsula:
A Cockpit of World Politics
国際政治における格闘場
松村昌廣
芦書房

日米同盟と朝鮮半島——国際政治における格闘場　目次

序　論

1　分析の目的と焦点

冷戦終結後、朝鮮民主主義人民共和国（以下、北朝鮮）はソ連崩壊によって後ろ盾を失い、独自の核兵器保有によって自国の安全を保障しようとして来た。この間、北朝鮮は一九九三年と二〇〇三年に核不拡散条約（ＮＰＴ）脱退を表明し、二〇〇六年、二〇〇九年、二〇一三年、二〇一六年一月、二〇一六年九月、二〇一七年に核実験を実施した一方、弾道ミサイル発射実験を数多く行い、限定的で不完全な核兵器を保有するに至った。また、既に準中距離弾道ミサイルのノドン、中距離弾道ミサイルのムスダンやテポドン1号等を配備しているだけでなく、近い将来、大陸間弾道ミサイル（ＩＣＢＭ）のテポドン2号を完成させるのではないかと懸念されている。このような北朝鮮の核武装はＮＰＴ条約体制に違反するだけでなく、一旦、米本土を直接核攻撃する能力となれば、米国の同盟国に対する拡大核抑止の信頼性を揺るがせることとなるため、米国覇権に支えられてきた国際安全保障秩序に挑戦していると言える。

他方、近年、中華人民共和国（以下、中国）の急速な台頭と米国の相対的凋落により、国際的なパワー・バランスが大きく変化している。このような状況の下、中国は北朝鮮の後ろ盾でないにしても、同国を対米緩衝国として支えている。その結果、米国は緊急に対処が求められる北朝鮮問題と構造的に深刻な中国問題に同時に直面している。しかも、米国は北朝鮮に石油や食糧の供給や貿易を介して多大な影響力を持つ中国の協力を得なければ、北朝鮮に対して有効な手は打てない。さらに、米国、中国、北朝鮮、日本、韓国、ロシア、六ヵ国からなる北東アジアの国際関係は様々な水準の協力と対立が複雑に織り交ざったものであることから、北朝鮮問題への対処を一層困難なものとしてきた。朝鮮半島は列強間の厳しい権力闘争の場であり、近現代では日清戦争と朝鮮戦争を経験した。しかも、後者は休戦状態にあるだけで、未だ終結していない。本書は、朝鮮半島がそうした国際政治における「格闘場（cockpit）」であるとの基本認識を踏まえて、北東アジアの国際関係が急激に変容する中、日米同盟の将来を展望しようと構想された。

二〇一七年一月に発足した米国のドナルド・トランプ政権は「戦略的忍耐（stragegic patience）」を掲げ実質的に北朝鮮問題を放置してきたオバマ前政権の北朝鮮政策を否定した一方、北朝鮮に対して厳しい軍事的圧力や経済制裁を加えたかと思えば、その後急遽、外交交渉に舵を切った。二〇一八年六月一二日、シンガポールにて開かれた初の米朝首脳会談において、北朝鮮の非核化実現に関して曖昧な原則が合意され、両国の交渉プロセスは緒に就いた。その後、両国の担当者は断続的に交渉を重ねているが、二〇一九年一〇月現在、未だその成否は見通せない。

本書の目的は、この約二〇年間に亘って、国際政治における米国覇権の下、北朝鮮問題の解決を阻んできた要因やその背景を北東アジア国際関係の展開の中で把握することにある。また、分析の焦点を日米韓三ヵ国安全保障協力、六ヵ国協議、中朝関係、そして、これら三つの側面の相互作用に置く。さらに、こうして経緯と制約条件を把握した上で、近未来の北東アジアの国際政治を展望してみる。

本書の特徴は、主要な二国間関係や三国間関係を包含しながらも、米国の覇権戦略・政策と主要な域内諸国の対米協力・対抗策の観点から、北東アジアの国際関係全般を総合的に分析している点にある（もちろん、単独の短い論文では概括的な分析にならざるを得ず、総合的な分析は単行本によってある程度可能となるのは言うまでもない）。したがって、本書は、今日過度に分業化が進んだ国際関係・地域研究が陥りがちな陥穽を回避し、同時に政策とその背景をできるだけ具体的かつ体系的に分析・考察することを狙って構想された。しかも、本書は、北朝鮮による核兵器開発の動きが顕かになって以降の米国の対北朝鮮・北東アジア政策、日米韓三ヵ国安全保障協力、六ヵ国協議、中朝関係の展開を過去約二〇年に亘って分析している。つまり、本書は空間横断的分析と時間横断的分析を総合することによって、類書には見られない三次元的な理解に繋げることを狙っている。

本書は著者自身がこの約二〇年間に亘って断続的に公刊してきた論考を各章として編集したものである。これまで、著者は米国覇権の変動を主たる研究課題をしてきており、本書に関連ある著作として『米国覇権と日本の選択――戦略論に見る米国パワー・エリートの路線対立』（勁草書房、二〇〇〇年）、『動揺する米国覇権』（現代図書、二〇〇五年）、そして『東アジア秩序と日本の安全保障戦略』（芦書房、二〇一〇年）を公刊してきた。さらに、本書を執筆する上で重要な背景理解を可能とした拙著『衰退する米国覇権システム』（芦書房、二〇一八年）がある。ただし、これらの著書の分析対象は米国覇権の安定期、動揺期、衰退期の時間軸で段階別となっている一方、必ずしも空間的には朝鮮半島に主たる焦点が絞られてはいない。そこで、本書では、既刊本に分散して収めた論考八本に、未収用の公刊論文七本を加えて、総合的な分析・考察を提示することとした。言うまでもなく、著者自身がその時々の情勢に鑑み随時執筆したこれらの論考は発想、着眼点、分析視覚の上でかなり一貫性を有しているだけでなく、知見の重層的な累積と多角的で総合的な思考の熟成を可能とした。したがって、現在、米朝交渉の行方は未だ多分に不確定であるとはいえ、朝鮮半島を焦点とした北東アジアの国際安全保障情勢に関するここ約二〇年の総括と展望、そして日本の安全保障政策の課題を提示するには時宜を得たと判断した。

2　本書の構成

本書は六部、一四章、そして一つの補論からなっている。

第一部は、米国覇権の安定期において、北朝鮮が核兵器開発で瀬戸際政策を開始したとはいえ、未だ初期段階に留まっていた北朝鮮の脅威に対して、いかに米国が日本と韓国を主導して対処しようとしたかを分析する。第1章では、圧倒的な米国覇権を前提として、日米両国が「北朝鮮の脅威」を煽《あお》ることによって、いかに「北朝鮮カード」を利用したかを捉えるとともに、対日情報操作を行う米国と虚々実々の駆け引きを行った日本との関係を分析する。第2章は、対北朝鮮強硬策を採る米国が日米同盟と米韓同盟の強化を連動させて、日米韓三ヵ国バーチャル（準）同盟を演出しようとしたが、何故日韓防衛協力は限定的なものに留まり、上手くいかなかったのかを分析する。

第二部では、米国覇権の動揺期において、いかに六ヵ国協議が手詰まり状況に陥り、北朝鮮問題が深刻化したか、その理由や背景について分析する。第3章では、北朝鮮問題において次第に顕在化し始めた中国要因を分析する。具体的には、G・W・ブッシュ政権が核開発で瀬戸際政策を採り続ける北朝鮮に対して武力行使による体制変換ではなく、中国を議長国とする六ヵ国協議による外交的アプローチに切り替えた理由や背景を分析する。さらに、中国が六ヵ国協議の交渉のテーブルに北朝鮮を引きずり出すことには成功したにもかかわらず、北朝鮮の核兵器開発プログラム放棄に関しては積極的に影響力を行使しなかった結果、協調的な米中関係に潜在的な軋轢《あつれき》が生まれつつあった点に注目する。第4章では、難航する北朝鮮問題の処理の陰において、それまで順調に推移してきた米中関係の急速な悪化を分析する。

第三部では、米国覇権が衰退期に入った状況下で、米国の北朝鮮政策が迷走するなか、六ヵ国協議が実質的に破綻した理由や背景を分析する。第5章では、ブッシュ政権の北朝鮮政策が従来の強硬なレトリックにも係らず行き詰まり、交渉によって事態の打開を図らざるを得なくなった状況を分析する。つまり、なぜブッシュ政権は北朝鮮の金正日体制が容易に崩壊しないと判断して、当面、北朝鮮との共存を受け入れざるを得なかったのかを分析する。第6章では、ブッシュ政権が従来、北朝鮮との直接交渉や取引を原則的に拒絶してきたにもかかわらず、劇的に政策を転換した点に注目する。その上で、ブッシュ政権が六ヵ国協議と並行しながらも、金融制裁に関する米朝交渉を行うとともに、北朝鮮に対して核兵器開発に関する取引・譲歩案を提示するに至った意義と背景を分析する。第7章では、困難を極める米朝交渉において、ブッシュ政権が二〇〇七年末から二〇〇八年春にかけて北朝鮮政策を大きく転換して宥和策をとった背景、理由、影響を分析する。

第四部では、六ヵ国協議が破綻した背景に中国要因が決定的な作用を及ぼしたことから、中朝関係の実態と変容を解明する。第8章では、中国がいかに北朝鮮を取り込んで、北朝鮮に従属を強いる関係を構築していたかを分析し、さらには中国が望ましいと考える地域秩序観はどのようなものか、その中で北朝鮮がいかに位置付けられているのかを考察する。第9章では、中朝関係の変動の背後には、中国の対北朝鮮政策を左右する北京政府と人民解放軍旧瀋陽軍区との確執があったことを明らかにし、「北朝鮮問題」の本質が中国問題であることを考察する。

第五部では、なぜ歴史問題が日米韓三ヵ国安全保障協力を撹乱し、覇権衰退期に入った米国の対北朝鮮・対中国政策を阻害するのか、その理由と背景を分析する。第10章では、いかに慰安婦問題が中国と韓国を中心に政治問題化され、北東アジアの国際政治に大きな影響を及ぼすようになったか、特に日米同盟の安定性を損なうかを捉える。第11章では、韓国の反日を台湾の親日と比較対照することで、その一般的な理由を日本統治の前後を焦点に近現代史における経験の差異によって理解し上で、現在の韓国政府による反日政策は正統性と正当性の欠如を転嫁させるためであると分析した。また、それ故にそうした状況は容易には変化しないと捉えた。第12章では、オバマ前政権が日韓両国に圧力を加えて「慰安婦問題」に関する日韓最終合意を締結させ、当面、日米韓三ヵ国安全保障協力を阻害してきた「慰安婦問題」を制御することに成功した理由や背景を分析した。とはいえ、この効果は問題の根本的解決ではないために、永続的でないと考察した。

第六部では、トランプ政権の新たな動きが単に北朝鮮の非核化を狙っているだけではなく、結果的に、北東アジアそして東アジア・西太平洋地域における国際安全保障秩序の再編成に繋がる可能性を多分に有していることから、北朝鮮問題後の国際政治を展望してみる。第13章では、北朝鮮に埋蔵される膨大なレアメタル・鉱物資源を巡る水面下での国際的競争を分析し、日本の北朝鮮に関する地経学的思考を考察する。第14章では、米国が既に覇権衰退期に入り、トランプ政権が少なくとも米国覇権の縮小再編成（最悪、覇権放棄）に舵を切ったとの認識に基づき、北朝鮮問題後に訪れる国際秩序、特に東アジア秩序の変容の中で日本が直面すると思われる危機を考察する。

以上の説明によって、本書で展開する空間横断的、時間横断的な情勢分析の趣旨と概要は十分明らかであり、結論を設けて再度要約を提示することは冗長に過ぎるであろう。また、第六部（北朝鮮問題後の国際政治の展望）において、第14章がその東アジア秩序への衝撃を考察することから、実質的に、本書の結論の役割を担っている。そこで、最後に「おわりに」を設け本書の意義と特徴を簡単に振り返って、今後の研究課題を考察しておく。

なお、補論では、北朝鮮のスヴァールバル条約の加入について、万一北朝鮮の現体制が崩壊した場合に金正恩《キムジョンウン》ならびにその家族の亡命先になるのではないかという視点から分析した。

本書は桃山学院大学総合研究所共同プロジェクト「21世紀の日本の安全保障（V）」の成果の一部である。

また、本書は二〇一九年度桃山学院大学学術出版助成を受けて刊行されたものである。記して感謝申し上げる。

（初出一覧）

第1章　「煽られ過ぎた北朝鮮の脅威」『論座』一九九九年八月。

第2章　「ブッシュ政権と日米韓関係の展望」『問題と研究』30巻10号、二〇〇一年七月。

第3章　「北京六ヵ国協議と米国の東アジア戦略」『問題と研究』33巻10号、二〇〇四年七月号。

第4章　「第二期ブッシュ政権の北朝鮮政策はなぜ手詰まりに陥ったのか」『治安フォーラム』二〇〇五年六月号。

第5章　「北朝鮮の体制変換を断念したブッシュ政権」『治安フォーラム』二〇〇六年九月号。

第6章　「六か国協議の評価と展望——焦点はポスト金正日継承問題か」『治安フォーラム』二〇〇七年四月号。

第7章　"Don't count on our Followership", *AJISS-Commentary*, December 4, 2007; and "Simple-minded or Farsighted: U.S. Handling of North Korea", *AJISS-Commentary*, July 7, 2008.

第8章　「中国による北朝鮮の『植民地化』」『時事 *TOP CONFIDENTIAL*』二〇〇六年九月五日号。
"A Concert of Asia or a Concert of China", *Opinion Asia*, July 17, 2007.

第9章　「張成沢処刑から見える中国の軍閥化」『治安フォーラム』二〇一四年四月号。

第10章　"Depoliticizing Comfort Women", *Far Eastern Economic Review*, Vol. 170, No.7, September 2007.

第11章　「なぜ韓国は反日なのか——日韓関係と日台関係の比較の視点から」『（桃山学院大学）経済経営論集』第60巻1号、二〇一八年。

第12章　「『慰安婦』問題に関する日韓最終合意と米オバマ政権による圧力——二つのシンクタンク政策論文から考える」『（桃山学院大学）経済経営論集』第60巻3号、二〇一八年。

第13章　"New Geo-economic Thinking on North Korea in Japan", *International Journal of Korean Unification Studies*, Vol.17, No.2, December 2008.
第14章　「北朝鮮問題後に訪れる本当の危機」『治安フォーラム』二〇一八年一一月号。
（補論）「北朝鮮のスヴァールバル条約への加入に関する一考察」『（桃山学院大学）社会学論集』第52巻1号、二〇一八年。

第一部　日米韓三ヵ国安全保障協力の模索

第一部は、米国覇権の安定期において、北朝鮮が核兵器開発で瀬戸際政策を開始したとはいえ、未だ初期段階に留まっていた北朝鮮の脅威に対して、いかに米国が日本と韓国を主導して対処しようとしたかを分析する。第1章では、圧倒的な米国覇権を前提として、日米両国が「北朝鮮の脅威」を煽《あお》ることによって、いかに「北朝鮮カード」を利用したかを捉えるとともに、対日情報操作を行う米国と虚々実々の駆け引きを行った日本との関係を分析する。第2章は、対北朝鮮強硬策を採る米国が日米同盟と米韓同盟の強化を連動させて、日米韓三ヵ国バーチャル（準）同盟を演出しようとしたが、何故それが限定的な日韓防衛協力に留まり、上手くいかなかったのかを分析する。

第1章　朝鮮半島をめぐる日米関係

一九九九年夏、北朝鮮に対する日本国内の危機感は非常に高まっていた。

北朝鮮は一九九八年八月、弾道ミサイル「テポドン」を日本列島越しに飛ばし、一九九九年春には核兵器の再開発を目論んで新たに地下核施設を建設したとの疑いを持たれた[1]。また、一九九九年三月に起きた北朝鮮のものとみられる不審船の領海侵犯事件では、初めて自衛艦による海上警備行動が発令され、警告射撃が行われたことから、国民の間に緊張が広がった。こうした動きを受けて、論壇においても中川洋八氏の「化学弾頭ノドンの標的は皇居である」（『正論』一九九六年六月号）や西岡力氏の「半島危機は去っていない」（『諸君』一九九九年五月号）など、脅威を言い立てる主張が多くなった。

そして、北朝鮮の脅威が声高に叫ばれるなかで、新ガイドライン法（周辺事態法）は成立した。

しかし、読者には意外に響くであろうが、この時点では北朝鮮は世上いわれるほど脅威ではなかった。むしろ、細心の注意を払うべきは、北朝鮮問題の処理に絡んで米国の「虎の尾」を踏まないことであった。日本政府は、北朝鮮の脅威を過大評価する国内の空気を背景に、独自の偵察衛星の保有計画など日米同盟下の軍事情報体制を変えかねない一連の政策決定を矢継ぎ早に決めてしまったが、そうした動きは、東アジア政策の真の矛先を日本に向けている米国を強く警戒させることになると思われた(2)。

東アジア軍事安全保障は、あくまで米国の世界戦略や、その中における日米同盟の役割に引き戻して具体的に捉え直してみることが必要である。北朝鮮の「脅威」に目を奪われ、北朝鮮の動向にばかり執着していれば、日本の真の国益は見えないと考えねばならなかった。

1　北朝鮮は合理的な判断ができる

一九九九年までの約半世紀、朝鮮半島は三八度線を挟んで一触即発の「極東の弾薬庫」であった。北朝鮮が国際的に孤立化を深め、エネルギーや食料の点で追い詰められた末に軍事的冒険に打って出る可能性を否定できなかった。だが、冷静に考えると、そのような可能性は極めて小さかった。

多くの人は、北朝鮮の行動、とりわけ一九九八年のテポドンの発射事件は「狙気の沙汰」であり、金正日総書記や北朝鮮最高指導者たちはまともな判断力を持たないと思っていただろう。合理的な判断をしない相手の行動は予測できず、それゆえに北朝鮮の脅威はいっそう深刻だ、という結論に結び付いた。だがはたして、そうだったのだろうか。

一九九九年までの数年、北朝鮮は小規模な武力による威嚇を除いて軍事行動を起こしていなかった。このことだけでは北朝鮮の指導部が合理的な判断力を有しているとはいいきれなかったが、北朝鮮の多くの外交官や軍事・国際関係研究者は、旧ソ連で教育を受けたり、西側諸国との接触を保ってきたりしており、国際情勢について大枠で正しい認識を持っていた。このような人々が北朝鮮首脳部のブレーン機能を果たし、実務を動かしていた。したがって、北朝鮮の行動は無茶苦茶に見えても、実は計算され尽くした戦術に基づいていたと捉えるべきである。

では、テポドンの発射はどう理解すればよかったのか。米国は事前に動向をキャッチして情報収集に万全の体制で臨んでいたし、海上自衛隊のイージス艦（高性能ミサイル護衛艦）も日本海に出て警戒にあたっていた[3]。日本列島を越える多段階ミサイルを発射するとは誰も考えていなかったが、ミサイル発射そのものは予測されていたのである。また、北朝鮮という国家の存在条件や利害関係を考えれば、ミサイル発射は極めて合理的な選択であったともいえる。

北朝鮮の統制経済はすでに破綻していたのであり、基礎的な食料やエネルギーにも事欠く状況であった。食料などを購入する外貨を貿易で調達するには、開放政策に切り替える必要があったが、金正日・朝鮮労働党体制の下では開放政策が必然的に政治体制の崩壊に直結するから、不可能であった。そこで北朝鮮は、麻薬の製造・輸出、偽札の印刷、朝鮮総聯（在日本朝鮮総聯合会）からの送金、武器輸出、これら四つを主な方法として外貨を調達してきた[4]。しかし、北朝鮮の在外公館を中心に展開された麻薬・覚醒剤の販売網は国際的な摘発にあい、広く知られてしまった[5]。偽札については、大量の米一〇〇ドルの偽札をベトナム経由でカンボジアに運び入れようとしたのが発覚し、米通貨当局は偽造が困難な新紙幣に転換した[6]。総聯は北朝鮮の実態が明るみになるにつれて会員数が激減し[7]、その関連金融機関もバブル崩壊後の金融不況なかで急速に力を落としていた[8]。

一九九九年夏の時点で、北朝鮮が外貨の獲得源として頼れるのは武器輸出だけであったから、武器の販売促進のために高性能ミサイルを発射して宣伝するのは、彼らから見れば至極合理的心行動であったといえよう(9)。

北朝鮮がミサイルと核兵器を保有しているとして、日本を攻撃するであろうか。こういう事態もまた考えにくかった。

一九九九年には、北朝鮮が既存体制を維持するには、外貨を調達して石油や食料などさまざまな経済資源を人手しなければならなかった。ところが、友好国だったロシアは経済的に破綻し、中国は自国の問題だけで手一杯であった。交渉相手である米国はグローバルに軍事力を展開するなか、すでに在韓米軍などに巨額の軍事費を出しており、北朝鮮への大規模な援助はできなかった。むしろ、日本に朝鮮半島エネネルギー機構（ＫＥＤＯ）の必要経費のかなりの部分を払わせていたほどだった(10)。要するに、北朝鮮にとって日本からの経済援助は最後の生命線だったである。

一九六五年の日韓基本条約締結に至る交渉では、北朝鮮部分に対する戦後賠償は先送りとなっており、北朝鮮と国交正常化するとなれば、日本はかなりの額の援助をしなければならなかった。この問題でも、北朝鮮は援助額を増やし有利な条件を得ようと、脅かしたりゴネたりするだろうが、日本を攻撃するとは想像できなかった。北朝鮮は、体制維持に必要な食料やエネルギーの援助を求めるとき、軍事的な恫喝《どうかつ》をほのめかしたり、核兵器関連施設の査察条件を平気でつり上げるなど、他国に援助を要請する国としては考えられないやり方をしていた。しかし、無礼で傲慢なだけであり、北朝鮮はあくまでも合理的なアククーというべきであった。

一九九六年六月、北朝鮮の小型潜水艦が特種部隊を韓国に秘密入国させようとして韓国領海で座礁した事件があり、一九九九年二月になって、この潜水艦の装備の詳細が報道されたが、日本製の魚群探知用のソナーや漁船用の位置確認装置など、民生品が多数使用されていた[11]。北朝鮮軍は軍備さえも日本の民生品がなければ維持できなかったのである。

2 北朝鮮は脅威ではない

一九九九年夏の時点で、北朝鮮は既に核弾頭二、三発分の核物質を保有していたと考えられる[12]。最悪の想定では一〇発分に相当する量かもしれなかった。また、目標への命中精度を問わなければ、ノドンとテポドンの二種類の弾道ミサイルを核弾頭運搬手段として保有していた。

しかし、これだけでは脅威ではなかった。一九九八年夏のインドやパキスタンの地下核実験でも明らかなように、弾道ミサイルの核弾頭は小型化しなければならず、この技術の信頼性を確認するにはどうしても核爆発実験が必要である。北朝鮮が核実験をしたことはなかったし、その素振りも見せていなかった。コンピューター・シュミレーションで核実験に代えることはできるが、そのためのデータや技術は米国などの核保有国が独占していた。経済危機での生活苦から、ロシアの核兵器専門の科学者が北朝鮮にデータを売るようなことでもしない限り、北朝鮮はデータを入手できなかったのである。とすれば、北朝鮮には核爆発実験の必要のない大型の核爆弾を爆撃機で運搬し、韓国や日本に投下する方法しかなかった。ところが、一九九九年夏の時点では、北朝鮮には爆撃機はなかった（二〇一九年一〇月現在でも、保有していない）。万一何らかの事情で爆撃機を手に入れたとしても、周辺空域の制空権は米国、日本、韓国が牛耳っていたのであり、すぐさま打ち落とされたであろう。

確かに、北朝鮮の核兵器開発疑惑は大きな懸念材料であった。北朝鮮の能力はゼロだったものが核弾頭二、三発分の核物質を保有するまでに変化した。しかし冷静に考えると、北朝鮮だけを恐れるのは矛盾に満ちていた。

核能力と意図の不明瞭さの点からすると、中国のほうがより具体的、顕在的脅威であった。日中間には平和条約が存在し、経済的にも相互依存度が高いとはいえ、台湾海峡におけるミサイル発射に象徴されるように、一九九〇年代後半の中国は軍事的な威嚇に訴えることが少なくなかった。しかも、中国は既に核弾頭を装備した大陸間弾道ミサイル、戦域ミサイル、戦術ミサイルなど約三〇〇発を実戦配備していた。また、ミサイルの近代化を加速させ、多弾頭化や対電子戦対策などにも着手していた[13]。一九九九年の時点で、日本は既に三〇年以上も中国のこうした核戦力の脅威に晒されていたわけで、これを脅威としないのであれば、北朝鮮の「核兵器開発疑惑」に脅威を感じるのは、辻褄《つじつま》が合わなかった。

また、中国に対しては米国の核兵器による抑止力が十分作用していたとするのであれば、核弾頭や爆撃機もない北朝鮮に対してはなおさら抑止力が作用していたとすべきだろう。北朝鮮が脅威になるのは、北朝鮮が合理的な判断ができず、抑止作用が利かない場合だが、この想定は既に論じたように的外れであった。

逆に北朝鮮の立場からすると、核弾頭の小型化を含まない一九九〇年代後半の核兵器開発路線は、ささやかな抵抗なのであった。仮に北朝鮮が核弾頭一〇発分に相当する核物質を保有していたとしても、それは潜在能力にしかすぎなかった。

これに対して、米国は冷戦時代からの大陸間弾道ミサイル、潜水艦発射の戦略ミサイル、そして核爆弾を搭載できる爆撃機部隊を保有していた。しかも、このような戦略核戦力を使わずとも、第七艦隊所属の潜水艦とイージス艦から射程一五〇〇キロメートル程度の巡航ミサイル・トマホーク約三〇〇発程度を発射できた[14]。湾岸戦争でも、その後のイラクやユーゴスラビアに対しても、米軍はまず潜水艦やイージス艦などから大量のトマホークによる一勢攻撃を加えた。トマホークにはいつでも核弾頭を装着できた。米国の圧倒的な核戦略を考えれば、北朝鮮の核の脅威はあまりにも過大に評価されていた。

通常兵器のレベルではどうであったろうか。確かに数の上では北朝鮮側が圧倒的に勝ったが[15]、兵器の質を考えると、北朝鮮は逆に守勢に立たされていた。米国の安全保障専門誌『インターナショナル・セキュリティー』（一九九八年春号）で、民主党系シンクタンク、ブルッキングス研究所研究員のマイケル・オハンロン氏は新旧装備の火力・機動力の差や地勢上の要因などを計算に入れ、代表的な戦術モデルに基づいて優劣の詳細な分析を行った。同氏によると、米軍と韓国軍は北朝鮮を完全に圧倒することができた。在韓米軍と第七艦隊や在日米空軍の艦船・航空機だけでも十分勝利することができた。必要となれば、日本の米軍基地や港湾・空港施設をフル稼働して、米本土から陸海空軍の部隊を投入することもできた[16]。さらに、一九九八年一二月、香港『ファー・イースタン・エコノミック・レビュー』誌によると、在韓米陸軍は北朝鮮の首都ピョンヤンまで侵攻する戦争計画を立てていた[17]。

問題は北朝鮮軍を打破できたかどうかではなく、いかに少ない被害で素早くこの目的を達成するかであった。軍事力のバランスを考えれば、ソウルは緒戦で北朝鮮のミサイル攻撃や砲撃によりかなりの被害を受けると予想された。また、北朝鮮が化学兵器を使用した場合、これを防ぐ有効な手段はなく、かなりの苦戦が予想された。しかし、北朝鮮が化学兵器を使用すれば、米軍は必ず核兵器によって北朝鮮に報復するから、結局、北朝鮮は化学兵器を使えない。

以上の理由から、北朝鮮は核戦力のレベルでも通常戦力のレベルでも全く怖くはなかった。

3　米国が怖れているのは日本である

それでは米国はなぜ朝鮮半島の軍事情勢に極度に神経質になっていたのだろうか。いったい何を恐れていたのだろうか。

朝鮮半島の軍事バランスが米国に決定的に有利だとすれば、沖縄の海兵隊の役割は何であったのだろうか。もちろん、海兵隊は北朝鮮部隊の背後に回って逆上陸し、その補給路を遮断し、後方を攪乱させることはできる。状況によって、これによって北朝鮮の作戦全体を破綻させるきっかけになるだろう。

しかし、具体的に考えてみると、朝鮮半島有事のシナリオにおいて沖縄の海兵隊は軍事的にはほとんど意味を持たない。沖縄には緊急展開用に一個師団、約一万七〇〇〇人がスタンバイしていただけあり、さらに、第七艦隊所属の強襲揚陸能力は一度に二二〇〇人である。これでは一個連隊規模の移動でも一度には不可能で、ピストン輸送したところで師団全体を移動させるには数日を要する（他の艦船を使えば、湾岸施設が必要となり上陸地点が釜山などに限定される）。これならば、軽武装の空挺師団なら米本土から空輸したほうがむしろ速い。そもそも陸海空三軍のなかでの海兵隊の役割分担は、上陸作戦の緒戦において橋頭壁を確保するなど、大規模な陸上作戦の補助的な役割である（もっとも危機管理型の小規模な作戦ならば、単独行動を行う場合もある)。朝鮮半島ではすでに陸軍部隊が三八度線に張り付いた形で駐留しているから、橋頭保を新たに確保する必要はない。また、海兵隊の装備は陸海空軍の車両や航空機と比べれば相対的にかなり旧式であり、火力や防護性能の点で劣っている。要するに、朝鮮半島有事の場合、沖縄の海兵隊は追加的な能力であり、必要不可欠ではない(沖縄の海兵隊は、台湾が現在領有している金門島などへの中国の武力侵攻に対しては、距離と台湾正面に配備されていた人民解放軍の戦力との比較で、遥かに高い抑止力を及ぼしていた)。

当時の沖縄の海兵隊の意義は、もっと広い視野から捉えねばならなかった。端的に言えば、それは米国の東アジア全体に対する軍事的コミットメントは揺るぎないものであり、米国こそが東アジア地域を牛耳っているという決意と能力の証であった。そして、東アジアに安定が必要だと米国が考える理由は、日本そのものなのであった。

米国は、東アジア周辺の軍事的脅威が高まれば、日本が日米同盟を離れて独自に軍備拡大に走るのではないかと懸念していた。一九九四年四月に行われた朝日新聞とハリス社による日米世論調査でも、米軍の日本駐留の目的について、日本では「米国の世界戦略」のためが一位だったのに対し、米国では半数近くが「日本の軍事大国化を防ぐため」と回答していた(18)。

歴史的にも、米国の東アジア政策において朝鮮半島そのものが重要であったことはない。朝鮮戦争にしても、米国が朝鮮半島を米国の防衛ラインの外側にあるとしたために、金日成に誤算させて南進を招いてしまった。しかし、朝鮮半島の動向が日本の安全保障政策を左右することは、歴史的に実証済みである。日本にとって朝鮮半島は「脇腹に突き付けられた匕首《あいくち》」であり、日清戦争・日露戦争も朝鮮半島の支配をめぐって戦われた。日本にとって、朝鮮半島が統一されてそこに反日的な政権が生まれる、或いは中国やロシアが朝鮮半島を制圧して軍事的脅威を及ぼす事態は、最悪のシナリオである。この地政学上の論理は近い将来も変わらないだろう。

もし米国が朝鮮半島の安全保障に責任を持たないのであれば、日本は独自に米国の軍事的な役訓を肩代わりせざるをえない。この場合、日本は大幅に軍備を拡大し、現在の消極的・受身的な防衛体制から積極的・能動的な外征軍事行動をとる体制に移らざるを得ない。北朝鮮や統一朝鮮が独自の核戦力を保有すれば、日本も核武装せざるを得なくなる。したがって、日本を日米同盟の枠に留め核武装させないためには、米国は何が何でも朝鮮半島を自己の軍事的なコントロールのもとに置いておく必要がある。

この点は何も抽象的な論理ではなく、一九九九年の時点で米国において誰が朝鮮政策の分析立案に関わっていたのかを見れば一目瞭然であった。つまり、米国の軍事安全保障・外交政策の実務担当者やシンクタンクを中心とした戦略研究者たちには、朝鮮半島の専門家など数えるほどしかおらず、グローバルな核戦略専門家、東アジア専門家（とりわけ日本専門家）が朝鮮シフトをとっていたのが実情であった[19]。

政策を提言し表面に出てくる研究者のレベルでいうと、戦略研究所（ＣＳＩＳ）のマイケル・メイザー氏やカーネギー財団のセリグ・ハリソン氏は核問題の専門家であった。外交問題評議会（ＣＦＲ）の朝鮮半島プロジェクトを采配していたのは、もともとに日本の防衛産業政策が専門のマイケル・グリーン氏であるが[20]、彼はクローニン氏（当時、米国防大学教授）とともにポスト冷戦の米国の東アジア戦略を策定した『ナイ・レポート』作成の裏方を務めたことでも知られていた[21]。また、このプロジェクトにはＣＦＲ上級研究員のロバート・マニング氏も重要な役割を演じた。かつて同氏はカーネギー財団のハリソン氏とともに日本のブルトニウム政策を非難し[22]、日本が核武装を企っているなどと嫌疑をかけられないように透明性を高めよと要求した人物である[23]。前国防長官（当時）のペリー氏を念頭に置いた「対北朝鮮政策顧問」の指名は、上記の外交評議会のプロジェクトの中から生まれた[24]。

要するに、朝鮮半島シフトの軍事的な標的は北朝鮮であったが、政治的な標的は日本なのであった。米国のグローバルな軍事戦略において、日本の役割、とりわけ、沖縄（海兵隊・空軍）、横須賀（海軍）、三沢（空軍）にある基地は決定的に重要である。日米安保条約と北大西洋条約機構（ＮＡＴＯ）による前方展開基地は米国の軍事ネットワークに必須であり、第七艦隊は遠くペルシャ湾まで睨んでいる。日本を失えば、米国はその軍事覇権を維持できない。

4　日米同盟の虚実

こうした米国の朝鮮半島・日本政策は、体系的で用態周到に見えるが、じつは深刻な齟齬《そご》をきたしつつあった。日本を制御しているつもりが、いつのまにか制御不能になり、「策士、策に溺れる」となりかねなかった。

朝鮮半島情勢を横目に見ながら、米国がまず手を付けたのが新「日米防衛協力のためのガイドライン」の策定であった。北朝鮮は一九九四年のジュネーブ「枠組み合意」のかなり前から「危ない」といわれていた。当初、速やかに朝鮮有事に備えてガイドラインを改定せねばならないとされたが、これは真っ赤な嘘であっただろう。前述したように、北朝鮮が「危ない」というのはその恫喝的な交渉スタイルからくる印象に過ぎなかった。万一、北朝鮮が南進しても、極東の米軍事力は十分これを撃退できたし、日本の軍事力を追加的な能力として直接・間接に利用し、日本の港湾・空港を自由に使用できれば、米軍の朝鮮半島における作戦活動はずいぶん楽になっただろう。しかし、日本の協力が不可欠というわけではなかった。米国が日本に要求したのは、「何ができるか」ではなく「何ができないか」を明確にすることだった。実行不能な作戦を当てにして戦争計画など立てられないからだ。

一九九七年のガイドライン改定が緊急に求められたのが、軍事的な理由からであったかどうかも疑わしい。軍事的理由で急いだなら、米軍のトップが作戦や兵站の諸分野から優先順位をつけて迅速に策定されたはずである。ところが、現実には優先順位が付けられた形跡はなく、事務方主導の網羅的な文章が十分な長時間かけて策定された。その目的は明らかに朝鮮有事に備えるためではなく、日米の軍事的な役割分担とその執行方法・手順に関して細部を具体的に詰めることであった。このことは、日米間に具体的な形で武装兵力の支配・被支配関係、優劣関係、そして全般的な権力関係を確定した。つまり、米国から見たガイドライン改定の主眼は、北朝鮮の脅威を梃《てこ》に米国絶対優位の日米間の政治秩序を再定義することにあったのである。

そのうえ、米国は縮小・再編成した自国の軍事産業のために、日本に戦域ミサイル防衛（ＴＭＤ）システムを売り込む目的で、「北朝鮮の脅威」を強調する必要があった。米国の軍事産業は軍事費が大幅に削減され、兵器の調達が大幅に削減されるなか、ＴＭＤの販売にその運命を左右されたからである。

ところが、米国は日米関係を操作しようとするあまり北朝鮮の脅威を煽りすぎて、ガイドライン改定の目的と矛盾しかねない状況に直面した。改定ガイドラインでは、米国の優位を前提に「必要なハードウェア、ソフトウェアを備えた日米共同の調整所を平素から準備しておく」として、自衛隊の指揮・統制系統を米軍側に取り込もうとした。日本が単独で軍事力行使を可能とする指揮・統制系統の装備・設備を保有することに釘を刺そうとしたのだが、「北朝鮮の脅威」を追い風に、日本は空中警戒管制機や大型の強襲上陸艦を調達・配備し、[25]偵察衛星の調達計画まで決め、[26]空中給油機や大型の輸送機を調達することとなった。[27]さらに、防衛庁に情報本部を設立した。イージス艦レーダーによるテポドンの捕捉と分析では独自の能力を発揮し、米国の情報操作を不可能にしてしまった。日本は限定的であるが独自の情報収集・処理・分析能力、パワー・プロジェクション能力、ある程度高度な指揮・統制能力を保有しつつあった。

このような急激な日本の軍事力の増強は、明らかに米国の予想を越えていた。冷戦時代、日本には軍事力増強に反対する強力な左翼勢力が存在したために、このような変化は不可能だった。ところが、PKO部隊の海外派遣や台湾海峡の軍事的緊張に続き、「北朝鮮の脅威」の増大は、防衛に関する国民の空気を急速に変化させた。民主党を初めとする野党・革新勢力は、「防御的な」装備や作戦行動計画に対しては容認し、兵器・武器そのものではない兵器システムのインフラ部分の保有や強化についても支持するようになった。この変化は、偵察衛星の保有を可能にするため、「宇宙空間の平和的利用」に関する国会決議が再解釈され、民主党の鳩山由紀夫幹事長代理（一九九九年一〇月同党党首）から北朝鮮に対する防御的先制攻撃も是とする見解が出されたことに如実に表れていた。[28]与党勢力は、この機会を逃さず利用したといえよう。

純軍事的な観点からすると、日本の一連の防衛力の増強は理にかなったものと言えただろうが、その増強ぶりと速度は、米国や中国との間で政治的な緊張を生む可能性があった。軍事的な専門知識を持たない野党側は、兵器システムのインフラ部分は攻撃的な武器ではなく、情報・通信や兵站の機能しか果たさないから防御的であると正当化したが、兵站や兵器システムに「攻撃的」「防御的」区別はない。状況に応じてどちらの目的にも使えるわけで、破壊能力そのものがない装備・装置であっても、兵器システム全体の破壊能力を向上させるならば、これはやはり軍備増強といえる。したがって、中国人民解放軍当局は米国防総省に対して日本の軍拡を抑えるよう強烈な要求をした。[29]米国自身も、従来、日本の軍事能力、とりわけ、情報能力や指揮・統制能力一定の限界に留めて置こうとしてきただけに、懸念し始めた。[30]当面、日本の政治指導者と防衛政策担当者は軍備について静観すべきだった。

5　北朝鮮問題の落としどころ

ここまで、日米間の同盟政治において、両国がいかに「北朝鮮カード」を利用してきたかを見た。こうした東アジアの国際政治では、日米同盟を堅持しようとするかぎり、「北朝鮮の脅威」を操作できる余地は徐々に狭まっていくと思われた。北朝鮮問題そのものの処理の落としどころを考える時期であった。

まず、金正日総書記と朝鮮労働党による北朝鮮の体制はしばらく存続すると考えねばならなかった。食料やエネルギーに困っていたといっても、太平洋戦争末期の大日本帝国とは全く条件が違った。北朝鮮は空襲を受けて全土が破壊されていたわけでもなく、厳しい条件付きながら必要最低限の援助を受けることができた。さらに、北朝鮮を崩壊させようと考えていた国はなく、むしろ周辺関係諸国はいかにその崩壊を先延ばしにするか苦慮していた。

朝鮮半島の統一を急がせる要因もなかった。日米中ロの四大国は朝鮮半島統一の経済的コストを負担する気が全くなかったうえ、韓国の利害も統一先延ばしで一致していた。米国の軍事力を使えば北朝鮮を潰してしまうのは簡単なことであっただろうが、問題は潰した後どうするかであった。米国には、経済復興についても、四大国間の勢力均衡の観点からの統一朝鮮の位置づけについても、何ら具体的な方策がなかった。

そこで議論は北朝鮮への援助に収斂したのであるが、前述したように援助される側の北朝鮮が交渉を有利に運ぼうと、ミサイル発射や核兵器開発などをやりながら強引かつ無礼な姿勢をとり続けたため、世界の覇者を自任している米国は、簡単に妥協できずにいた。

クリントン政権の内部でも議会でも、援助慎重派は、北朝鮮の強硬な要求に妥協した場合、それが前例となってしまい、リビア、イラク、イランなど、いわゆる「ならず者国家」にも同様に妥協せざるを得なくなると危惧していた。一方、援助積極派は「金でカタをつける」とすればせいぜいリビア、イラクだけなのであるから、北朝鮮を武力で叩いて崩壊させ、混乱の後始末をするよりもはるかに安くつく、との立場を取っていた。

実は、ペリー前国防長官（当時）が北朝鮮問題調整官に任命された理由は、米国の国内政治過程において援助慎重派と援助積極派を両極とする複雑な意見の対立を整理し、基本的には援助積極派の路線で政策を纏《まと》めることにあった。このような役割には、カートマン朝鮮半島和平担当特使を中心とする国務省の朝鮮問題チームでは明らかに力不足だった。さらにペリー氏の第二の役割は、この援助積極路線に日本を巻き込み、日本に対北朝鮮経済援助の負担で協力させることであった。

このような状況判断、そして米国の東アジア政策の真の矛先が日本に向けられていたことを考えると、日本が当面、北朝鮮に対して取るべき態度はおのずから導かれた。すなわち、負担の額や内容の詳細は後日詰めるとして、日本政府はとりあえずペリー氏のイニシアチブに乗るのが大人の選択というものであっただろう。日本人拉致疑惑や領海侵犯事件はきわめて深刻な治安問題ではあるが、これは軍事的脅威とすり替えてはならなかった。当時、われわれには精神的なタフさが求められていた。

〈注〉

（1）「北朝鮮使節施設立ち入り　新疑惑あれば再び要求」『日本経済新聞』一九九九年五月二九日。
（2）「情報衛星開発　米の懸念否定　駐米大使」『日本経済新聞』一九九九年六月三日。「情報収集衛星構想足踏み——米側、激しく巻き返し」『日本経済新聞』一九九九年七月二日。
（3）「『テポドン1号』日本本土越え、米軍事衛星がキャッチ」「テポドン1号　日本八月初めにキャッチ　防衛庁、海空で警戒」『読売新聞』一九九八年九月一日（夕刊）。
（4）偽札については、康明道・尹学準『北側鮮の最高機密』文藝春秋、一九九五年。総聯による送金については、伊勢暁史「錬金術!?　組織ぐるみの集金——送金システムを検証する」『朝鮮総聯の研究』別冊宝島221、室島社、一九九五年。野村旗守『北朝鮮送金疑態』東洋経済、一九九九年。Nicoles Eberstadt, "Financial Transfers from Japan to North Korea", *Asian Survey*, May 1996. 麻薬については、「国家ぐるみ　麻薬・密造」『産経新聞』一九九七年六月二六日。U.S. Department of State, *International Narcotics Control Strategy Report*, 1999.
（5）「国家ぐるみ　麻薬・密造」前掲紙。
（6）「新一〇〇ドル紙幣、八日から発行　偽造対策を強化」『日本経済新聞』二〇一三年一〇月五日、

https://www.nikkei.com/article/DGXNASGM05008_V01C13A0NNE000/、二〇一九年二月六日アクセス。

（7）『朝鮮総聯の研究』前掲誌。

（8）伊勢、前掲論文。Eberstadt, *op.cit.*

（9）「北朝鮮対外貿易33・7％減――昨年度韓国調べ　九〇年代以降最低水準に」『日本経済新聞』一九九九年五月二八日。

（10）小野正昭「安全保障機関としてのＫＥＤＯの重要性」『世界』一九九九年五月号。

（11）「ザ・スクープ」テレビ朝日、一九九九年二月一一日放映。山本太一・浅尾慶一郎「『北朝鮮兵器』日本企業リスト」『文藝春秋』一九九八年八月号。

（12）Joseph S. Bermudez, Jr., "Exposing North Korea's secret nuclear infrastructure—part two," *Jane's Intelligence review*, August 1999.

（13）平松茂雄『中国の核戦力』勁草書房、一九九六年。

（14）二〇一二年には、米国海軍から対地攻撃用トマホーク巡航ミサイル核攻撃型（ＴＬＡＭ／Ｎ）が完全に退役した。Hans M. Kristensen, "US Navy Instruction Confirms Retirement of Nuclear Tomahawk Cruise Missile," Federation of American Scientists, March 18, 2013, https://fas.org/blogs/security/2013/03/tomahawk/, accessed on February 9, 2019.

（15）北朝鮮は特種部隊の約一〇万人を含む陸上兵力一〇〇万人、重戦車約三〇〇〇輌、軽戦車・装甲車約三〇〇〇輌、重火砲一万門、戦術航空機一〇〇〇機、地対地ミサイル五〇基、地対空ミサイル一〇〇〇発などを有していた。他方、これに対して韓国陸軍は陸上兵力約五六万人、重戦車八〇〇輌、軽戦紗・装甲車一七〇〇輌、戦術航空機五〇〇機弱、地対地ミサイル一二基、地対空ミサイル約一〇〇〇発しか持っておらず、在韓米軍の陸上兵力は一万六〇〇〇人、戦術航空機九〇機のみであった。*The Military*

Balance, International Institute for Strategic Studies, 1998/1999.

(16) Michael O'Hanlon, "Stopping a North Korean Invasion: Why Defending a South Korea Is Easier Than Pentagon Thinks," *International Security*. Vol. 22, No. 4, Spring 1998.

(17) Shim Jae Hoon, "Speak Softly ——Clinton urges Pyongyang to cooperate," *Far Eastern Economic Review*, December 3, 1998.

(18) 「日米世論調査」『朝日新聞』一九九九年四月一三日。

(19) 例えば「〈米国の北朝鮮政策に関する人脈図〉　米の北朝鮮政策　議会の強硬派、圧力ます——政権内にも不協和音」『日本経済新聞』一九九九年一月三日。

(20) *Managing Change on the Korean Peninsula*, Council on Foreign Relations, 1998.

(21) Partick M. Cronin and Michael J. Green, *Redefining The U.S.-Japan Alliance*, National Defense University, McNair Paper 31, 1994.

(22) Selig S. Harrison, ed., *Japan's Nuclear Future: The Plutonium Debate and East Asian Security*, Carnegie Endowment for International Peace, 1996.

(23) Robert A. Manning, "Rethinking Japan's Plutonium Debate: Key to Global Non-Proliferation and Northeast Asian Security," *Journal of East Asian Affairs*, Vol. 9, No. 1, Winter 1995; Manning, "PAT-COM: Nuclear Cooperation in Asia," Washington Quarterly, Spring 1997.

(24) 「米の北朝鮮政策　議会の強硬派、圧力ます——政権内にも不協和音」前掲紙。

(25) 『防衛ハンドブック』朝雲新聞社、一九九九年。

(26) 「情報衛星、『国産』で官房長官表明排　内閣に推進委設置」『日本経済新聞』一九九九年四月一日。

(27) 「空中給油機　4機導入」『日本経済新聞』一九九九年一月五日。「国産で長距離輸送機」同紙、一九九九年三月七日。

(28)「安保で揺れる民主党、国家の芯欠く」『産経新聞』一九九九年三月一日。
(29) ハバード大学において同大学オーリン戦略研究所次長、ステファン・ローゼン（Stephen Rosen）博士とのインタビュー、一九九八日二月八日。
(30)「情報衛星開発　米の懸念否定　駐米大使」前掲紙。「情報収集衛星構想足踏み――米側、激しく巻き返し」前掲紙。

第2章　ブッシュ政権と日米韓関係の展望
――太陽政策、日米同盟強化、日韓防衛協力の連関

二〇〇〇年六月、平壌《ピョンヤン》での南北首脳会談の後、金大中政権は対北朝鮮包容政策（いわゆる、太陽政策）を加速させ、一方的に次々と北朝鮮に対する妥協を重ねた。二〇〇一年一月にG・W・ブッシュ政権が誕生した結果、韓国の金大中政権は太陽政策をそのまま継続できるかどうか深刻な局面を迎えた。クリントン政権は太陽政策を積極的に支持したが、ブッシュ政権は基本的に支持を継続するとしながらも、政策の細部に対して批判を強め、懐疑的な姿勢を強めた。(1) 言うまでもなく、米国にとって朝鮮半島政策は世界政策のごく一部である。ただ、朝鮮半島政策は東アジア（中国、日本、台湾を含む）政策全般、不拡散政策、ミサイル防衛政策などと密接に連動しているために、結果として重要な政策分野となる。ブッシュ政権は米国覇権を強化しようと軍事力を増強し、日米同盟を強化する一方、中国やロシアとの対立を深め、北朝鮮への強硬姿勢を強めた。(2) ブッシュ政権は太陽政策によって国際関係における主体性を発揮しようとした金大中政権に強い制約を加えつつあった。

究極的には、朝鮮半島統一は不可避であり、北朝鮮は消滅するであろう。しかし、統一への長期にわたる過程では、北朝鮮は手練手管を用いて現体制の維持を試みるであろう。具体的には、強大な軍

事力を持つ米国との関係の改善を進めて現体制を保持しつつ、日本の資金を獲得して疲弊した経済の建て直しを図る。[3] これ以外の方策は北朝鮮にはない。しかし、中期的に、北朝鮮がいかなる妥協策を、どのような条件で提示し、受け入れるのか、また、どのような段階、手順を踏むのか（もしくは、いかなる妥協もせず、崩壊、瓦解していくのか）について、何ら光明は見えてこなかった。しかも、短期的には、個別の北朝鮮の国際行動が長期的な観点に立った戦略的なものか、それとも、その場凌ぎの単なる戦術的なものかを見極めるのは非常に困難であった。

冷戦終結後、何ら効果的な対米交渉のカードを持たない北朝鮮は、核兵器やミサイルの開発をちらつかせて交渉を有利に運ぼうとしてきた。この攻勢に対して、一九九四年、クリントン政権は北朝鮮・金正日体制と「合意枠組み」を結んだ。北朝鮮が核開発を凍結する代わりに、米国が中心となって北朝鮮に核兵器開発には転用しにくい軽水炉型の原子力発電所を建設し、完成するまでの間、代替エネルギーとして毎年、重油五〇万トンを供給する取引が成立した。その後、両国の間では様々な駆け引きが展開されたが、国交関係樹立と本格的な援助開始に繋がる米朝交渉は始まることはなかった。それどころか、ブッシュ政権は「合意枠組み」を変更して、建設予定の軽水炉型二基のうち一基を火力発電に切り替える案を公然と論議し、北朝鮮に対する締め付けを強化した。[4]

この新たな状況に直面して、金大中政権が太陽政策を維持するのは容易ではなかった。維持するためには、いかなる軌道修正が必要だと考えられたであろうか。韓国の国内政治では、いかなる変化が起き、太陽政策にどのような賛否があったのか。また、太陽政策と並行して推進されてきた日米韓、三国間の連携・協力関係はいかに変化すると考えられたのか。とりわけ、韓国は、ブッシュ政権が推進しようとしていた日米同盟の強化に関して、いかなる認識を持ち、どう対応しようとしていたのか。

また、二〇〇一年前半まである程度進展した日韓防衛協力関係はさらに進展すると考えられたのか、それとも停滞、後退すると思われたのだろうか（本書著者は二〇〇一年三月に三週間、韓国に滞在し、そのうち三月一三日から三月二一日までソウルに滞在し、関係者と集中的にインタビューを行った）[5]。

1　太陽政策

(1)「金大中ドクトリン」

一九九九年、韓国外相（当時）、洪淳瑛氏は米『フォーリン・アフェアーズ』誌に論文を発表し、国際的に太陽政策を詳しく説明した[6]。この論文を要約して、金大中大統領の顧問を務めた文正仁（当時、延世大学校教授）は次のように太陽政策を定義した。「太陽政策は、和解と交流と協力を辛抱強く追求することを通じて、平和と開放と改革に向けて北朝鮮における漸進的かつ自発的な変化を誘発する行動志向の政策とみなすことができる。……しかし、太陽政策は単なる関与を越えたものであり、軍事的抑止、国際協働、国内的コンセンサスなど、いくつかの構成要素から成る。にもかかわらず、太陽政策の目標は非常に明確である。それは、平和的共存と平和的交流・協力を通じて、否定的かつ敵対的な行動と反発の御し難いサイクルを断つことによって、朝鮮半島の平和的統一への基礎を作ることである」[7]。この定義は、文正仁氏が太陽政策に知的整合性を持たせ、内外に説明する政権のスポークスマン役を演じてきただけに注目に価する。

文正仁氏は太陽政策には三つの大原則が存在すると捉え、これを「金大中ドクトリン」と名付けた。第一は、北朝鮮による軍事的脅威もしくは武力による挑発を容認しない。第二は、北朝鮮を吸収することによる統一を公式に放棄し、北朝鮮の基礎を危うくする、或いは北朝鮮に脅威を与えるあらゆる手段を否定する。第三は、一九九一年の「和解、非侵略、交流ならびに協力に関する基本合意」を再確認することを通じて交流と協力を促進する。(8)

さらに、文正仁氏は太陽政策を実施する上での六つの原則を強調した。第一は「戦略的攻勢」の原則であり、太陽政策は単なる宥和政策、弱者の政策ではないとする。第二は「柔軟な二元主義」の原則であり、「政経分離」を核心とする漸進的、実用的、機能主義的なアプローチを採る。第三は「軍事的抑止重視」の原則であり、米韓同盟を堅持し韓国の優位を保持した上で、北朝鮮の武力挑発には個別的に制裁措置をとるが、南北関係全般に波及させない(「個別相互主義」)。第四は「国際協働」の原則であり、日米中ロの四大国や国際通貨基金、世界銀行、アジア開発銀行などの国際機関とも緊密に連携する。第五は「国内合意」の原則であり、南北関係を隠密裏に管理する従来からの手法に決別し、国内政治世論を動員する。第六は「偽似統一」の原則であり、法的な統一ではなく、実体として統一状況に近付けていく。(9)要するに、太陽政策の要諦は、韓国が北朝鮮に対してこれまで受け身であった姿勢を止めて外交攻勢に出る一方、韓国の金融危機以降の経済的弱体化を直視し、当面、統一を先送りし、北朝鮮と共存とまではいかなくとも並存する道を模索する、と決意したことにあった。

文正仁氏による二つの論文を比べると、同氏の太陽政策に関する基本的見解は一貫しているものの、そのニュアンスは微妙に変化したことがわかる。(10)一九九九年年五月には、太陽政策の限界や世論の批判を認識しつつ、太陽政策は「プラグマティックに現実を把握したうえでの理想主義的な賭けである」

と全般的に肯定的なトーンが強かった。しかし、二〇〇〇年冬になると、「太陽政策は、頻繁に交流し協力していけば、北朝鮮の改革、とりわけ、平和的共存を助長できると単純に想定している」が「北の現体制は非常に高い持続力を示してきた」と懐疑的な評価をした。また、太陽政策の成果は「成功の部分と失敗の部分があり（mixed results）」、南北交流に関しては北側の協力が得られていない、と捉えていた。さらに、二〇〇〇年六月の南北首脳会談以前の太陽政策については、明確な成果が上がらないため、宥和政策と非難され、国内合意の基礎が脆弱になり、幅広い国民的な支持を失った、と総括した。[11] にもかかわらず、文氏は太陽政策を正当化するため、南北首脳会談については、北朝鮮は韓国を正当な交渉相手と認め、両首脳の信頼関係が確保されたと肯定的な評価を下し、肝心の北朝鮮の変化の本質については、「戦略的だろうが戦術的であろうが、北朝鮮は変化する意欲を見せている」と議論を回避した。もちろん、同氏の長年の著作活動や知的水準を考慮すると、このような議論は苦し紛れからなされたと捉えるべきである。[12] 韓国内の政治のなかで、太陽政策はどのように変容していくと考えられたであろうか。

(2)　国内政治上の変化

文正仁氏の言説の微妙な変化には、金大中大統領の任期が実質一年余りしか残っていなかったことが背景にある。著者とのインタビューにおいて、同氏は「金大中政権後も太陽政策は継続される」、「太陽政策以外に韓国には選択肢は存在しない」と明言した。文氏は「一旦、制度化された太陽政策は容易に変えることはできない」とも述べた。以下で分析するように、この発言の根底には「ポスト金大中」の国内政治の行方、とりわけ、そのなかでの同氏自身の政治的立場の問題があった。このような政権交代をめぐる利害得失は金大中政権を支えてきた政権内外のエリートに共通した問題であった。

金大中政権を誕生させ、支えてきた革新勢力の連合は、G・W・ブッシュ政権の誕生の結果、守勢に追い込まれていた。重村智計氏が簡明に述べたように、「韓国の政治と社会はなお混乱を続ける可能性が高い」、「韓国内での冷戦対立が解消していない」、「冷戦体制と独裁政権終了の時機が重なったため、韓国内では冷戦の崩壊が革新勢力の崩壊に結びつかなかった」、「国内での左右の論争や対立を経ずに冷戦構造が崩壊したために、冷戦崩壊後に左右の論争が始まり、革新勢力が主導権を握(った)」[13]。趙甲済氏のより分析的な説明によれば、金大中政権を産んだ韓国の国内政治のダイナミズムの下では、「朝鮮半島の権力関係は、北朝鮮政権と韓国の親北勢力が手を握り韓国の保守勢力を圧迫するという二対一の関係に逆転した」。さらに南北首脳会談後、「北朝鮮政権の前衛隊へと変質した大学生組織である韓総聯、知識人社会で深く根を張る親北勢力、一部の親政府言論機関、一部の親政府団体は国家保安法廃止・改正の運動を展開し、『北朝鮮政権＝主敵』という概念の放棄を主張」し、事実上、「保守言論攻撃においては共同職線を形成した[14]。」しかし、「二〇〇一年一月に厳しい北朝鮮政策への転換を図るブッシュ政権が誕生すると「韓国の保守勢力を鼓舞し、朝鮮半島の状況を二（北朝鮮政権＋韓国の親北勢力）対二（韓国の保守勢力＋米ブッシュ政権）に回復させる契機を作った」。二〇〇一年二月末の金大中大統領による内閣改造は、この国内政治情勢を如実に反映して「太陽政策に激しい批判を繰り返す野党ハンナラ党を抑え込み」、「民主、自民連、民国党の三党の国会議席の過半数を獲得して、国会運営を安定させる」ためになされた[15]。

著者とのインタビューに答えて、金徳重氏（京畿大学校教授）は太陽政策の現状を分析し、見通しを述べた。同氏は統一院や世宗研究所での勤務経験を持ち、当時、「建設的な政府批判（本人の表現）」の観点から、韓国マスコミで活発な、言論活動をしていた。金氏によると、「権力に靡《なび》くという封建的、前近代的な政治文化のために、韓国の知識人や官界エリートの中には正面から政府批判を行う者がほとんどいない」が、このことは「太陽政策が幅広く支持されていることを意味しない」。同氏は「金大中政権は任期五年目に向っており、エリートの態度にも変化が現われ始めた」と捉えた。例えば、「太陽政策に関して、文正仁氏の姿勢も当初の完全・無条件的な支持から反対意見、批判を加味した条件付き支持に変化してきた」と捉え、「文氏がポスト金大中の自分の政治的立場を考慮し始めた」との見解を示した。

さらに、金徳重氏は「金大中氏に対する批判は（太陽政策がその攻撃の大きな柱になると捉え）、政権交代後、かなり激しいものになる」と予見した。確かに、前大統領（当時）の金泳三氏を除いて、歴代の韓国大統領は暗殺されるか任期終了後、牢獄行きとなってきた。金徳重氏は「憲法改正により大統領職が一期、五年間となったことは幸運であったのであり、さもなければ、大統領職に就いた者は後任者による政治的報復を恐れ、平和的な政権交代はありえない」と考えた。現政権は前政権を完全に否定することによってその正当性を主張し、前大統領やその取り巻きは攻撃の危険に晒される。したがって、金徳重氏は「現在、金泳三氏（前大統領）は保身を図って厳しく金大中氏（現大統領）を非難しているが、金泳三氏の権力の座への復帰はありえない」と語った。さらに、「金大中氏は金泳三政権の汚職を掴んでいる一方、金泳三氏は金大中氏が国会議員当時、北朝鮮に機密情報を流したことを掴んでおり、お互いに牽制しあっている」と捉えていた。金大中政権の任期が終われば、両者のバランスが崩れて、保革の対立が激化する可能性は大きいとの理解であった。

このような韓国の国内政治における党派対立を背景にして、具体的に太陽政策に対する批判はどのようなものになると考えられたであろうか。また、太陽政策が修正されるとするならば、どのような内容になると考えられたであろうか。

(3) 金大中政権による太陽政策の問題点

著者のインタビューに答えて、韓国の元国防次官、朴庸玉氏（当時、韓国国防研究院上級顧問）は「太陽政策は従来からの対北朝鮮政策路線を定式化したものであり、その意味で何ら新しい政策ではなく、韓国に他の選択肢はない」と主張した。歴史的に見れば、一九七〇年代、朴正照大統領の下、韓国経済がテイクオフに成功して急成長を遂げると、韓国はその経済的優位を挺子に北朝鮮を取り込む戦略を採ってきた。確かに、政権によってスタイルや政策の成果の有無など大きく異なるが、一貫してこの構造的な特徴は変化していなかった。この朴庸玉氏の見解は保革を問わず、韓国の統治エリートの主流に共有された捉え方であっただろう。

朴庸玉氏は南北の経済的な力関係を朝鮮半島情勢の鍵と考えていた。「北朝鮮は、食料やエネルギーなど厳しい経済問題を抱えて、経済援助を必要としている」が、「日米中ロからの十分な援助は見込めず、援助の獲得が潜在的に可能なのは唯一、韓国からだけである」と語った。したがって、北朝鮮が急に政策を変更して南北首脳会談に応じた直接的な理由は「わからない」としながらも、「中国から北朝鮮への圧力が原因とは理解しない」と語った。つまり、「中国政府が金正日氏を北京に呼び付けた」と見るよりも、「金正日氏が北京の同意を確保して、韓国との交渉をより有利に運ぼうとした」

と捉えていた。また、「日米韓のバーチャル（仮想）同盟は効果があったと思うが、決定要因は経済情勢である」と強調した。

韓国国防部は太陽政策の基本的方向性に関しては同意しながらも、金大中政権による具体的政策の内容や手順に関しては非常に不満を高めていた。朴氏は「軍部と金大中、文民政権との間には太陽政策に関して意見の対立は存在しない」と述べた。「韓国軍は非政治化、専門化された武装集団であり、政治決定には介入しない」と主張した。軍部は「金大中政権が非武装地帯（ＤＭＺ）の地雷を一方的に撤去したことにも同意している」が、「文民政権の指示があれば、いつでも再び地雷を敷設する準備はできている」と語った。朴氏は「軍部の役割は戦闘準備の水準を高く保つことであり、太陽政策の要は抑止力を維持・強化することにある」と主張した。また、金大中政権への批判を避け、「太陽政策は失敗したかどうかまだ結論を出すことはできず、長期的な観察が必要である」と述べた。北朝鮮体制のシステム、イデオロギー、制度に何ら変化はないが、国際関係における行動様式は大きく変化していると指摘した。

しかし、軍教育機関のある関係者は「北朝鮮は何ら変化しておらず、基本的に現政権による太陽政策は失敗である」と主張した[16]。また、本書著者が上記の朴氏の見解を紹介すると、「韓国軍は確かに非政治化され専門化された武装集団である」と形式的には同意したが、過去のクーデターに触れ、不満の大きさを表明した。この関係者は太陽政策を大筋において正しく、変更することは困難としながらも、金大中政権が行ったＤＭＺの地雷撤去や京義線の復旧工事など、一連の一方的な妥協を看過できないと考え、政策の大幅な修正を求めた。

金徳重氏は「金大中政権の太陽政策は既に崩壊している」との認識を示した。同氏は自己の勤務経験から、「一九七〇年代後半、統一院は、北朝鮮への機能主義的アプローチには効き目がないと結論に達していた」と述べた。北朝鮮の社会統制は極めて有効に機能しており、旧ソ連覇権下の東欧諸国の人々のように、ラジオなど西側のメディアへのアクセスはなく、市場メカニズムを通じた経済的変化が北朝鮮の社会的、政治的システムを変化させることはないと捉えていた。逆に、金徳重氏は、一九九八年以降の金大中政権の対北経済支援[17]が金正日体制とその軍事力を強化させた半面[18]、その支配層に体制改革が必要であるとの認識を喪失させた、と考えていた。この見方は、金正日氏の中国訪問が強く示唆するように、北朝鮮が軍民転換路線へ進み、軍強化と経済発展の両立を目指すとの平松茂雄氏の理解と共通する[19]。韓国が北朝鮮に一方的に譲歩を続けている状態を見て、金徳重氏は「南風にコートを一枚一枚脱いでいるのは、北朝鮮ではなく韓国の方であり、これでは韓国の太陽政策ではなく、北朝鮮の太陽政策である」と述べた。さらに、「金大中版の太陽政策は否定されるべきである」と主張した。

どうやら、ポスト金大中では太陽政策の軌道修正は不可避なように思えた。修正された場合、太陽政策の下で進められた、日韓防衛協力はどうなると考えられたであろうか。また、その前提ないしは制約条件となっている日米同盟強化の動きに対して韓国エリートはどのような認識を持っていたのだろうか。

2　日米同盟強化に対する韓国側の認識

ソウルでインタビューの対象とした者は、匿名を希望した者も含めて全て日米同盟強化を「原則として歓迎する」と言明したが、その細部を検討すると以下に分析するように、韓国が外交・安全保障政策上の主体性を発揮できるようにと様々な留保をつけた。

金大中大統領の顧問役を演じる文正仁氏は「原則的賛成」の立場を採りながらも、日中の対立には反対した。対立を激化させるとして、中国が強硬に反対する戦域ミサイル防衛（ＴＭＤ）、国家ミサイル防衛（ＮＭＤ）の配備には異議を唱えた[20]。また、日本は「軍備の規模で世界第三位、国防費の規模で第二位であるから、日本の軍備は現有レベルで既に十分であり増強には反対である」と述べた。ただ、軽空母を含めた戦力投射能力など、具体的な項目に関する問題意識はなく、文氏の「反対」は原則的、抽象的なものであった。ブッシュ政権はＴＭＤ／ＮＭＤを強力に推進しようとしており、陰に陽に、日本にもＴＭＤシステム配備の要求を強めていた。控えめに言っても、ＴＭＤは日米同盟強化の重要な柱の一つであった。したがって、日米同盟強化には賛成することは日米同盟の下でのＴＭＤに反対することとは両立し難かった。日本の軍備増強への反対と合わせて考えると、文氏が歓迎しているのは、日本が積極的に対米軍事協力を進めることではなく、日本が米国優位の日米同盟の枠組みに制約され続けることなのは明らかであった。文氏は日本の「再軍事化」と「軍国主義」を峻別しており、日本には軍国主義は存在せず、「再軍事化」は韓国に脅威を及ぼさない、との認識を示した。とはいえ、文氏は「日本を大国として扱うべきであり、その軍事力は日米同盟や憲法第九条のあるなしにかかわらず強大である」と論じ、韓国に潜在的な脅威を及ぼしうると捉えていた。

元国防次官の朴庸玉氏も「日米同盟強化は歓迎するが、日本の軍備強化は軍国主義の過去から警戒している」と述べた。文氏と同様、朴氏も、米韓同盟の下、韓国が「安全保障のジレンマ」、つまり米国から「見捨てられる恐怖」と米国に「巻き込まれる恐怖」に直面している点を強調した。朴氏は「TMDを推進するなど、日米同盟が中国との対立を目指して強化されるのならば、韓国の国益に反する」、「韓国は、むしろそうならないために日中間の橋渡し役をしたい」と語った。このような観点から、朴氏とのインタビューに同席した韓国国防研究院の姜韓求氏と宋和燮氏は、集団的自衛権の行使をめぐる憲法第九条の改正問題と日本の軍備強化の具体的可能性やその内容に極めて強い関心を示した。「安全保障のジレンマ」に対処するため、朴氏は「韓国は統一後も在韓米軍の駐留継続を希望し、米韓同盟を維持する」と述べた。さらに「米国の国防総省と同様、韓国国防研究院も朝鮮半島統一後の米軍の規模や配置について、選択肢を研究している」ことを明らかにした。とりわけ、統一ドイツが旧東ドイツ部分に対して暫くＮＡＴＯの軍事活動の対象外としたことを教訓としながら、半島統一後の北朝鮮部分における軍事施設の配置、とりわけ、鴨緑江付近へのレーダー施設の雄設などについて研究していることを否定しなかった。

以上から、韓国がいわゆる「日韓バーチャル（準）同盟」を米韓同盟の延長線上でしか捉えていなかったことは明らかである。次に、このような条件のもとでの日韓防衛協力の評価（二〇〇一年前半の時点）とそれに基づいて試みたその後の見通しと考察を提示したい。

3　日韓防衛協力のゆくえ

二〇〇〇年六月の南北首脳会談まで、クリントン政権によるペリー・プロセスと金大中政権による太陽政策はある程度よく擦り合わされ、抑止と関与の要素がうまく組み合う形で相互に補完関係にあった。日米韓、三国は日米同盟、米韓同盟を基礎に三国バーチャル同盟を演出する一方で、日韓二国間でも防衛協力関係が誕生し強化された。しかし、南北首脳会談以降、金大中政権が北朝鮮に対して一方的な譲歩を繰り返し、それまでの米韓間での微妙な抑止と関与のバランスが崩れると、日韓防衛協力関係はそれまでの急速な深化を止めることとなった。この変化は、協力関係の後退もしくは停滞と特徴づけられたであろうか。

韓国国防部の諜報分析部門のある幹部は、南北首脳会談後、実務者レベルでの日米韓の政策調整枠組（TCOG）は低調となり、さらに、日韓防衛協力関係も停滞しているとの認識を示した。この状況変化のため、韓国側は何をこれ以上したらよいのか、またできるのかを見いだせずにいると述べた。また、協力関係といっても、防術交流と信頼醸成措置ばかりが目立ち、両国海軍の間での海難救助訓練を越えて、作戦活動における協力や協働が進んでいない、と悲観的な現状評価を示した[21]。

この評価について文正仁氏に見解を求めると、事実関係を認めながら、「日韓には以前、何ら防衛協力は存在しなかったのだから、両国の防衛協力は進んだと捉えるべきである」と答え、防衛交流の意義を強調した。海上自衛隊と韓国海軍との協力については、毎年行われる米海軍を中心とした多国間海軍演習リムパックだけでなく、海難救助、海賊対策、麻薬取締の分野においても深められているとの認識を示した（ただし、日本側は集団的自衛権の行使が憲法上許されないため、リムパックで海上自衛隊は米海軍とのみ共同演習をしている、としていた。つまり、米海軍と他の参加国海軍との共同演習には海上自衛隊は「関係ない」、との立場である。海賊取締、麻薬取締については、文氏は海上保安庁や警察と韓国の当該機関との連携関係を海軍間の協力と混同したと思われる）。航空自衛隊と韓国空軍の協力については、竹島の領有権をめぐって両者は潜在的に敵対関係にあると述べた。また、韓国空軍は戦闘機の開発・購入に際して竹島防衛を念頭に航続距離を考慮していることを明らかにした。

一般に、防衛協力の分野では、作戦活動における連携や協働だけではなく、その前提となる重要な情報の共有が必要となる。情報の共有は当事国間に高い水準での政治的信頼を要求する。文氏は、従来、北朝鮮に関して、韓国情報部はその人的諜報収集活動（ヒューミント：human intelligence, or HUMINT）による情報を日本の公安当局による朝鮮総聯に関する情報と交換してきたが、軍事諜報協力はほとんどなかったと述べた。今後、「韓国は日本の自衛隊が有する電子諜報収集活動（エリント：electronic intelligence, or ELINT）による情報を入手したい」と語った。

しかし、文氏は「軍事諜報協力を強化するために、急いでＴＣＯＧの交渉テーブルに具体的項目を載せるべきではない」、「日韓の信頼感を十分高めることが先決である」と主張した。そのために「日韓両国は、条件を付けず相手国にとって重要な情報を供与し、このような一方的行為が互いに数回繰り返されることを通じて、諜報協力でのバーチャルでも実質的な同盟関係を確立することが肝要である」と論じた。さらに、韓国におけるまだまだ反日的な要素を強く残す世論を考えると、「日韓諜報協力関係は条約化・協定化しない方がよく、つまり、インフォーマルなものとして文章化しないほうがよい」と主張し、「十分、協力関係が確立されれば、時の政治指導部の意向で協力関係が崩れることはないであろう」と楽観的な見通しを示した。しかし、このような文氏の議論は、既に分析したように、韓国の直面する「安全保障のジレンマ」を背景に、あくまで米韓同盟の延長線上で日韓バーチャル同盟を捉えていること、つまり、その文脈を離れて日韓関係を深化させる意図がなかったことを反映している。

元国防次官の朴庸玉氏は、日韓防衛協力の現状に関して文氏とほぼ同じ認識を示し、「両国の協力関係は海軍の共同訓練に見られるように進展しており、南北首脳会談以降、それが停滞しているという評価には納得できない」と述べた。ただ、文氏と同様、韓国陸軍や空軍が自衛隊と作戦話動の次元で防衛協力を進めることは非常に困難であることを認めた。軍事諜報協力の具体的項日に関しては、朴氏は日韓どちらが率先して交渉テーブルに載せるべきであるかには明言を避けたが、日本から提言がされることを希望すると示唆した。

ただし、朴氏は、韓国軍が有する情報のうち米軍から供与された情報が含まれる場合、米軍の同席か、もしくは日韓ともに米軍の事前了承が必要であるとの見解を示した。米国の世界政策から見ると、日米同盟はアジア太平洋地域を中核にグローバルな国際関係を視野に入れているが、米韓同盟は北朝鮮への抑止に焦点を定めている。当然、米国が日米同盟と米韓同盟に異なる位置付けを与え、その結果、日韓に対して質や内容の点で異なる情報を与えていたと思われる。また、指揮・統制系統の点では、米軍と自衛隊は相互に独立した並立構造を持つが、韓国軍は米軍の指揮・統制の下にあり統合されている。このような理由から、朴氏は米軍からの情報が絡む場合の日韓の諜報協力は制約が大きく、可能性は小さいと捉えていた。他方、日韓が独自に持つ軍事情報の交換に関しては、従来行われてこなかったため、今後、協力の可能性は大きいと述べた。

このように捉えると、二〇〇一年前半の時点で、日韓の防衛協力は停滞した感があったが、それは当初、協力関係の深化が急速に進んだこと、防衛交流・信頼醸成措置ばかりが前面に出てきたことの反映に過ぎなかった。日韓の防衛協力は、制度化されないまでも、ある程度具体的なやり取りの様式が安定し始めたのであって、作戦行動の次元での協力関係の進展は困難でも限定的な軍事課報協力を強化する可能性も十分あったと言えた。また、別途、外交筋とのインタビューでも同様の評価が示された。(22)

4 結語

ここまで本章では、長期的には北朝鮮の劣勢が構造的な制約から揺るがないとみなして、中期的な変動を韓国の太陽政策、韓国の日米同盟強化に対する認識、日韓防衛協力の見通しに焦点を定めて分析した。二〇〇一年前半までの経緯を見れば、ブッシュ政権が対北朝鮮強硬策を採り、それに伴い韓国の国内政治が大きく右旋回しながら変容した結果、一方的な妥協を繰り返す太陽政策に対する批判は高まっていた。任期一年余りを残し、金大中政権は新たに組閣を行い、太陽政策建直しのシフトを採ったが、北朝鮮の金正日がソウルに答礼訪問し太陽政策の成果を証明しないかぎり、金大中政権がますます国内外で政治的に孤立を深めるのは明らかであった。朝鮮半島を巡る国際政治の構造を考えると、太陽政策は概ね妥当なものであった。しかし、金大中政権による太陽政策は政権交代を契機に、妥協と成果の相互性を確保する方向で大きく見直されるであろうと思われた。さもなければ、米韓同盟が崩壊の危機に直面するのは明らかであった。

他方、太陽政策と並行して推進されてきた日米韓、三国間の連携・協力関係が継続的に追求されることには疑いの余地はないと思われたが、仮に韓国が構造的な制約を無視して国際関係における主体性を強化しようとすれば撹乱要因になり得た。また、日米同盟の下での日本に対する信頼は反射的、副次的なものに過ぎなかった。したがって、韓国は原則として日米同盟強化を受け入れても、そのための個別具体策には猛烈に反対する可能性もあった。このような視点から、日韓防衛協力を展望すると、日韓関係全般の動向に左右される可能性も否定し難く、その制約の下で成しうることには自ずと限界があった。当面、信頼醸成措置からどの程度、実質的な軍事諜報協力に踏み込むか注視する必要があると考えられた。

（注）

（1）「米、北朝鮮に警戒感　米韓首脳会談　太陽政策には評価」『日本経済新聞』二〇〇一年三月八日（夕刊）。「対『北』認識、溝くっきり　融和策めぐる摩擦にも」『産経新聞』二〇〇一年三月九日。

（2）「（米ブッシュ政権のキーパーソン）同盟重視へ知日派ずらり」『日本経済新聞』二〇〇一年五月二日（夕刊）。Stephen Filder, "Between two camps", *Financial Times*, February 4, 2001.

（3）外交筋によると、「日本の北朝鮮に対する援助は二国間の政府開発援助となり、戦時賠償の形式はとらない。この点で北朝鮮が譲らなければ、国交正常化はありえない。政府開発援助にしても、アジア開発銀行経由の援助にしても、拉致問題が解決しなければ、世論の支持が得られず不可能である」。

(4)「(対北朝鮮)米、核疑惑の解明優先　査察引き換え火発供与」『日本経済新聞』二〇〇一年五月一〇日(夕刊)。

(5)ソウルを中心に一五名とインタビューを行った。匿名を希望した者もしくは匿名を前提とした者を除いて、以下にその対象者、日時、場所を示す。

文正仁、延世大学校国際学大学院院長、二〇〇一年三月二一日、延世大学校にて。

金徳重、京畿大学校教授、二〇〇一年三月一七日、ソウル、教保ビルにて。

朴庸玉、元国防次官、韓国国防研究院上級顧問、二〇〇一年三月一九日、国防研究院にて。

姜韓求、韓国国防研究院研究員、同インタビュー。

宋和燮、韓国国防研究院先人研究員、同インタビュー。

(6) Soon-young Hong, "Thawing Korea's Cold War: The Path to Peace on the Korea Peninsula," *Foreign Affairs*, May/June 1999.

(7) Chung-in Moon, "Understanding the DJ Doctrine: The Sunshine Policy and the Korean Peninsula," in Chung-in Moon, and David I. Steinberg, ed., *Kim Dae-jung Government and Sunshine Policy: Promises and Challenges*, Yonsei University Press, 1999, p. 38.

(8) *Ibid*.

(9) *Ibid*, pp. 37–43.

(10) Moon, *Ibid*: Moon, "The Sunshine Policy and the Korea Summit: Assessments and Prospects," *East Asian Review*, Vol. 12, No. 4, winter 2000.

(11) Moon, "The Sunshine Policy and the Korea Summit," *Ibid*, pp. 15–21.

(12) Moon, *Ibid*, pp. 28–29.

(13) 重村智計「ブッシュ勝利で苦境に立つ二人の『金』」『中央公論』二〇〇一年二月、九九頁。

(14) 趙甲済「(正論) 右か左か朝鮮半島の新勢力バランスは」『産経新聞』二〇〇一年三月二七日。
(15)「包容政策推進へ布陣」『日本経済新聞』二〇〇一年三月一七日。
(16) ソウル、二〇〇一年三月一五日。
(17)「韓国に北朝鮮ブーム」『日本経済新聞』二〇〇〇年五月二九日、「インフラ整備支援焦点　韓国政府、段階的に」同紙。「韓国国防白書　北朝鮮なお『主要な敵』　戦力増強継続を指摘」『日本経済新聞』二〇〇〇年一二月五日。
(18)「北朝鮮GDP10年ぶりプラス」『日本経済新聞』二〇〇〇年六月二一日。「『現代』資金援助　軍事転用か」『産経新聞』二〇〇一年二月二日。「北朝鮮ノドン1号100基余配置」『日本経済新聞』二〇〇一年三月二日(夕刊)。「軍事力重視を継続　北朝鮮最高人民会議　二〇〇一年予算採択」『日本経済新聞』二〇〇一年四月六日。「北朝鮮大型戦車を改造・強化」『産経新聞』二〇〇一年四月一九日。
(19) 平松茂雄「(正論) 北朝鮮軍は軍民転換路線へ進む」『産経新聞』二〇〇一年三月一五日。
(20) 二〇〇一年二月末、ロシア大統領プーチン氏がソウルを訪問し、金大中大統領と会談し、両首脳は弾道ミサイル制限(ABM)条約の必要性を強調する韓ロ共同声明を出した。ABM条約は米国の進めるNMD/TMDに障害となっていた。ブッシュ政権が太陽政策に批判を強めるなか、当初、金政権が米国と距離を置き、米ロ間で等距離外交を展開しようとしているのではないか、との憶測がなされた(「韓ロ、対米で協調演出」『日本経済新聞』二〇〇一年三月一日)。しかし、複数の外交筋と消息筋から確認したところ、韓国外交当局が慣れないロシアとの共同声明の原案作成に際して、非公式に日本の外交当局に助言を求めたところ、日本の外交当局は先行した沖縄サミットでの声明から関連部分を引用することを勧めた。しかし、韓国外交当局は、引用の際、文脈を無視したために、あたかも米国に対抗する意図を示すと誤解されることとなった。原案を作成したのが欧州担当部局で、しかも、他の部局や国防部と事前に調整せず独走したため、このような誤りを犯した。

(21) ソウル、二〇〇一年三月一五日。
(22) ソウル、二〇〇一年三月一九日。

（参考文献）


小此木政夫編『金日成時代の北朝鮮』日本国際問題研究所、一九九九年。

重村智計『北朝鮮の外交戦略』講談社現代新書、二〇〇〇年。

道下徳成「南北首脳会談（第1章）」「朝鮮半島（第5章）」『東アジア戦略概観』防衛研究所（編）二〇〇一年。

『北朝鮮とペリー報告』（読売ぶっくれっと）読売新聞社、一九九九年。

Cha, Victor D., "Abandonment, Entrapment, and Neoclassical Realism in Asia: The United States, Japan, and Korea," *International Studies Quarterly*, Vol. 44, No. 2, June 2000.

---------------, *Alignment Despite Antagonism: The U.S.-Korea-Japan Triangle*, Stanford University Press, 1999.

---------------, "The Rational For 'Enhanced' Engagement of North Korea", *Asian Survey*, Vol. 36, No. 6, November /December 1999.

Cossa, Ralph A., ed., *U.S.-Korea-Japan Relations: Building Toward a "Virtual Alliance"*, Center for Strategic and International Studies, 1999.

Council on Foreign Relations, *U.S. Policy Toward North Korea: Next Step*, 1999.

-------------------------------, *Managing Change on the Korea Peninsula*, 1998.

Levin, Norman D, *The Shape Of Korea's Future: South Korea Attitudes Toward Unification and Long-Term Security Issues*, RAND, 1999 (MR-1092-CAPP).

Michishita, Narushige, "Security Arrangements after Peace in Korea," in Masashi Nishihara, ed., *The Japan-U.S. Alliance: New Challenges in the 21st Century*, Japan Center for International Exchange, 2000.

Moon, Chung-in ed., *Understanding Regime Dynamics in North Korea*, Yongsei University Press, 1988.

Moon, Chung-in, Masao Okonogi and Michell B. Reiss, ed., *The Perry Report, the Missile Quagmire, and the North Korea Question*, Yonsei University Press, 2000.

Pollack, Jonathan D., and Chung Min Lee, *Preparing for Korean Unification: Scenarios & Implications*, RAND, 1999 (MR-1040-A).

Pollack, Jonathan D., and Young Koo Cha, *A New Alliance for the Next Century: The Future of U.S.-Korea Security Cooperation*, RAND, 1995 (MR-594-OSD).

第二部　六ヵ国協議の開始から手詰まりまで

―顕在化する中国要因

第二部では、米国覇権の動揺期において、いかに六ヵ国協議が手詰まり状況に陥り「北朝鮮問題」が深刻化したか、その理由や背景について分析する。第3章では、北朝鮮問題において次第に顕在化し始めた中国要因を分析する。具体的には、G・W・ブッシュ政権は核開発で瀬戸際政策を採り続ける北朝鮮に対して武力行使による体制変換ではなく、中国を議長国とする六ヵ国協議による外交的アプローチに切り替えた理由や背景を分析する。さらに、中国が六ヵ国協議の交渉のテーブルに北朝鮮を引き摺り出すことには成功したにもかかわらず、北朝鮮の核兵器開発プログラム放棄に関しては積極的に影響力を行使しなかった結果、協調的な米中関係に潜在的な軋轢《あつれき》が生まれつつあった点に注目する。第4章では、難航する北朝鮮問題の処理の陰において、それまで順調に推移してきた米中関係の急速な悪化を分析する。

第3章　第一回六ヵ国協議と米国の東アジア戦略状況認識

二〇〇四年五月、北朝鮮は依然として「核カード」を用いながら瀬戸際外交を継続していた。米国、中国、日本、ロシア、韓国は六ヵ国協議メカニズムによって北朝鮮の核武装に反対していた。それまで二回の会合は具体的な成果を上げなかった。二〇〇四年四月下旬、北朝鮮は中国の食料と重油の援助を梃子とした説得と圧力を受け、協議プロセスへの参加継続を表明したものの、「核カード」を手放そうとしなかった。同年四月二八日の米『ワシントン・ポスト』紙によれば、米国政府は北朝鮮保有数の核兵器について、「一個か二個」から「最低八個」へと上方修正しつつあった。六ヵ国協議が成果を上げず、朝鮮半島をめぐる戦略状況が変化していなかったため、第一回会合開催の前後での戦略状況の認識や判断が依然としてその後の見通しの鍵であった。とりわけ、中国に六ヵ国協議のホスト役を認めた超大国、米国の認識や判断が重要であった。

著者は六ヵ国協議の第一回会合の前後、二〇〇三年八月下旬から同九月上旬にかけて、ワシントンDC圏を中心に米国人専門家に対するインタビューを集中的に行った。共和党系では、アーミテージ国務副長官に近い考えを持つプレスタップ（James Przystup）米国防大教授、リバタリアニズムの牙城、ケイトー研究所のカーペンター（Ted Galen Carpenter）副所長、ネオコンの牙城の一つであるハドソン研究所の朝鮮専門家であるドゥジャラク（Robert Dujarric）氏、伝統的な保守主義者でありながら人権問題ではネオコンに親近感を持つ中国近現代史専門家のウォルドロン（Arthur Waldron）ペンシルバニア大教授、である。民主党系では、多国間外交を重視する中国の核戦略問題専門家のギャレット大西洋評議会（The Atlantic Council）アジア研究部長（Banning Garret）、多国間外交重視の立場から核軍縮を専門とするシェインマン（Lawrence Scheinman）モントレー国際関係学大学院教授である。この他、国防総省系の国防分析研究所のロバーツ（Brad Roberts）氏や匿名を条件にホワイトハウス筋とのインタビューを行った。

1 共通認識

六ヵ国協議が成功する見込みは低いとの共通認識が存在し、北朝鮮が時間稼ぎをして、向こう一、二年の間には核弾頭の小型化に成功するとの危惧は高かかった。北朝鮮の核武装が確定的になれば、日本の核武装を認めざるをえないとの論調も強かった。日米同盟と北東アジア秩序を根本から揺るがす日本の核武装は絶対に避けねばならぬとの立場も表明されたが、そのための具体策には乏しかった。

ネオコン・保守強硬派連合の優先順位はまずイラク、次に反テロ戦争、そして、最後に北朝鮮であり、この勢力はあくまで北朝鮮への攻撃を最後の手段と位置付けていると見解は収斂していた。北朝鮮攻撃はイラク占領の失敗を考えると、財政的、政治的に許容できないからであった。

プレスタップ氏は次のような手堅い現状分析と見通しを示した。おそらく他の専門家の思考との最大公約数であろう。すなわち、北朝鮮は「核開発・保有」を話し続けるだけで既に「仮想の核抑止力」を手に入れており、六ヵ国協議の第一回会合は次回の日程を決めただけで、何ら成果はなかった。また、中国は食料とエネルギーを、韓国は食料と肥料を提供しており、米国が攻撃さえしなければ、北朝鮮は時間を稼ぎ、核開発を進めることができた。その結果、北朝鮮はさらに「仮想の核抑止力」を強化でき、その状況は北朝鮮に都合がよかった。それゆえ、六ヵ国協議の見通しは暗く、二〇〇四年一一月に次期米大統領が決まるまで、北朝鮮は何ら妥協をする必要はなかった。他方、そのまま北朝鮮を放置すれば、今後一、二年の間に六個ないし九個の核弾頭を保有する危険があった。中国は北朝鮮が核兵器の拡散さえしなければ、北朝鮮の核兵器保有を認める公算が高く、韓国は長い目で見れば、北朝鮮の核兵器は統一朝鮮のものとなり、自国のものとなることから黙認する可能性が強かった。困るのは日本だけであり、この事態は日本の核武装を招く危険があった。

米専門家たちは、結局、パウエル国務長官とアーミテージ国務副長官による北朝鮮への穏健路線は破綻して、ブッシュ大統領はネオコン・保守強硬派連合が主張する北朝鮮攻撃を行うとの危惧を共有していた。ネオコン・保守強硬派はイラク・中東問題に精力を注いでいるが、北朝鮮が核武装によって北東アジア秩序を破壊することを認めないだろうとの見方が強かった（その後、米国のイラク占領は泥沼化の様相を深め、ネオコン・保守強硬派は北朝鮮問題に十分な精力を割けない状況となった）。

2　北朝鮮の脅威への軍事的対応

カーペンター氏の見解では、北朝鮮の戦略目標は日本を恫喝《どうかつ》して、日本から援助・開発資金を獲得することにあった。したがって、北朝鮮の「核の脅威」は日本にとって最も強く、中国や韓国にはなかった。米軍は在韓、在日米軍が存在するから、北朝鮮の脅威に晒されるのであって、撤退してしまえば関係ないと述べた。ドゥジャラク氏は、米国はイラク占領に地上兵力をとられて、北朝鮮を攻撃する力はないと判断したが、カーペンター氏はイラク情勢のために、その余力がないと判断するのは誤りだと述べた。米軍には十分な航空・海上戦力があり、戦力投入は可能である。ただし、陸上兵力に余裕がないから、北朝鮮の体制変換はできないとの理解であった。

米専門家の共通認識では、北朝鮮が三八度線地帯に配備した約一万の野戦砲は大きな抑止力となっており、米韓とも北朝鮮を攻撃できなかった。ソウル近郊には米陸軍部隊だけではなく、数万人の米市民と多数の日本人がいた。これらの非戦闘員を緊急退避させるのは、事実上無理であり、それゆえ米軍の北朝鮮攻撃は人的被害が大きすぎて政治的に許容できなかった。日本の最大の懸念は、直接投資に代表される韓国との相互依存と経済的権益の保護にあった。有事の場合、日本は北朝鮮の弾道ミサイルによる限定的な被害や特殊部隊の侵入を予期せねばならなかった。

ドゥジャラク氏は、左翼政権を誕生させた韓国のナショナリズムと反米感情の昂揚により米韓同盟は崩壊の危機に直面していると捉えた。「北朝鮮問題より韓国問題の方が深刻である」と述べた。韓国は米国による東アジア秩序の下で、その利益に浴している。米韓同盟からの離脱はその秩序を崩壊させ、韓国の利益に反する。また、日本の防衛政策は独自性を高め、連鎖的に地域秩序は安定性を失う。米国はこの点をいかに韓国指導者に説得するか困惑していると語った（カーペンター氏は、中国は韓国や韓国の主導による統一朝鮮のナショナリズムに心配していないと捉える。統一朝鮮は地政学的な力が働いて、自然に中国に靡《なび》く従属国になると想定していた）。日韓とも米国の攻撃に協力しそうになかった。

ウォルドロン氏は、北朝鮮の脅威に対しては、米国と日本が北朝鮮を脅す効果の高い空爆能力を保有する方がミサイル防衛システムよりも有効であると語った。ただし、仮に米軍が地中貫通型の小型核ミサイルによって北朝鮮の地下核施設を攻撃したところで、地下一〇〇〇メートルにあるとも言われる施設は破壊できないと予測した。プレスタップ氏は、仮に寧辺《ヨンビョン》の地下核施設の破壊に成功したとしても、北朝鮮が報復攻撃を行わず、核兵器開発を続行すると声明した場合を想定した。北朝鮮は他に地下核施設を持っているかもしれず、その場合、事態はより悪化すると予測した。

3　米国は対中宥和策へ転換か

シェインマン氏は、中国は絶対に米国による北朝鮮攻撃を避けたいと考えていると見ていた。アフガンやイラクの例を見れば、攻撃後には必ず米軍のプレゼンスが予想されたからだ。

ギャレット氏によれば、北朝鮮は中国にとって大きな頭痛の種であった。既に中国指導者の世代は朝鮮戦争を直接に体験しておらず、多数の中国義勇兵の犠牲を出した中朝間の「血盟の仲」は神話に過ぎなかった。中国の周辺の国々の中では、北朝鮮だけが食料・エネルギー援助と難民の点で大きな負担であった。江沢民体制から胡錦濤体制へ移行する二年間、中国は北朝鮮問題を放置せざるをえなかった。中国指導者たちも金日成・正日の父子による封建的な社会主義体制を理解できなかった。中国は北朝鮮の核武装には絶対反対であった。日本を刺激し、日本の核武装、さらには、韓国や台湾の核武装と繋がるドミノ効果を生み出すと捉えたからである。一九九八年夏のテポドン発射は「大きな迷惑」であった。

この中国の北朝鮮観を共有しつつ、ウォルドロン氏は、北朝鮮は中国の指示に絶対に従わないと考えた。ウォルドロン氏によれば、北朝鮮は高句麗や渤海など、歴史的に朝鮮系民族が建設した王朝の領域を引き合いに出して、満洲の東側半分の領有を主張しており、強烈なナショナリズムが存在する。この地域は、金正日体制が崩壊すれば、北朝鮮難民の大量流入が予想される地域である。もし中国が介入して反金正日のクーデターを試みようものなら、反日本帝国主義に匹敵する反中感情を生むと分かっていた。カーペンター氏もこの認識を共有した。

ギャレット氏と同様、ウォルドロン氏も北朝鮮の核武装に最も脅威を感じているのは北朝鮮と九〇〇キロメートルの国境線を持つ中国であると捉えていた。同氏によれば、そもそも中国こそが北朝鮮の核武装を積極的に支持してきた。パキスタンの核兵器開発に中国の援助は不可欠だった。中国はパキスタンを介して北朝鮮に核関連技術を与えた。中国の動機は米国覇権の妨害にあったが、結果的には中国の思惑は完全に裏切られた。

4　中国の軍拡をどう考えるか

北朝鮮問題を共有する中国と米国との協力は可能であったであろうか。もし可能とするならば、米国覇権に挑戦する中国の軍拡をどう説明できたであろうか。

ロバーツ氏は、人民解放軍は米軍との戦いを想定して軍の近代化、とりわけ核戦力の近代化を進めていると見ていた。同氏によれば、共産党指導部は米国との無用の対立を避けるため、台湾独立の抑止に必要最低限の軍事力強化に留めたいと考えていた。しかし、軍部は台湾への武力行使のシナリオを想定して、米国の空母や精密攻撃兵器への対抗を真剣に考えていた。他方、共産党指導部は経済成長を優先して、軍備強化に十分なリソースを配分していなかった。例えば、戦略核ミサイル部隊である第二砲兵はミサイル近代化に必要なリソースを十分確保できておらず、新規のミサイルへの交代は遅かった。また、軍事産業の研究・開発にも十分な資金があてがわれていなかった。当時、中国がロシアからミサイル巡洋艦、キロ級潜水艦、ミグ25などのハイテク兵器を購入していたが、これは中国が独自の軍事技術開発に行き詰っている証左であった。ただし、宇宙部門と核ミサイル部門は例外で、小額だが一定のリソースを優先的に配分していた。

シェインマン氏によれば、中国は米国の精密誘導兵器により独自の核戦力による「最低限の抑止力（minimum deterrence）」を喪失したと懸念していた。中国は圧倒的な力を有する米国に正面から対抗できないから、宇宙空間での核爆発で電磁波を発生させ、米国の指揮統制システムを麻痺させるなど、対衛星攻撃能力に集中的にリソースを投下しようとしていた。中国の戦略は米国による宇宙空間の支配の妨害であった。

つまり両氏は、中国による核戦力の近代化や攻撃的な非対称戦ドクトリンは主権国家として中国の軍事的対応であり、それ自体が米中関係を必ずしも害すると考えていなかった。

5　日本の核武装

それでは、中国が北朝鮮問題で米国に協力する動機は何であったか。

ウォルドロン氏によれば、着実に軍事力を増強し、電子戦に象徴される対米戦に準備していた中国に有効な手は、抑止であった。当時の中国の日本へのアプローチがソフトになった背景には、日本が急速に安全保障を重要視し、装備を強化し始めたことにあった。中国は、日本が決断すれば急速に巨大な軍事パワーになることをよく分かっていた。ウォルドロン氏は、日本が空母を含め、独自の戦力投射能力により自国の安全保障を守る力を強化せねば、米国は日本を守る意欲を失うと警告した。太平洋戦争で日本が南方を押さえるため、海上交通路の腹にあたるフィリピンを軍事的に制圧することが不可欠と考えたように、中国も台湾の軍事制圧を必要と考えると捉えた。

ウォルドロン氏は中国の核軍拡路線に対抗する方策として、長期的には日本、韓国、台湾の核武装は不可避と見た。英、仏、イスラエルは米国の同盟国であるが、米国を必ずしも一〇〇%信頼しているわけではない。ミサイル防衛は中国の核戦力に対しては、決して役に立たない。囮《おとり》などにより迎撃ミサイル用のレーダーを撹乱したり、迎撃ミサイルの総数を圧倒する攻撃ミサイルを発射することでミサイル防衛システムを容易に圧倒できるからである。日本は既に通常戦力で防御的な態勢を十分とっており、戦域ミサイル防衛能力を加えても何ら効力はないと考えた。カーペンター氏も、日本の核武装を容認した。従来、「容認論」は中国に北朝鮮問題で外交的なイニシアチブを採らせる梃子に用いられてきたが、北朝鮮の核武装の危険に直面して、本格的な「容認論」に転化しつつあるとの認識を示した。つまり、一九七〇年代や一九八〇年代、米国は日本、韓国、台湾の核武装を阻止したが、こうした状況ではそうならないと見た。

ウォルドロン氏によれば、日本に必要な軍事力は、第一に核戦力、第二に空爆能力であり、ミサイル防衛ではない。確かに、ミサイル防衛は中国の核戦力による威嚇と中国による台湾への恫喝する力を弱める。空爆能力は諜報能力、指揮・統制能力、プラットフォームなどの総合的能力である。その能力を具備した日本は中国の潜在的脅威となり、この心理的効果こそが日本の対中抑止力を強化する。空爆能力はミサイル防衛よりも脅威でないからではなく、脅威であるからこそ妥当なのである。カーペンター氏はウォルドロン氏の認識や分析をほぼ共有するが、当面、日本にとってミサイル防衛導入が妥当であるとの立場を採った。ただし、空爆能力に軍事的効果は高いが、日本の国内世論はこの選択肢を政治的に正しいものとは受け入れないと予測した。

プレスタップ氏は日本の核武装にも空爆能力保有にも強く反対し、ミサイル防衛システムこそは妥当であると強調した。日本の核武装や空爆能力保有は米抑止力の信頼性を否定する。そうなれば、一九二〇年代から一九三〇年代にように、いかなる対中政策をとるか、強硬策か介入策かで日本の国内世論は両極化して、極めて危険な状態になると見た。北東アジアの安全保障における日本のより大きな役割を当然としつつも、日本が攻撃能力を持つことは中国や東南アジア諸国の戦略的計算に重大な影響を与えるため、北東アジア秩序を維持するには従来の「矛」としての米軍事力と「盾」としての日本の防衛力の組み合わせが肝要だとの立場であった。

以上を総合すると、米国務省と中国政府は日本の核武装を阻止することで見解が一致している一方、米保守諸勢力の「日本核武装容認論」が台頭しつつあった。この台頭を梃子に、米外交当局は北朝鮮問題で中国に協力させることができると考えられただろうか。

6　米国の対中戦略

米専門家の共通認識によれば、G・W・ブッシュ氏の外交・安全保障政策チームは大統領選の段階から中国を敵視し、その敵意は二〇〇一年四月の米電子戦データ収集機EP3の強制着陸事件でピークに達したが、その後は敵視を緩和する方向にあった。二〇〇三年夏の時点では、米国にとって中国は同盟国とは言えなくとも、付き合わざるをえない国と位置付けられた。ブッシュ政権は中国の見解に従って新疆ウイグル自治区における東トルキスタン独立運動をテロ組織と看做す方針に転換し、中国政府の圧力でネパール政府がチベット難民を中国へ送還したことに抗議せず、SARSの隠蔽工作でも中国を非難しなかった。米国の対中政策の変化は、中国が9・11以降、反テロ戦争で米国を妨害しなかったことに始まり、その後、静かに大きく転回した。ブッシュ政権は米中関係において台湾問題が政治化しないように、細心の注意を払うようになった。

ギャレット氏は、ブッシュ政権が強硬路線から協調路線へ転換した原因は9・11にあるのではなく、それ以前から兆候はあったと見た。北朝鮮問題の解決は外交的包囲によるしかなく、そのためには中国の協力が不可欠と捉えた。

カーペンター氏はこの政策転換を単なる「戦術的な操作」ではなく「戦略的な調整」と特徴付けた。中国は政治、経済、軍事の面で無視できない国際的なプレーヤーである一方、北京の抑圧的な独裁政権は様々な人権蹂躙《じゅうりん》の問題を抱える厄介な国であるが、北朝鮮のように邪悪な存在とまでは言えないと捉えた。

ウォルドロン氏は人権が最も基本的な価値であり、自由を蹂躙《じゅうりん》し、人道・人権を無視し、民主主義を否定する中国共産党の独裁政権と決して手を結んだり、共存を受け入れたりすべきでないと主張した。したがって、北朝鮮問題を処理していく上で、中国との戦術的妥協はやむをえないが、戦略的な協調関係を結んではならないと主張した。

以上、どの見解も長期戦略の基礎となりうる高い一貫性を持っているが、中国認識についてイデオロギー的に強いバイアスがかかっている。

他方、ロバーツ氏の実務的な分析によれば、G・W・ブッシュ政権は当初から、ネオコン・保守強硬派主導の外交・安全保障政策を採ってきた印象が強いが、9・11以前のブッシュ政権は中国に関して統一見解を持たず、それゆえ明確な対中戦略を欠いていた。国防総省を中心とするネオコン・保守強硬派は中国を敵視し、国務省を中心とする実務家グループは対中宥和路線を採っており、両者の中間にライス大統領特別補佐官（安全保障担当）がいた構図であった。三者の中で第一のグループが優勢であったに過ぎない。冷戦後の米国の卓越した力は勢力均衡策ではなく、大国の協調による中国包囲網を形成する絶好の機会を米国に与えていたと捉えた。

ロバーツ氏は、9・11以降のブッシュ政権は中国に米国覇権に挑戦しないよう説得するのは可能と捉えて、中国と戦略的なパートナー関係を構築しようとしていたと捉えた。その根拠として、まず米中は反テロ、中東の安定による石油の安定的確保、大量破壊兵器拡散の防止など、多くの安全保障分野で利害を共有した。唯一台湾問題が大きな阻害要因であったが、これは政治問題化を避ける手を打てばよかった。次に、中国にとっては、貿易依存度が非常に高かったため、経済や社会的安定の問題が優先した。さらに、中国の軍拡、とりわけ弾道ミサイルの増強は台湾有事を想定しており、中国としては台湾独立を阻止できさえすれば、国際的な現状維持を受け入れる用意があった。

ロバーツ氏によれば、中国にとって二〇〇三年の六ヵ国協議開催への努力が米中関係の改善の二回目の機会であった。中国は米国の圧倒的な軍事力を見て、米国には対抗できないと認識しており、米国とは対立しないよう宥和的態度を採っていた。その証拠に、中国は米国が推進するミサイル防衛にもはや文句をつけなくなったし、台湾問題も口にしなくなった。9・11以降、中国は米国の反テロ戦争を妨害こそしなかったが、積極的に協力しなかったために、一回目の関係改善の機会を失った。米国は中国のみが北朝鮮を六ヵ国協議に参加させ、北朝鮮の外交・安全保障政策を変えさせる力を持っていると捉えていた。中国が全面的に協力せねば、米国は台湾にハイテク兵器を供与し軍備を増強させる一方、台湾独立を許容することができた。したがって、ロバーツ氏は「二〇〇三年末までに、中国がいかに北朝鮮問題に対応するかで、今後二〇~三〇年の米中関係の基本パターンが左右される」と予測した。つまり、米中関係の将来は中国次第と捉えていた。

7　行き詰った米国の北朝鮮政策

二〇〇三年夏から二〇〇四年夏までの一年間ほどの中国の北朝鮮政策を見れば、中国は北朝鮮を六ヵ国協議に引っ張り出すホスト役を果たし、一応米中関係改善のための二回目の機会をものにしたと言えた。ただし、北朝鮮に六ヵ国協議への参加を促すため、三日間、中朝間の石油パイプラインによる油送を停止したことは確認されたが[1]、依然として北朝鮮が必要としているエネルギーや食料のほとんどを供給していた。つまり、北朝鮮が瀬戸際外交で暴走しないように説得するが、エネルギーや食料の供給を遮断することによって、北朝鮮が「核カード」を放棄するように強い圧力まではかけなかった。六ヵ国協議のプロセスが継続する限り、米国は北朝鮮攻撃をしない旨、約束したことから、朝鮮半島の現状は当面、維持された。中国は北朝鮮が六ヵ国協議への参加を拒否しないように、極めて限定的な圧力しか加えてこなかったし、その後その方針が画期的に変わると思えなかった。中国には北朝鮮に強い圧力をかけて、大量難民の流入など、北朝鮮の大混乱や崩壊のリスクを甘受する動機付けはなかった。

本書著者がインタビューを行ったホワイトハウス筋によれば、国防総省指導部が台湾独立を支持する一方、国務省指導部は米中関係の安定を維持しようとしており、その中間でライス補佐官に率いられる国家安全保障会議事務局が両者のバランスを保って、建設的な米中関係を作ろうとしていた。しかし、北朝鮮の核開発が静かに進む中、このような中国の先延ばし戦術が続けば、国家安全保障会議によるバランスの維持は極めて難しくなると思われた。ブッシュ政権は北朝鮮問題において時間稼ぎのための会議はしないと明言した。米国の北朝鮮政策は泥沼化が進むイラク占領や米大統領選に大きな制約を受けることに疑いはなかったが、ますます米中関係における不確定要因は大きくなっていた。

こうした状況の中、日本は北朝鮮問題をめぐる国際政治の鍵が中国の行動にあることを明確に認識せねばならなかった。また、中国の行動、そしてそれを左右する米中関係において最大の懸念材料が日本の核武装であることも理解せねばならなかった。日本が事態の推移に身を任せる道を選ばないとすれば、「仮想核武装カード」を行使せねばならなかった。国内で核武装を公然と議論し、それを内外に周知すれば、北朝鮮問題を再び動かす決め手になると思われた。

（注）

（1）『読売新聞』二〇〇三年一二月一四日。

第４章　なぜ第二期ブッシュ政権の北朝鮮政策は手詰まりに陥ったのか

二〇〇五年二月、北朝鮮は六ヵ国協議参加への「無期限中断」を発表し、その後「核保有宣言」まで行った。第二期ブッシュ政権は強硬策に出るかと懸念されたが、ライス新国務長官（当時）は国連安保理の審議に持ち込むとちらつかせながら、基本的には六ヵ国協議を続行する方針を明らかにした。米国は協議復帰の条件闘争を行う北朝鮮と辛抱強く向き合っていた。

第二期ブッシュ政権の北朝鮮政策は従来の強硬なレトリックにもかかわらず、六ヵ国協議を重視するしかない手詰まりの状況に陥っていた。それは、なぜか。

大統領選が終わり、二期目のブッシュ政権からパウエル国務長官やアーミテージ国務副長官が去ることが明らかになっていた二〇〇四年一二月一六日、ケリー国務次官補（アジア・太平洋地域担当）は北朝鮮政策の基本路線として金正日体制の転覆ではなく、既存体制の継続を前提に体制変革を目指す方針を公表した[1]（ケリー氏の後任には駐韓大使のクリストファー・ヒル氏が就いた）。つまり、ブッシュ政権が北朝鮮に武力行使する意図がなく、金体制と共存する用意があり、六ヵ国協議を進展させることによって朝鮮半島の非核化と安定化を達成しようというのであった。二〇〇五年二月二日、大統領第二期目、初めての一般教書演説でも、ブッシュ大統領はこの方針を強く示唆した。

確かに、ケリー国務次官補は第一次ブッシュ政権の外交・安保政策チームの穏健派であるパウエル・アーミテージ人脈に属しており、ケリー氏がチェイニー副大統領、ラムズフェルド国防長官、ウォルフォウィッツ国防副長官に代表される強硬派への牽制を試みたと観るのは可能である。それまでイラク政策など様々な安保政策課題で慎重派と強硬派は激しく対立してきた。穏健派のリーダーが政権から去れば、強硬派の影響力は高まるから、予め強硬派の暴走に釘をさそうとしたのだと憶測はできる。しかし、この憶測は退けるべきである。

二〇〇三年六月、強い影響力を有する外交問題評議会（ＣＦＲ）がその北朝鮮問題研究チームによる政策提言を発表した。このチームは四〇名弱の安全保障政策、北朝鮮、韓国の専門家や実務経験者からなり、超党派の視点から統一見解に近いものを公表した。また、オブザーバーとして、マイケル・グリーン（大統領府国家安全保障会議）、ジョン・メリル（国務省情報調査局）、チャールズ・プリチャード（北朝鮮問題担当特使）が参加した（所属は提言書の発表当時のもの）。提言の骨子は、

（１）米韓同盟を修復すること、
（２）米政権内において朝鮮半島政策に関する調整をハイ・レベルで行うこと、
（３）米国が日本、韓国、中国と対北朝鮮戦略で合意に達すること、
（４）米朝二国間交渉を重視すること、
（５）中国が北朝鮮へ圧力を加えるよう中国への働きかけを強めること、
（６）北朝鮮を試すために暫定的な措置をとること、

からなる。さらに有事シナリオとして、先ず、（７）米朝交渉が失敗した場合、他の六ヵ国協議参加国（日韓中ロ）が北朝鮮との貿易や北朝鮮への援助を中止するよう要求し、これら四ヵ国を含めた東アジア諸国と協力して、北朝鮮が核物質や大量破壊兵器を輸出しないように海上封鎖すること、さらに、（８）北朝鮮が核物質を再処理した場合、北朝鮮の核施設に対する軍事攻撃を排除しないこと、を提案した[2]。

しかし、二〇〇四年末の時点までに、このＣＦＲ提言が有効に機能する前提は瓦壊してしまった。北朝鮮は保管していた八〇〇〇本の使用済み核燃料棒の再処理作業を完了し、核弾頭四個から六個を作るのに必要なプルトニウムを抽出した[3]。予断を許さなかったイラク情勢はますます米軍の作戦展開能力に大きな制約を課し、ブッシュ政権は外交安保政策のエネルギーの大半をイラク・中東問題に費やさざるをえなかった。このような状況では、北朝鮮に対して米軍は限定的な空爆ぐらいしか行う余力がなかった。他方、盧武鉉政権は国内で強まる革新勢力を背景に金大中前政権の太陽政策を踏襲、強化しており、強硬策を主張するブッシュ政権との関係はうまくいっていなかった[4]。米韓同盟は急速に悪化していた。これらの悪条件が大幅に改善するまで、ブッシュ政権は北朝鮮を現状維持のまま封じ込めておかざるをえなかった。

他方、北朝鮮が着実に進めるプルトニウム型の核弾頭開発を止めさせる有効な手がない構図は変化しなかったものの、二〇〇二年一〇月に北朝鮮が認めた高濃度ウラン精製が米国に与えた困惑と焦燥感は過剰反応であったことが徐々に明らかになった。セリグ・ハリソン氏は、ブッシュ政権が宥和政策に傾きがちな日本と韓国の北朝鮮政策を強硬路線に誘導しようとして情報操作したとの理解を示しつつ、北朝鮮は低濃度のウラン精製能力しか持たず、それは民生目的としてＮＰＴ・ＩＡＥＡ体制の下で認められていたと論じた。ハリソン氏は、万一、北朝鮮が高濃度ウランの精製施設を有するとしても、それは極めて限定的な実験施設であろうと捉え、脅威になりえないと主張した。(5)

このような大枠の下で、なぜ米国の北朝鮮政策が手詰まりの状態に陥っていたのか、とりわけ、なぜ北朝鮮にとって最大の援助とエネルギーを与えている中国に北朝鮮に対して核兵器開発を止めるよう圧力を加えさせるのが極めて困難であったのか、著者が二〇〇四年九月前半にワシントンＤＣで行ったインタビューに基づいて考察する。共和党系では面談したのは、アーミテージ国務副長官（当時）に近い考えを持つプレスタップ国防大学教授、リバタリアニズムの牙城、ケイトー研究所のカーペンター副所長である。民主党系では、多国間外交を重視する中国核戦略問題専門家のギャレット大西洋評議会アジア研究部長、多国間外交重視の立場から核軍縮を専門とするシェインマン・モントレー国際関係学大学院教授である。このほか、国防総省系の国防分析研究所（ＩＤＡ）のロバーツ氏や発展途上世界や米国防産業に詳しいフィリップス・メリーランド大学名誉教授なども面談した。

1　六ヵ国協議と中国の思惑

カーペンター氏によれば、確かに中国は北朝鮮を六ヵ国協議に引っぱり出すに際して重要な役割を果たした。このことは米国の希望に沿うものであり、一時的に米中関係をより協力的にした。しかし二〇〇四年夏になると、ブッシュ政権は中国が北朝鮮に核兵器開発を断念するように圧力を十分にかけていないと不満を洩らすようになっていた。中国は現状維持を希求していた。中国にとって北朝鮮の核武装は困るが、その崩壊はもっと困る。崩壊すれば、中国へ多数の難民流入が予測されたが、中国は有効に対処できないと捉えた。

中国へ大量の難民が流入する恐れが強まれば、中国は人民解放軍による中朝国境封鎖を行い、武力を行使してもその流入を防がねばならなかった。その場合、中国は人道的見地から厳しい国際的な批判に晒されると予想された。また、吉林・遼寧両省には約二〇〇万人の朝鮮族が居住し、難民への手荒い対応は同様に厳しい中国内の世論を生むと思われた。さらに、両省には斜陽の重工業部門に多くの国営企業があるため、両省は深刻な失業・低雇用状況に陥っていた。大量の難民が流入すれば、食料や医療サービスに多くの資金を割かねばならず、地域の経済は破綻し、深刻な動乱さえ予測された(6)。

さらに、カーペンター氏は下手をすると、この手詰まり状況は一〇年余り続き、その限りにおいて米中関係は安定するかもしれないと語った。しかし、長期的には、中国は唯一の地域覇権国として台頭し、米国との摩擦を増加させていくと予想した。

プレスタップ氏は六ヵ国協議の見通しに極めて悲観的で、二〇〇四年一一月の大統領選挙終了まで膠着状態が続くと考えていた。ブッシュ政権は決して「北朝鮮の核」を受け入れないが、北朝鮮が核兵器開発で着々と既成事実を積み重ねていることには現実的に対処せねばならぬと述べた。また、北朝鮮が自主的に核兵器開発を断念して、国際経済の相互依存のなかに入っていく「リビア・モデル」に従うことはないと捉えていた。リビアと違って、北朝鮮は石油を産出せず、米国を中心とした先進諸国が経済制裁を停止しても、大きな経済的な見返りは期待できないと見ていた。この点、シェインマン教授も同じ見解を共有していた。

プレスタップ氏も中国の北朝鮮政策の目標が現状維持にあり、米国が中国に北朝鮮に十分有効な圧力をかけさせ、北朝鮮の核兵器開発を放棄させるのは難しいと理解していた。ただ、可能性は小さくとも、米国には中国に期待するしかないとも述べた。したがって、そうした状況では、ブッシュ政権の主たる関心は北朝鮮に核兵器開発を断念させることではなく、北朝鮮による核拡散、とりわけ核関連物質・技術の第三国への移転阻止だとの理解を示した。

他方、ギャレット氏は、中国が北朝鮮による核兵器開発阻止よりも、現状維持や安定性を優先しているとは必ずしも言えないと述べた。同氏が二〇〇三年八月と二〇〇四年一月の訪中時に行ったインタビューによれば、多くの中国の政策実務家と政策研究者は北朝鮮を極めて民族主義的であり、北朝鮮の「核」は中国に脅威を及ぼすと捉えていた。ギャレット氏は北朝鮮体制の打倒や米国の単独軍事行動を主張するボルトン国務次官（軍備管理・安全保障担当、当時）や北朝鮮との交渉を邪魔している米副大統領府のリビー補佐官（当時）など、ブッシュ政権内の強硬派・ネオコン勢力に警戒心を隠さなかった。逆に、北朝鮮は交渉相手になりうると看做し、再度、交渉の機会を与えるべきと主張した。中国には北朝鮮の核兵器開発プログラムを止めさせるよう有効な圧力をかける能力はないとの認識があった。強硬派・ネオコン勢力が主張する北朝鮮と台湾のリンケージ政策（つまり、中国が北朝鮮に圧力をかけないなら、米国は台湾の独立を支持する）に反対した。これら二つの政策分野は別々の問題であり、上海コミュニケ（一九七二年）の方針を放棄すれば、米中関係を混乱させると捉えていた。

ギャレット氏は北朝鮮による核拡散の行為は中国の国益に反すると観ていた。北朝鮮からパキスタンへ、さらにアフガニスタンのタリバンへ、最終的には中国西域で独立運動を行うウイグル族過激派へ核兵器が流出する危険が存在したし、その後も同じような可能性があるとの認識を示した。中国政府が核拡散に反対し、大量破壊兵器管理を強化する方針を公表していることを強調した（二〇〇二年八月制定の中国「ミサイル及び関連物質・技術輸出管理条例」を指す）。

2　中国の輸出管理体制が機能しない原因
——様々な解釈

北朝鮮関連での中国の輸出管理違反をいかに説明すればよかったのだろうか

中国が北朝鮮の核兵器の開発や拡散を支援してきた歴史を有し、従来、軍事や経済で密接な絆を有していたことはよく知られている[7]。ロバーツ氏は中国から北朝鮮への核関連技術の流出が続いていることを強調した。同氏は二〇〇三年、中国の核関連企業がフランスの港を経由して北朝鮮に関連物質の輸出を試みたが、フランスの税関当局に阻まれ、裁判となっている例を挙げた。他方、中国政府が輸出管理を強化しようとして、すぐに効果が上がった例が散見され、中国政府は決断すれば、人民解放軍やその軍事関連企業による輸出を十分制御できるとの認識を示した。つまり、中国政府は北朝鮮から第三国への核関連技術・物質の移転を望まないにしても、限定的な北朝鮮の核兵器保有を認めていると捉えていた。要するに、ロバーツ氏は北朝鮮に対する中国政府の輸出管理は「欺騙」だと理解していた。

ギャレット氏はなぜ中国の輸出管理体制がうまく機能しないか、その原因に関して、五つの可能性を挙げ、発展途上国に特有の腐敗要因が鍵であると主張した。

第一は、中国政府が輸出管理強化を国際的に公約しておきながら、これを遵守する意図がない場合、つまり、嘘をついている場合である。この見方は強硬派・ネオコン勢力に支持されていた。ギャレット氏は、中国に対する警戒感と不信感を持つ政策研究者として、フィッシャー氏を挙げ[8]、その分析方法が中国の武器輸出を列挙するだけで、中国政府の政策意図を全く考慮していないと批判した。ソ連崩壊後、フィッシャー氏に代表される多くのソ連強硬論者はその研究対象を中国にシフトしたが、ソ連の核・戦略問題研究に用いられた概念や手法をそのまま中国研究に適用するだけで、中国の関係者とのインタビューを全く行っていないとの理解を示した。つまり、かつてのソ連専門家によるにわか仕立ての中国研究は有効でないとの考えである。ギャレット氏は、確かに中国は形の上ではレーニン・スターリン主義型の政体をとっているが、実際には両者はかなり異なるとの基本認識を有した。

ギャレット氏によれば、ほとんどの中国専門家は「中国を追い詰める」のは誤りであり、二〇五〇年には必ず大国になる中国を平和裡に現在の国際秩序に取り込む方針に賛成していた。もし米国が今後二〇年間に中国の大国化を阻害すれば、将来、大国となった中国と対立することは避けられず、国際秩序は安定しないと捉えた。こう考えて、ギャレット氏は強硬派・ネオコン勢力が支持する「中国政府の嘘」説を否定した。

第二は、中国共産党・政府の権力核心における派閥間の権力闘争の視点から、中国の輸出管理違反を説明する方法である。江沢民氏や軍部を中心とした保守派と開放政策を加速・強化しようとする胡錦濤氏を中心とする新世代指導部との対立の構図を想定して、前者が後者を困らせるために意図的に軍事関連企業に輸出管理違反をさせていたと捉えた。輸出管理違反が国際的に露見すれば、新世代指導部は国際的に厳しい批判を受ける。中国に伝統的な「指桑罵槐《しそうばかい》」の行動様式である。ギャレット氏は、この可能性はありえない話ではないが、輸出管理違反は米国などから軍部・保守派に外圧が加えられることになり、結局、自ら墓穴を掘ることになるから考えにくいと述べた。

第三は、中国の輸出管理違反が最高指導部に明確な方針がないか、もしくはあっても、その意図が明確に下級の実務部門や軍事関連企業に伝わっていないために起こったと理解する方法である。この例として、ギャレット氏は、最高指導部の了解なしに軍部が独走して南沙諸島の岩礁を占拠したことを挙げる一方、当時の最高指導部はフィリピンなど東南アジア諸国との武力紛争を懸念していたとの認識を示した。中国の輸出管理違反が反復されていることを理由に、ギャレット氏はこの見方は説得力に欠けると語った。

第四は、輸出管理違反を実務レベルでの失敗であり、この事実を中国政府が積極的に公開したと理解する方法である。中国政府は二〇〇一年の電子戦データ収集機ＥＰ３事件を詳しく国内報道した。また、二〇〇二年から翌年にかけての新型肺ＳＡＲＳでは情報公開を行うとともに責任者を交代させた。閉鎖的な態度からの変化は、中国の民主化や政策決定過程における多元化がある程度進展しており、中国最高指導部が現実的に国益を計算できるようになってきたために生じたと見た。つまり、情報公開や結果責任の所在を明確にしないと、中国は国際的な非難に晒され孤立する。その結果、経済成長が鈍化すると共産党体制の正当性に疑問が投げかけられ、その存続が危ぶまれることとなる。中国の貿易依存度が非常に高かったことを踏まえると、中国が自らすすんで国際的な相互依存関係から抜け出すとは考えにくい。この見方では、中国の民衆がますます民族主義的になっている一方、その文民最高指導部は国際政治上の制約をよく理解しており、既存国際秩序の中で米国などの先進諸国と一緒にやって行こうとの意思があると想定されていた。しかし、ギャレット氏は、輸出管理違反が反復されていることから、この第四の見方を排除した。

第五は、輸出管理違反が中国の軍事関連企業の幹部の腐敗によって起こったと理解する方法である。中国では腐敗が蔓延しており、摘発されれば死刑もありうる。ギャレット氏は、強硬派・ネオコン勢力は少ない例を論《あげつら》って、煽情主義に走っていると批判した。問題は中国政府が輸出管理の分野で腐敗を除去しようと努力していたかどうか、または、腐敗排除の政策努力において意図的な不作為はなかったかであるが、同氏はその事実関係を体系的に調査したことはないと語った。

シェインマン教授も腐敗要因を最重要視した。同氏がクリントン政権で軍備管理の実務に携わった一九九四年から二年間、中国政府の文民指導部による大幅な軍事費抑制にために輸出管理における腐敗が悪化したと述べた。軍部は独自に財源を確保する必要に直面し、武器や関連分野の輸出を増加せねばならなかったとの認識を示した。中国政府は核拡散に繋がる輸出行為を国内立法によって犯罪化するよう要求する国連安保理決議１５４０に従い、「ミサイル及び関連物質・技術輸出管理条例」を制定した。この条例に対する違反は明らかに違法であり、違反行為は個別の軍事関連企業の強欲から犯されたものと理解すべきと語った。

ただし、シェインマン教授はこの腐敗を変えることができない、既存体制に本来備わった構造的なものではないと強調した。つまり、中国政府による輸出管理の失敗は故意の不作為ではなく、管理能力欠如の結果としての不作為と理解すべきと語った。ただし、中国政府の文民指導部がその能力欠如を真剣に改善しようとしているか、具体的な知見はないと述べた。

発展途上世界に見識の深いフィリップス名誉教授も腐敗要因を重視したが、シェインマン教授の特徴付けには同意しなかった。同名誉教授は中国共産党や政府中枢に問題があるのではなく、輸出管理の実務下部機関や軍事関連企業に腐敗が存在することが問題の本質であるとの認識を示した。つまり、腐敗除去に政策上の優先順位を置かないこと、つまり腐敗除去に政策努力を傾けない故意の不作為であると捉えた。この種の構造腐敗は発展途上国に特有の問題であり、中国の政体の弱さを露見していると考えた。

3 「腐敗」に垣間見る中国の戦略的思考

中国の輸出管理体制の機能不全がこれら五つの要因のうち、第二要因（権力核心における権力闘争）、第三要因（行政機構の統治能力の欠如）、第四要因（輸出管理の実務的失敗）であるなら、米国には直接打つ手はない。第二要因の場合は、権力闘争がある程度落ち着くまで輸出管理の「失敗」は意図的に政争の具として用いられるだろう。第三・第四要因であれば、中国政府が自助努力によって統治能力や実務処理能力を高めなければ、輸出管理の失敗は繰り返されるだろう。

もっとも、専門家とのインタビューでは、第一要因（欺瞞《ぎまん》）か第五要因（腐敗）が有力視された。第一要因が決め手である場合、中国に圧力を加える強硬策が有効に機能するならば、中国の輸出管理を強化できる。他方、第五要因が鍵である場合は、強硬策は単に効果がないだけでなく、北京の中央政府を弱体化させ、中国の輸出管理機能をさらに低下させることになる。

ロバーツ氏は、第一要因（欺瞞）を理解するには、中国が直面する核戦略状況の理解が鍵だと強調した。同氏によれば、既存の中国の核戦力は非常に限定的であるが、これは資源や財源の制約の結果ではなく、中国の政治的判断によるものである。大陸間弾道ミサイルは既存の二〇基から大幅に増強される兆候はなく、ミサイル本体や指揮・統制の性能などの技術水準向上に力を注いでいたと観る。他方、中国は短距離ミサイルや中距離ミサイルではミサイル数を大幅に増強していた（台湾海峡に短距離ミサイルは約六〇〇基、配備されていたと観ていた）。ロバーツ氏は、中国の核戦略は米国に対して最小限抑止力を確保することにあり、この点、中国は現状に満足していたと捉えた。

ロバーツ氏は、中国の指導部は既存の核戦力には自信を持っているが、中長期的には懸念を抱いていたと分析した。米国が新たな核戦略で追求する新トライアド（核弾頭破壊力の強化、長距離精密攻撃力、ミサイル防衛）は中国の最小限抑止力を封じてしまうかもしれなかった。他方、ロバーツ氏は、かつてソ連が米国と対抗したように、中国には大規模な核戦力を構築する意図はなかったと考えた。そうすることは、核戦力の強化が通常兵力と比べるとはるかに安価であるから、中国には不可能ではなかった。そうしないのは、中国自身の政治的決断であった。ロバーツ氏は、中国の指導部は経済成長の維持と経済社会発展の実現に政策上の優先順位を置いていると認識していた。

したがって、ロバーツ氏は、中国はリスク回避戦略を採っていると分析した。米国による一極構造が出現するなら、中国には六ヵ国協議に協力する動機付けは存在しない一方、大国間の協調が見込まれるなら、六ヵ国協議に協力することは中国の国益に繋がった。中国はアフガン反テロ作戦に際しては米国に協力的であったが、イラク攻撃に対しては単に妨害しなかっただけである。中国は9・11事件以降、基本的には米国が一極構造の構築を志向していると捉えており、北朝鮮政策で米国に協力する意図はなく、実質的には妨害していたと捉えた。米中関係は次第に悪化しているとの認識を示した。

4　米国に残された選択肢

ロバーツ氏は、北朝鮮がプルトニウム型の核兵器開発を進めており、四年以内に政治的解決ができないときには、米国は軍事的解決（武力行使）を行うと予測した。二〇〇四年の大統領選において、民主党、ケリー候補の安全保障政策顧問のトップ、ペリー元国防長官が、①北朝鮮とイランの核兵器開発を阻止できなければ、核不拡散体制の終焉であり、②イラク攻撃は正しい戦争ではなかった一方、北朝鮮への武力行使は正しい戦争となり、それゆえに、③一九九六年同様、北朝鮮に対する戦争を準備すべきだと述べた、と引用した。つまり、ロバーツ氏は仮にケリー政権が誕生したとすれば、むしろ軍事的解決を選択する可能性はより高かったと語った。

他方、シェインマン教授はロバーツ氏に反対した。軍事的解決の選択もありうるとのペリー氏の発言は、安全保障政策で弱腰と看做されれば致命的となる大統領選の文脈で理解せねばならない。ペリー氏は、向こう四年間は北朝鮮との交渉を重視すると強調したと理解すべきと語った。北朝鮮は米国がその体制の正統性を認め、米朝不可侵条約を締結し、対朝経済援助を供与することを要求していた。米国は完全、検証可能、不可逆的な方法で北朝鮮の核兵器開発プログラムの廃棄を求めている一方、不可侵を約束する政治的な文書（条約形式ではない）ないし一方的な声明を作成する用意があった（ただし、北朝鮮が韓国か日本を攻撃した場合は、この限りではない）。この認識に基づき、シェインマン教授は北朝鮮にもう一度だけ交渉の機会を与えるべきだと語った。もっとも、両国の交渉に一括、包括的な合意は無理であり、断片的、連続的な交渉過程しか期待できないとの見解を示した。

シェインマン教授は、今後、六ヵ国協議と並行してインフォーマルに行われる米朝交渉のプロセスでは、北朝鮮がこれまでの核兵器開発でどの程度一九九四年の合意枠組みを破ってきたかに関する調査、実地査察、事実確認を重視すべきと語った。また、この作業に国際原子力機関（ＩＡＥＡ）を利用することを勧めた。シェインマン教授はＩＡＥＡの多国間研究チームに参加した経験に基づいて、環境テストなど、ＩＡＥＡの高い実地査察能力や技術能力を強調した。その上で、北朝鮮がＩＡＥＡの事実確認作業を拒絶し、徒に時間稼ぎをするようなら経済制裁を課し、それでも従わないならば、武力行使を真剣に検討すべきだと主張した。

いずれにしても、こうした状況では、二期目のブッシュ政権が北朝鮮にいかに強硬なレトリックを用いようとも、北朝鮮問題の軍事的解決を採ることはできず、場合によっては、経済制裁を視野に入れつつも、基本的には交渉によって事態の改善を徐々に行う選択しか残っていなかった。

（注）

（１）『朝日新聞』二〇〇四年一二月一六日。

（２）*Meeting The North Korea Nuclear Challenge: Report of an Independent Task Force*, Council on Foreign Relations, 2003.

（３）『日本経済新聞』二〇〇四年一二月一一日。

（４）Kim Dong Shin, "The ROK-U.S. Alliance: Where Is It Headed?," *Strategic Forum*, National Defense

University Institute for National Strategic Studies, No. 197, April 2003; James Przystup and Kang Choi, "The U.S.-ROK Alliance: Building A Mature Partnership," *Strategic Forum*, Special Report, March 2004. 峯岸雄「米韓〝同盟『再定義』〟へ協議」『日本経済新聞』二〇〇四年一一月五日。

（5）Selig G. Harrison, "Did North Korea heat?", *Foreign Affairs*, January/February 2005.

（6）Howard M. Krawitz, "Resolving Korea's Nuclear Crisis: Tough Choices for China," *Strategic Forum*, No. 201, August 2003.

（7）William Triplett, II, Rogue State: *How a Nuclear North Korea Threatens America*, Regnery Publishing, 2004.

（8）Richard D. Fisher, Jr., *The Impact of Foreign Weapons and Technology on the Modernization of China's People's Liberation Army: A Report for the U.S. -China Economic and Security Review Commission*, Center for Security Policy, January 2004.

第三部　六ヵ国協議の破綻
―迷走する米国の北朝鮮政策

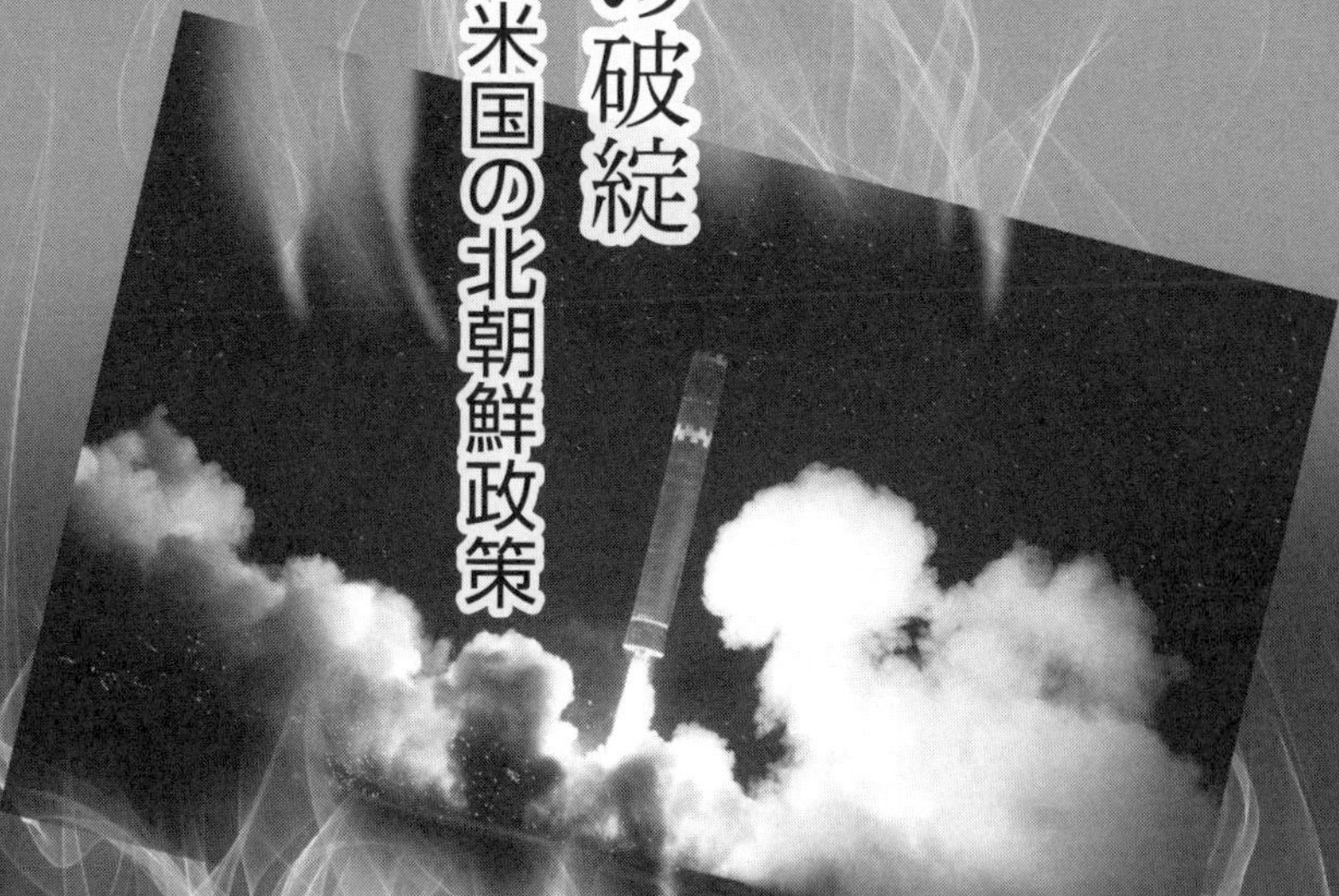

第三部では、米国覇権が衰退期に入った状況下で、米国の北朝鮮政策が迷走するなか、六ヵ国協議が実質的に破綻した理由や背景を分析する。第5章では、ブッシュ政権の北朝鮮政策が従来の強硬なレトリックにも係らず行き詰まり、交渉によって事態の打開を図らざるを得なくなった状況を分析する。つまり、なぜブッシュ政権は北朝鮮の金正日体制が容易に崩壊しないと判断して、当面、北朝鮮との共存を受け入れざるを得なかったのかを分析する。第6章では、ブッシュ政権が従来、北朝鮮との直接交渉や取引を原則的に拒絶してきたのにも係らず、劇的に政策を転換した点に注目する。その上で、ブッシュ政権が六ヵ国協議と並行しながらも、金融制裁に関する米朝交渉を行うとともに、北朝鮮に対して核兵器開発に関する取引・譲歩案を提示するに至った意義と背景を分析する。第7章では、困難を極める米朝交渉において、ブッシュ政権が二〇〇七年末から二〇〇八年春にかけて北朝鮮政策を大きく転換して宥和策をとった背景、理由、影響を分析する。

第５章　北朝鮮の体制変換を断念したブッシュ政権

二〇〇六年四月二四日、日本経済新聞主催による国際シンポジュウム「激動する北東アジアと日米」において、第一期Ｇ・Ｗ・ブッシュ政権で国務次官補（東アジア担当）を務めたジェームズ・ケリー米国際戦略研究所上級顧問は「米政権は北朝鮮の体制変換（レジーム・チェンジ）を望んでいない」と語った(1)。また、米国務省はブッシュ大統領に北朝鮮の核放棄が完了する前に、北朝鮮と平和条約の締結交渉を始めることを提案した(2)。平和条約締結は相手国を主権国家として黙示的に認める行為であるから、提案とケリー氏の発言内容は符合する。

このアプローチは外科手術的手法による先制攻撃や本格的な侵攻を除外する一方、北朝鮮が核兵器開発さえ止めるなら、人権蹂躙《じゅうりん》の問題など他の様々な問題には目をつぶり、金正日体制の存続を受容する方針だと理解できた。確かに、米国は海上輸送路や水際で大量破壊兵器を阻止する拡散防止構想（ＰＳＩ）に加えて、二〇〇六年一〇月末、北朝鮮の資金洗浄を行ってきたマカオのバンコ・デルタ・アジア（ＢＤＡ：匯業銀行）に対する金融制裁に代表される違法行為防止構想（ＩＳＩ）によって、北朝鮮に対する締め上げを強化した。しかし、これらの措置は、中国が北朝鮮に命綱である食料とエネルギー（とりわけ、石油）を供給するだけでなく、北朝鮮における希少金属鉱山の開発などに積極的な投資を行っている以上、容易にその体制崩壊には繋がらなかった。しかも本書第4章で分析したように、二〇〇六年秋の時点で、ブッシュ政権の北朝鮮政策は長らく手詰まり状態に陥っており、米国がますますイラク情勢の泥沼に嵌《は》まり込んで軍事的、政治的、経済的に余裕がなくなっていたことを踏まえると、当面、米国は北朝鮮・金正日体制との共存を受け入れざるをえなかった（もっとも、このブッシュ政権の選択によって、北朝鮮が核兵器製造能力を磐石なものとすれば、次期米政権は北朝鮮の核武装を既成事実として受け入れざるをえなくなっただろう）。

本章では、本書著者が二〇〇六年九月前半にワシントンDCで行ったインタビューなどに基づいて、その時点での行き詰った米国の北朝鮮政策の状況と展望を考察する。

1　国際法的にはグレーゾーンにある北朝鮮の核兵器開発

核不拡散体制による制約の下、北朝鮮はなぜかくも長い間、米国を含め列強を翻弄し、巧妙な外交的駆け引きを展開できたのか。北朝鮮に突き入らせる国際法的な陥穽はどこにあったのか。先ずこの点を把握せずに、行き詰った米国の北朝鮮政策の現状を分析し、展望を論ずることはできない。

核不拡散体制の原則と大枠は核不拡散条約（ＮＰＴ）によって定められ、その実施のために国際原子力機関（ＩＡＥＡ）が設けられている。ＮＰＴ締約国はＩＡＥＡに加盟することになっており、当然、ＩＡＥＡ憲章に拘束される。また、ＩＡＥＡは各々の加盟国と核拡散を阻止するための保障措置協定を締結することとなっている。

北朝鮮は一九七四年にＩＡＥＡに加盟していたが、ＮＰＴに加入したのは一九八五年一二月一二日であった。ＮＰＴ第３条に基づくＩＡＥＡと北朝鮮との保障措置協定が発効したのは、一九九二年四月一〇日である。つまり、ようやくこの時点になって北朝鮮はＮＰＴ体制の拘束を完全に受けることとなった。

ところが、北朝鮮は米国に瀬戸際政策を仕掛ける中、一九九三年三月一二日、ＮＰＴからの脱退を通告した。ＮＰＴ第10条１に則り、ＮＰＴ締約国は独自に「自国の至高の利益」が危うくなったと判断すれば、自由にＮＰＴから脱退できる。北朝鮮は脱退声明が発効する前日六月一一日、その発効を一時停止すると発表した。

次に、一九九四年六月一三日、北朝鮮はＩＡＥＡから脱退した（ＩＡＥＡ公式ホームページ）。この結果、北朝鮮は依然としてＮＰＴ締約国であるため、ＮＰＴによる核不拡散の原則や大枠に縛られる一方、その実施を司るＩＡＥＡの憲章による具体的な拘束は受けないこととなった。ＩＡＥＡ理事会は加盟国でなくなった北朝鮮の代表に出席を求め、憲章や保障措置協定の遵守を要求できなくなった。元来、ＩＡＥＡ憲章では、国連安全保障理事会に通告する以外、憲章に違反する加盟国に対してＩＡＥＡからの追放ぐらいしか有効な制裁手段はない。既にＩＡＥＡから脱退した北朝鮮に対しては、それさえもできなかった。ＩＡＥＡと北朝鮮との保障措置協定第26条は北朝鮮がＮＰＴ締約国である限り有効であると定めているが、既にＩＡＥＡから脱退した北朝鮮による協定違反行為や疑惑をＩＡＥＡ理事会の場で直接追及できなくなった。

さらに、二〇〇三年一月一〇日、北朝鮮はＮＰＴから脱退を表明した。北朝鮮は脱退の権利を有するが、違反した状態での脱退は国際慣習法上の信義則に反するため、脱退の法的有効性に関しては議論が分かれる。ＮＰＴには脱退の法的有効性を判断する機関や手続きに関する定めはない。ただし、例えば、米国は北朝鮮が依然としてＮＰＴ締約国であると捉えている(3)。

北朝鮮のＮＰＴ脱退が有効か否かにかかわらず、国連安全保障理事会は北朝鮮の保障措置協定違反を「平和に対する脅威」と判定し、軍事制裁を含め、国連憲章に則り強制措置を採ることができた。しかし、安保理常任理事国である中国やロシアは拒否権を発動して、強制措置を是とする決議案を葬る可能性が高かった。米国が中国とロシアを含めた六ヵ国協議によって北朝鮮問題を処理せざるをえなかった背景には、このような事情があった。

2　万策尽きた米国

決め手を欠いた米国の北朝鮮政策を理解するために、まずケイトー研究所のカーペンター副所長の分析を紹介しよう。ケイトー研究所はリバタリアニズム（libertarianism、個人の自由を絶対視する思想）を奉じており、共和党にあって多国籍企業や宗教右派を背景とする党内の大勢力からは距離を置いてきた。国内優先の観点から、できるだけ海外での武力介入を避け、外交・安全保障政策では孤立主義的な政策を標榜してきた。当時、カーペンター氏はケイトー研究所の外交・安全保障研究者グループのトップであり、共和党非主流派の視点と分析を提供できた。

カーペンター氏は、六ヵ国協議において北朝鮮が「核兵器を開発しない」との原則で合意するだけでは不十分と主張した。米中の上海コミュニケのように、原則で合意してその後はその枠組みの下で試行錯誤を繰り返す対処法は、合意の対象が北朝鮮の核兵器開発という具体的な事象であるから、受け入れられないと述べた。

カーペンター氏は、確かに中国は北朝鮮に対して誠実に圧力を加えてきたが、あまり突っ突いて北朝鮮を崩壊させ、大量の難民流入を招き、巨額の経済的負担を被らないように軽い圧力しかかけてこなかったと見た[4]。中国は六ヵ国協議に積極的であるといっても、基本的には非常に受身であり（passive activism）、現状維持を志向していた。中国は北朝鮮による「完全で検証可能で後戻りができない」核兵器開発プログラムの放棄（CVID：Complete, Verifiable, Irreversible Dismantlement）ではなく、米朝合意枠組み（一九九四年～二〇〇〇年）に存在したような、開発プログラムの凍結を望んでいると捉えた。また、中国は核兵器保有を伴わない形での朝鮮半島統一を望んでいた。中国は北朝鮮の核兵器から直接の脅威を受けないが、統一朝鮮が核兵器を保有すれば、日本や台湾の核武装化を招くと懸念していると認識した[5]。

カーペンター氏は、北朝鮮の現状維持は持続できないとのゼーリック国務副長官の発言（二〇〇五年九月六日）は米国が中国による金正日体制の打倒と傀儡《かいらい》政権の樹立を黙認するとも解釈できるが、中国にとってこの選択肢は極めてリスキーであり、現実味がないと語った。

次に、プレスタップ米国防大学（NDU）教授の認識を紹介する。同氏は人脈的にも考え方でも、第一期ブッシュ政権のアジア政策全般を差配したアーミテージ前国務副長官やそのグループ（ケリー国務次官補やグリーン大統領補佐官を含む）に非常に近い人物であった。第二期ブッシュ政権の北朝鮮政策が手詰まり状態に陥っており、基本的には第一期政権の政策路線を継承したことを踏まえると、同氏の見解には注目すべきであった。

プレスタップ氏は、日米だけが六ヵ国協議を介して北朝鮮に核兵器開発を放棄させようとしているが、中国と韓国は現状維持を望んでいるとの認識を示した。中国は北朝鮮が核兵器開発を断念するのが望ましいと考えているが、圧力をかけ過ぎて北朝鮮を崩壊させたくないとも捉えていた。北朝鮮が六ヵ国協議を引き延ばして、核兵器開発を達成すると懸念しないのかとの問いに対しては、他に選択肢がないと答えた。しかし、米国は核不拡散の原則を堅持する一方、決して北朝鮮の核武装を容認することはなく、北朝鮮とは現実的に取り引きするだけであると述べた。

さらに、国防分析研究所（ＩＤＡ）のロバーツ研究員に見解を求めた。米国防総省の委託研究を行う同研究所には国防総省から秘密情報へのアクセス権を得ている研究スタッフが多く、党派的、イデオロギー的な影響を極力排除した客観的な分析に努めている。ロバーツ氏は北朝鮮専門家ではないが、核戦略・軍備管理研究の第一人者として知られていた。

ロバーツ氏の認識によれば、中国は当面、基本的には現状を維持して、中朝国境からの難民の流入や、韓国が北朝鮮を吸収する形で朝鮮半島統一が実現された場合に不可避となる中朝国境地帯における米軍のプレゼンスを回避したかった。しかし、同氏が捉える中国の認識では、ブッシュ政権は北朝鮮の核兵器開発を認めない一方、北朝鮮の核兵器問題で中国と取り引きする準備ができておらず、六ヵ国協議を終結させたくなかった。米国はイラク問題で手間取っており、北朝鮮問題を先送りしていた。こう中国が認識して、二〇〇五年夏時点においてブッシュ政権の任期切れまで残り二年半余りであったため、次期政権の誕生まで本格的な交渉を待てばよいと中国が判断していると捉えていた。

もっともロバーツ氏の理解では、中国は北朝鮮では食料配給制度と九五％の国有・公営経済部門が破綻するなど、国家統制が瓦解し、略奪的な資本主義化が不可逆的に進展していると分析していた。つまり、北朝鮮は自国の経済を外に向けて開放するしかなく、早晩そのスターリン主義体制は終焉するから、北朝鮮は核を放棄して、国際的な支援に頼るしかないと、中国は見ていると捉えていた。

他方、ロバーツ氏によれば、北朝鮮は六ヵ国協議を二、三年の間、引き延ばして、次期米政権が交代するまでに核兵器開発を達成しようとはしていなかった。というのは、それまで北朝鮮は中国に対して対米交渉の交渉材料（a bargaining chip）として核兵器開発を正当化してきたのであり、一旦核武装してしまえば、その正当化はもはや使えなくなるからであった。この点、プレスタップ米国防大教授も、北朝鮮は核爆発実験を強行することによって何も得るものがなく、実験をせず六ヵ国協議の継続を望んでいるとの認識を示した。ロバーツ氏も、中国は北朝鮮の核武装によって直接の脅威には晒されないが、韓国や日本の核武装、さらには台湾の核武装など、核の拡散効果によって大きく国益を傷つけられると見ていた。

ロバーツ氏は、台湾問題の解決と北朝鮮問題の解決の交換こそが中長期的な中国の大政略であると捉えていた。逆に言えば、中国は台湾問題を解決するまで、北朝鮮問題を解決したくないと見ていた。中国にとって北朝鮮問題は米国に対する交渉材料であった。「ならず者国家」は多ければ多いほど、米国を手玉に取るには都合が良かった。逆に、「ならず者国家」が少なければ、米国の注意と敵意が中国に集中することとなる。

とはいえ、ロバーツ氏は、中国の政策決定者たちのコンセンサスは北朝鮮問題に関する政策路線の選択に関しては存在せず、その分裂状況は国防部と外交部の間で、また軍部の異なる派閥の間で深刻であると分析していた。足を引っ張り合う北京での官僚政治を踏まえて、ブッシュ政権は米中トップ間の意思疎通を重視してきた。ロバーツ氏は例えば、二〇〇五年二月一日〜二日、マイケル・グリーン米大統領補佐官・国家安全保障会議（NSC）アジア担当上級部長（当時）が北京を訪問して、胡錦涛国家主席にブッシュ大統領の親書を渡したことは、そのことを如実に表していると捉えていた。

このように、ブッシュ政権に比較的近いサークルには、当時、北朝鮮問題が袋小路に入り込んでいても、中長期的には核拡散を阻止する米中日露四ヵ国の共通利害に基づく協調行動が採られ、「なんとかなる」との希望的観測が存在していた。

3　ある一つの展望

ある程度一貫性のある中長期的な見通しとして、ペンシルベニア大学のアーサー・ウォルドロン教授がネオコン（新保守主義）の代表的な外交・安全保障論壇誌『コメンタリー』（二〇〇五年六月号）に発表した見解を紹介する必要があろう。[6] 自己をネオコンではなく伝統的保守派と位置づける同氏は反中（中国共産党体制を邪悪な体制と糾弾する）の立場をとり、北朝鮮問題の本質は中国問題であると捉えていた。米海軍戦争大学教授、米議会が設けた中国安全保障問題調査委員会委員、共和党系のアメリカン・エンタープライズ研究所（AEI）のアジア研究部長等を務めた経歴を持つ。AEIがネオコン色を強めるなか、同研究所を辞し、その後、新たに設立された国際評価・戦略センター（IASC）の副所長を務めた。保守強硬派やネオコンなどブッシュ政権の外交・安全保障政策の思考を熟知しながらも、政権外にあって冷静な長期的展望を示していた。
　ウォルドロン氏は「北朝鮮は今や核兵器保有国であり、将来もそうあり続ける」との認識を示した。[7]この背景には「一九九四年の米朝合意枠組みの教訓とは、北朝鮮はわれわれが与えるものはどんなものでも受け取るが、決して保有する核兵器を断念することはない」、「ブッシュ大統領が二〇〇三年から継続している六ヵ国協議に見られる模範的な多国間主義の教訓とは、中国を含め、どの国も北朝鮮の軍事的核パワーを潰すことはできない」との判断があった。[8]つまり、中国は容易に北朝鮮を懲らしめることはできないから、中国が手に負えない北朝鮮という猫の首に鈴を付けてくれるという期待は無駄であったと捉えた。武力を行使せず、北朝鮮に核兵器を放棄させることはできないとの結論になった。[9]
　しかも、ウォルドロン氏はブッシュ政権のライス国務長官が示唆した軍事的オプション（つまり、精密攻撃兵器による核関連施設の空爆攻撃）を現実的でないと断じた。北朝鮮は約一二・三万平方キロメートルの山岳地域に容易に核兵器を隠匿できた。したがって、「われわれは地下深く埋められた（核兵器関連の）工場、実験室、ウラン鉱山などのネットワークがどこにあるのか分からない」し、「外国からの諜報活動も（これらの諸施設には）届かず、（これらの諸施設は）いかなる攻撃にも晒《さら》されない」と考えた。[10]
　ウォルドロン氏は、北朝鮮の核問題にはもはや、外交的解決も軍事的解決も存在しない一方、核武装した北朝鮮は敵国（つまり、中国）よりも米国や同盟国に距離的にも政治的にも近い存在と捉え楽観視していた。統一朝鮮が韓国の民主制を維持したまま北朝鮮に拡大する形で実現すれば、統一朝鮮は決して中国のような脅威を及ぼす存在にはならないと捉えていた。確かに、統一朝鮮の核武装は必ず日本の核武装も招来する。しかし、北朝鮮が既に核兵器を保有しており、それを放棄せず、日米両国ともその脅威に有効に対処できない以上、いかなる場合でも、日本の核武装はいずれ避けることができない展開であると考えた。ウォルドロン氏の判断では、核武装した日本が核武装した英国やフランスよりも危険だということはありえず、むしろ核武装した中国やパキスタンの方がずっと危険であると主張した。(11)

4 結語

二〇〇六年秋の時点で、米国は北朝鮮問題の処理に関して長期的な戦略を持てずにいた。わが国は米国が台湾を犠牲にして北朝鮮問題を処理する場合、或いは米国がそのような取り引きせず、北朝鮮の核武装が既成事実として確立してしまう場合を想定するとともに、朝鮮半島の統一のパターンや経路を場合分けした詳細なシナリオ研究を行う必要があった。その上で、わが国は日米同盟を基軸としつつも、米国の抑止力を補完する視点から、わが国が核戦力と通常兵器による戦力投射能力を保有することの是非と、是とする場合は、その内容や規模に関して、具体的な検討を加える時期に差し掛かっていたといえよう。

(注)

(1)『日本経済新聞』二〇〇六年四月二五日及び五月一日。

（２）*New York Times*, May 18, 2006.

（３）U.S. Department of State, *Treaties in Force*, 2005.

（４）この点、後にインタビュー内容を紹介するロバーツ米国防研究所（ＩＤＡ）研究員やプレスタップ米国防大（ＮＤＵ）教授も共通認識を有した。

（５）この点、ロバーツ氏と共通認識を有した。

（６）Arthur Waldron, "A Korean Sokution?", *Commentary*, Vo. 119, No. 6, June 2005.

（７）*Ibid*, p. 63.

（８）*Ibid*, p. 64.

（９）*Ibid*.

（10）*Ibid*.

（11）*Ibid*, pp. 64–65.

第6章　六ヵ国協議の評価と展望
——焦点はポスト金正日継承問題か

二〇〇六年一二月に急遽開催された六ヵ国協議の第五回第二ラウンドは大きな成果を挙げることなく中断され、年を越した。この協議で、米国は北朝鮮に対して寧辺にある原子炉の稼動停止、そこへの国際原子力機関（IAEA）による査察、その他の原子力関連施設の報告、核爆発実験場の閉鎖を条件に譲歩案を提示した[1]。本章の関心は、二〇〇七年初頭の時点で、北朝鮮が平壌に持ち帰った米国案を飲むかどうか、再交渉に応じるか、仮に応じる場合、どのような交換条件を獲得しようとして、いかなる交渉を展開するかについて推測できたかにはない。

本章の目的は、ブッシュ政権がそれまで北朝鮮との直接交渉や取引を原則的に拒絶してきたにもかかわらず、劇的に政策を転換して、六ヵ国協議と並行しながらも金融制裁に関する米朝二国間交渉を行い、また北朝鮮の核兵器開発に対する取引・譲歩案を提示するに至った意義と背景を分析することにある。この分析には、ブッシュ政権が直面していた国際的な制約の変化や同政権による北朝鮮体制の仕組みや生存能力に関する評価の変化を把握することが欠かせない。こうしたアプローチの方が、交渉の成り行きを注視するより、長期的な展望を捉えること、少なくともその不確実性の幅を狭めることに繋がる。

本書著者は二〇〇六年八月末より米ワシントンＤＣに滞在し、二〇〇六年末までの四ヵ月間継続的に米政府関係者や専門家の議論を直接、間接に追ってきた(2)。ここでは、氾濫していた公開情報（できる限り邦文のもの）からオフレコ情報に合致すると思われるものを示しながら、分析を行う。

1　外交的に敗北したブッシュ政権

ブッシュ政権は誕生以来、北朝鮮に対して強硬な姿勢をとり続けてきた。同政権はクリントン前政権が「合意枠組み（一九九四年）」により安易な譲歩をしたため、結局、北朝鮮に核開発を許してしまったとの反省に立脚して、北朝鮮に対して核開発プログラムの「完全で検証可能でかつ後戻りできない廃棄（ＣＶＩＤ）」を要求し、いかなる二国間の取引にも応じない原則を貫いてきた。

しかし、二〇〇六年一〇月の北朝鮮による核爆発実験から同年一二月の六ヵ国協議の過程で明らかになった実態は、ブッシュ政権はＣＶＩＤだけではなく「合意枠組み」の精神を踏みにじった北朝鮮の高濃縮ウラン（ＨＥＵ）核開発計画にも全く触れなくなってしまった状況であった（「合意枠組み」はプルトニウム核開発計画に関するものなので、高濃縮ウランを用いた核開発プログラムは形式的には違反していなかったとは言える）。また、同政権は六ヵ国協議と並行して金融制裁問題を北朝鮮と話し合ったし、そのための事前準備会合にも応じた。この点を問われれば、米国務省筋も憮然として認めざるをえない状況であった。

良くも悪くも、米外交の真骨頂は棍棒外交にある。つまり、背後に強力な軍事力があり、いつでもそれを使う意志があるからこそ、交渉相手も米国に妥協せざるをえないのである。ブッシュ政権は誕生直後、イラン、イラク、北朝鮮に「悪の枢軸」とのレッテルを貼り、その後、イランの隣国であるアフガニスタン（二〇〇一年）とイラク（二〇〇三年）に対して有無を言わさず武力を行使し、捻じ伏せた実績を見せ付けた。その結果、米国の棍棒外交は北朝鮮に対してこの上ない威力を発揮した。

ところが、米軍がイラクの占領・治安維持で泥沼に陥り、陸上兵力の追加投入能力がないなど様々な限界が露呈されるに従い、棍棒外交はかなり威力を失ってしまった。北朝鮮は米国の軍事力行使がありそうにもないと判断して、ミサイル連射（二〇〇六年七月）や核実験（同年一〇月）を行い、逆にブッシュ政権に対して取引に応じるように揺さぶりをかけてきた。この点は、米軍の北朝鮮関連の作戦計画（ＯＰＬＡＮ）をみれば、一目瞭然である。朝鮮半島での大規模な地上戦を想定したＯＰＬＡＮ５０２７は改定され続けていたが、所要陸上兵力の見積もりは当初の四八万人（一九九〇年代初頭）から六三万人（一九九〇年代中頃）となり、さらに六九万人（二〇〇〇年）となった[3]。米国はイラクに一五万人前後の陸上兵力を駐留させ続けることにさえ四苦八苦していたのであり、容易に兵力の追加投入ができなかった。つまり、北朝鮮軍の南下・攻撃がある場合には、平壌《ピョンヤン》にまで攻め込むとしたＯＰＬＡＮ５０２７－98は既に画餅に過ぎなかった。実際、同計画の二〇〇四年版以降では、作戦計画の焦点が空・海からの戦力投射やミサイル防衛に移っていた。辛うじて攻撃作戦計画として有効に機能するのはＯＰＬＡＮ５０２６（空爆）であろうが[4]、地下核施設の位置の特定は困難であり、地中貫徹型爆弾（バンカーバスター）の有効性に不確実性が伴うため、従来からこの計画は北朝鮮に核放棄を強いる決め手にはならないとされてきた。

こうした手詰まりの状況で、軍事力に依存しない制裁手段で予想以上に功を奏したものが、マカオの銀行「バンコ・デルタ・アジア（ＢＤＡ）」にある北朝鮮関連口座に対する金融制裁であった。北朝鮮は外貨取引のかなりの部分をＢＤＡに集中させてきた[5]。そこで、米国はこの制裁によって金正日が党・軍・政府の中核エリートに贅沢品を買い与えて忠誠を確保するために必要な外貨を押さえて、その体制を揺さぶろうとした。しかし、米財務省が愛国法に基づいて全ての米国籍銀行にＢＤＡとの取引を禁じた措置に対応して、マカオ金融当局が採ったＢＤＡ経営権の差し押さえ措置は二〇〇七年九月に切れることとなっていた。同年九月以降、ＢＤＡは民間に払い下げられるか、解体されるため、制裁対象となった法人としてのＢＤＡは消滅し、米国の制裁も意味がなくなることが決まっていた[6]。金融制裁に苦しむ北朝鮮が二〇〇六年一二月の六ヵ国協議開催に、やむを得ず同意したとか、それゆえにこそ協議でも執拗に制裁解除に固執したと報道されたが、制裁措置の効用をめぐって焦っているとすれば、それはむしろ米国の方であった。米交渉団は同年九月までに北朝鮮から譲歩を引き出すために金融制裁をバーゲンニング・チップとして最大限活かしたかったのであろう。

確かに、米財務省筋は９・11以降、金融制裁がテロ組織や「ならず者国家」と戦う有効な政策手段となったと自画自賛していた。しかし、以下に分析するように、どうやらこの金融制裁は北朝鮮・金正日体制を非常に困らせはしたものの、体制崩壊の危機に直面させる程深刻なものではなかったことは明らかであった。

2　思ったより効果が限定的な金融制裁

マカオで凍結された北朝鮮の資金は二四〇〇万ドル（約二八億円）であった。米交渉団筋は、この額が総合的に考えて北朝鮮の行動を左右するほど大きなものではなく、六ヵ国協議に参加しないもしくは開催時期を先送りする口実と捉えていた。事実、北朝鮮は金融制裁以降、タイで金塊を一三〇〇キロ売却（二八〇〇万ドル相当）するとともに、依然保有すると推定される金塊一〇〇〇～二〇〇〇キロを処分すべくロンドン金市場に再登録するなど、暫く外貨は十分工面できると思われた[7]。また、二〇〇六年一月から同年一〇月までの金銀輸出は例年の四倍、約四三〇〇万ドルに達した[8]。

北朝鮮が偽札や麻薬・覚醒剤など数々の違法取引を犯していることに疑いの余地はなかったが、案外、平壌《ピョンヤン》の主張の通り金融制裁を食らったマカオの口座は概ね適法な貿易決済の口座である確率が高かった。制裁は一部の違法取引と違法資金を事由に、大部分の適法な資金を含めて一網打尽に凍結してしまったのだろう。米議会調査局のラリー・ニクシュが指摘するように、北朝鮮の偽札や麻薬の違法取引は、中国の闇社会やミャンマーの軍事政権との取引に典型的に表れているように、この種の犯罪の定石に従って銀行を介さず現金取引で行われてきたのである[9]。もっとも、グレーザー財務副次官補（テロ資金・金融犯罪担当、当時）が主張したように、両者の区別は困難であるから[10]、第一段目の司法手続きとしてはこのやり方は妥当であっただろう。

ニクシュによれば、二〇〇六年から遡って数年間の北朝鮮による通常の適法貿易は毎年、一〇億ドルであった。これに加えて、控えめに見積もっても、ミサイルなどの武器輸出によって毎年五億ドル、偽札、麻薬、偽タバコ、偽薬品、ヘロイン、覚醒剤などの違法取引によって毎年五億ドルを得ていた。米中央情報局（CIA）編の二〇〇五年版『*World Factbook*』では、二〇〇四年の北朝鮮の違法取引は一二億ドルと見積もられていた。[11]韓国の国防研究院の概算では、武器と各種違法取引の総額は毎年、七億ドルから一〇億ドルとされていた。また、デビッド・アッシャー（元国務省東アジア太平洋局上級顧問・北朝鮮作業班調整官、二〇〇一年二月〜二〇〇五年七月）によれば、偽タバコの取引だけで毎年五億ドルから七億ドルを稼いでいた。[12]つまり、BDAへの金融制裁は適法・違法を合わせて総額で二〇億ドル以上に達する北朝鮮の外貨収入のうち、そのごく一部を押さえたに過ぎなかった。

BDAへの金融制裁が北朝鮮の適法貿易に大きな支障をきたした一方、違法貿易に大きな影響を及ぼしたとは考えにくかった。確かに、中国政府は国連安保理決議1718の後、同国の四大銀行に対して東北地方の支店を中心に北朝鮮との金融取引を禁じたが、中国では中央政府の地方政府に対する制御・管理が徹底しておらず、地方政府の了解や黙認の下に若干の北朝鮮関連の口座が維持・使用され続けていると想定された。また、北朝鮮は口座をベトナム、シンガポール、そして、ロシアに移した模様であった。[13]さらに、北朝鮮は石油輸出により膨大な外貨を持つイランに銀行口座を持っていたと考えられた一方、CIAは金正日がスイスに四〇億ドルの個人銀行口座を有していたと捉えていた。[14]

その上、二〇〇七年までの数年間、北朝鮮は中国による実質的な自国の経済植民地化と引き換えに、その鉱山利権、商業利権、港湾独占使用権などを売却する形で、中国からの多額の直接投資による外貨を獲得していた。これには、鉱山利権の九億ドル、石油採掘権の五億ドル、港の埠頭使用料の一億ドルなどがあった。[15]また、ランド研究所のチャールズ・ウォルフは、収入源として在日朝鮮人による二億ドルの送金が加わると指摘している(16)。

要するに、米国の金融制裁は北朝鮮に金詰りをもたらす結果にはなっていなかった。

3　金正日体制は思ったより磐石

金正日《キムジョンイル》体制は一九九四年から始まり一九九七年に最悪の状況に直面した体制崩壊の危機から立ち直り、二〇〇七年初頭の時点では、相対的に安定した国内政治・経済状況を維持していた。ブルッキングス研究所北東アジア政策研究センターでは、二人の韓国からの客員研究員がこの問題で発表を行った。経済学の立場から、二〇〇五年一一月、林源赫氏（韓国開発研究院上級研究員）は北朝鮮の国内総生産、貿易（輸出・輸入）、石油の輸入、肥料の輸入を指標としてこの結論を示唆した(17)。さらに、政治学の立場から、二〇〇六年一〇月、朴洞重氏（韓国統一研究院上級研究員）は北朝鮮の体制維持能力、経済能力、政治的安定性の変動を図式化し、現体制が比較的高い安定性を維持しているとの判断を示した(18)。朴洞重氏によれば、核実験後の各種経済制裁を被っても、北朝鮮闇市場での米価格は大きく変動していなかった。また、二〇〇七年春までは米の供給に際立った不安はなく、その意味で民生は非常に低い水準ながら安定していた。この視点から見れば、クリントン政権が「合意枠組み（一九九四年）」以後、重油の供給を含め北朝鮮に対して採った懐柔政策は北朝鮮が最も苦しかった時期に助けを差し伸べたことになる。米国が体制変換を念頭に強硬策を採るべきはこの時期だったことになる。また、ブッシュ政権が北朝鮮の背信的なＨＥＵ核開発計画を知り、「合意枠組み」を破棄したのは北朝鮮に比較的余裕がある時期だったことになる。この時点で、米国が北朝鮮への重油供給を止めたことは、結局、北朝鮮に対する重要なレバレッジ（梃子《てこ》）としての重油供給を中国に譲り渡すだけの結果となってしまったことになる。北朝鮮の国内情勢を理解しない米国の政策にちぐはぐが目立った。

他方、核心エリートの金正日に対する忠誠は基本的に揺るぎそうにもなかった。ニクシュの推測によれば、核心エリート層の総数は約五万人で、その内訳は朝鮮労働党、軍、行政官僚の最高幹部たちとその家族、約一二〇〇人（そのうち一〇〇〇人は金正日によって任命）の将軍、数千人の軍団・師団・旅団の司令官、労働党書記局や党全国組織の幹部、中央政府及び地方政府の幹部などである。ニクシュは、金融制裁によってベンツやスイス高級腕時計をこれまでどおり奮発できなくなっても、中国から輸入する耐久消費財の高級商品（電気製品など）に振り替えることによって、核心エリート層の懐柔は十分可能であると捉えていた。

問題は核心エリート層に次ぐ第二層（中級・下級幹部）であるが、ニクシュによれば、既存体制は洗脳教育と金正日に対する個人崇拝を強化しており、体制の屋台骨を揺るがすような動揺は予見しがたいと見ていた。周知のごとく、北朝鮮の全人口約二三〇〇万人のうち、首都平壌には三〇〇万人強が居住しているが、彼らは広い意味で全てエリートである。平壌には既存体制への忠誠度が高いものだけが集められており、逆に動揺しそうな層は初めから除外されていた。既存体制はこのエリート層に対しては、他を犠牲にして優先的に食料、電力、消費財を供給しており、洗脳教育や個人崇拝の強化と合わせ考えると、ニクシュの判断には説得力があった。

4　綻びは金正日の健康悪化と継承問題か

どうやら、二〇〇七年からの数年間は金正日体制が崩壊する見込みは非常に薄く、核開発プログラムを放棄する見込みはほとんどなかった（したがって、米国の譲歩案にあるように、とりあえず、これ以上のプルトニウムを生産させないよう手を打つのが妥当であった）。北朝鮮の命運は中国と韓国からの食料とエネルギーの輸入、直接投資にかかっており、両国が金正日体制の崩壊とそのショックを恐れて、劇的な強硬策を打たない以上、この見通しは変わらないと思われた。二〇〇七年初頭の時点で、韓国はすでに国家予算に南北協力基金への約六四〇億円分を含めており、六ヵ国協議が限定的な前進さえ見せれば（そう韓国政府が判断すれば）、二〇〇六年度と同様の米・肥料の援助がなされることが予測された[19]。また、中国は核実験直後の二〇〇六年一一月、北朝鮮に対して前年度比一四・五％増の四万七〇〇〇トン余りの原油を輸出していたことが判明していた[20]。北京政府に近いある中国人研究者は「国連決議1718採択以降、中国は北朝鮮になんら具体的な経済制裁は科しておらず、中朝国境の物流になんら大きな変化はない」と語った。「地方政府は中央政府から具体的な支持があれば二、三週間はそれに応じた振りをするだろうが、実質的には何もしないだろう」、「結局、北京政府がピョンヤンにしたことは公式に強烈な外交的な苦情を申し入れただけだ」とも述べた[21]。中国の人民武装警察は都市部が管轄で、中朝国境地帯は増強された人民解放軍部隊が取り締まっていた。北京政府はその気になれば税関とは別に、人民解放軍部隊を用いて監視、偵察、検問などの口実でいくらでも中朝間貿易を阻害することができるはずであった。

一見磐石に見える金正日体制のアキレス腱は、どうやら金正日自身の健康問題と継承問題にあるようだった。二〇〇七年一月、韓国の保守研究者グループが金正日の病死や暗殺の場合、どのような権力闘争と展開が起こるかのシナリオ研究を強化した事実は如実にこの可能性を示唆していた[22]。金正日は慢性的な腎臓病、肝臓病、不整脈に苦しみ[23]、北京の中国人民解放軍付属病院で検査・治療を受けた模様であった[24]。ニクシュ氏は総合的な見地から、金正日はとみに著しく体力を減退させており、実年齢は六四歳だが七五歳前後の老化水準に達しているとの判断を支持していた[25]。金正日は早ければこの数年で病死するか重病に陥る可能性が少なくないと判断された。

金正日が病死した場合ないし重病のため独裁者として機能しなくなった場合、後継者をめぐって激しい権力闘争とそれに連動して中国からの政治的介入が（場合によっては、軍事的介入さえ）予想された。したがって、この権力闘争はいわば国内派と中国派の対立となると考えられた。それまで、金正日は中国の政治力や経済力を利用しながらも、中国の要求する根本的な経済改革に抵抗し続けてきた。外貨を獲得するために、金正日は鉱山利権など各種利権を切り売りしていたが、そんなことを続ければ、長期的には経済的な自立性を喪失することは明らかであった。したがって、北朝鮮の核心エリートはじわじわ強まる中国の支配力に直面して、親中派と反中派に次第に分裂しつつあると考えられた。双方ともさらなる権力基盤と物質的便益を獲得しようとして、親中派は中国に依存して経済改革を選択し、反中派は場合によっては米日と折り合っても中国への依存を払拭しようと試みると思われた。他方、「ニュースレター・オンライン」の情報では、中国の胡錦濤国家主席は人民解放軍総参謀本部第二部（諜報工作・情報収集分析担当）に対して、「万一に備えて北朝鮮に対する軍事攻撃計画を作成する一方、対北朝鮮諜報活動を強化し、金正日政権転覆を企てる『宮廷革命』の可能性についても極秘裏に探るよう指示した」(26)。

ニクシュが示唆するように、平壌《ピョンヤン》での権力闘争は金正日の息子たち、親族、軍幹部を含めた核心エリートを広範囲に巻き込み、中国との依存関係をどうするかを焦点とするものにならざるをえなかった。金正日の長男、金正男《キムジョンナム》は東京成田空港で日本への不法入国に失敗し、その後、本国に帰らず、基本的には北京に滞在し続けていた。この正男と近かったのが、金正日の義弟、張成沢《チャンソンテク》である。彼は二〇〇四年まで労働党組織指導畑のトップとして実質的に党のナンバー2の立場にあったが、金正日の愛妻、（故）高英姫《コヨンヒ》にわが子、金正哲《キムジョンチョル》（金正日の次男）もしくは金正恩《キムジョンウン》（三男）が後継者となるのに障害となると疎まれ、一旦失脚した。しかし、高英姫が死亡した後、二〇〇六年には復権し、同年三月には、経済使節団の団長となって中国を訪問した。おそらく金正日も中国側と渡りをつけるのに北京に覚えの目出度い張成沢を再度用いるしかなかったのであろう。二〇〇七年初頭、張の実兄は平壌周辺に駐屯する第三師団の師団長であり、張自身も人民軍幹部と広い人脈を有した。息子たちの間の「金王朝」内抗争、党・軍集団指導体制、軍事クーデターのいずれの形になろうとも、首都近くに駐屯する第三師団による武力介入は決定的な役割を演じるかもしれなかった。これに対抗するには、他の軍部隊や秘密警察の武装部隊を押さえておかねばならなかった。

5　結　語

いずれにしても北朝鮮の国内情勢は二〇〇七年初頭からの数年間程度は安定し続ける可能性が強か

ったし、残念ながら経済制裁は決定的な効果を生まないであろうと予測された。したがって、北朝鮮は容易には核開発プログラムを放棄せず、また当面核保有国の地位を認めるよう主張すると判断された。そうした状況下では、それ以上プルトニウムを生産させないよう寧辺の原子炉の運転を凍結させること、そして核物質を第三国に拡散させないことが最も重要であった。この点、二〇〇七年初頭におけるブッシュ政権の対北朝鮮政策の大転換は苦渋の選択とはいえ、妥当なものであっただろう。しかし、この内容は一九九四年の「合意枠組み」とほとんど同じであり、しかも北朝鮮が求める見返りは一九九四年の時点のものを遥かに上回ると考えられた。北朝鮮はできるだけ交渉を引き延ばして、ブッシュ政権が任期を終え、北朝鮮に宥和政策をとると期待する次期民主党政権の誕生を待つであろうことは容易に予想できた。このような苦痛に満ちた交渉に、ブッシュ政権は残りの任期中取り組まねばならなかったし、その取り組みに対して安倍政権も側面から支援せざるをえなかった。

したがって、その後、わが国における北朝鮮関連の情報の収集・分析の新たな大きな柱として、金正日の健康状態や「金王朝」内の人間関係を焦点とする権力闘争（とその兆し）を加える必要があると判断された。

（注）

（1）*Washington Post*, January 6, 2007.

（2）本書著者は、二〇〇六年八月末から二〇〇七年九月末までブルッキングス研究所北東アジア政策研究所の特別招聘研究員であった。

（3）https://www.globalsecurity.org/military/ops/oplan-5027.htm.

（4）https://www.globalsecurity.org/military/ops/oplan-5026.htm.
（5）重村智計『外交敗北』講談社、二〇〇六年。
（6）『読売新聞』二〇〇六年一二月一五日。
（7）『読売新聞』二〇〇六年一二月二六日。
（8）『日本経済新聞』二〇〇六年一二月二一日。
（9）Larry Niksch, "Assessing Internal North Korea," the paper prepared for a Conference on North Korea by The Keck Center for International and Strategic Studies, Claremont McKenna College, October 26-27, 2006. ニクシュは米議会調査局の研究者であり、行政府や軍の諜報組織に属するわけではないが、この論文が全て公開情報を用いていることを踏まえると、ブッシュ政権側も少なくとも同じ程度の情報収集・分析を行っていると想定できよう。
（10）『日本経済新聞』二〇〇六年一二月二八日。
（11）https://www.cia.gov/library/publications/download/download-2005/index.html.
（12）古森義久「ミサイル発射には合理的な戦略意図がある」『日経ＢＰ』（電子版）二〇〇六年七月七日。
（13）Niksch, *op.cit.*『読売新聞』二〇〇六年一二月二六日。
（14）Niksch, *op.cit.*
（15）Niksch, *op.cit.*
（16）*Asian Wall Street Journal*, November 21, 2006.
（17）Lim Won Hyuk, "North Korea's Economic Futures: Internal and External Dimensions," November, 2005. http://www.brookings.edu/~/media/Files/events/2005/1102north%20korea/lim_20051102.pdf, accessed on April 1, 2010.
（18）Park Hyeong Jung, "North Korea After the Nuclear Test," November 2, 2006, http://www.

brookings.edu/fp/cnaps/events/20061102ppt.pdf, accessed on April 1, 2010.
(19)『日本経済新聞』二〇〇六年一二月二六日。
(20)『日本経済新聞』二〇〇六年一二月二七日。
(21)ワシントンDCでのインタビュー、二〇〇六年一二月七日。
(22)『朝鮮日報』(日本語電子版)二〇〇七年一月七日。
(23)『朝鮮日報』(日本語電子版)二〇〇六年二月一〇日。
(24)『産経新聞』(電子版)二〇〇六年一月二六日。
(25)Niksch, *op.cit.*
(26)『選択』二〇〇七年一月、二〇頁。

第７章　困難な米朝交渉

1　日本の国益との衝突

二〇〇七年末、ようやく北朝鮮の非核化が始まったかに見えたが、米国は六ヵ国協議を加速しようとして綱渡り状態にあった。その時点でのＧ・Ｗ・ブッシュ政権の交渉戦術はますます宥和政策に傾き、北朝鮮により日本人や他国の国民が拉致された問題が未解決であるにも関わらず、北朝鮮をテロ国家指定リストから取り除こうとしていた。こうしたブッシュ政権の動きは、日本政府と緊密に協議してなされなければ、相当程度日本の国民全体の感情を害し、日米同盟に対する日本国民の支持を侵食すると思われた。さらに、このことは台頭する中国に対する関与と均衡の多角的リスク回避政策に不可欠である強力な日米同盟を必ず弱めることになり、アジア太平洋地域の平和と安全を不安定化する結果になる可能性があった。

北朝鮮を非核化するには、寧辺にある三つの核施設を一時的に無能力化するだけでなく、他の核関連施設やプログラム、とりわけ高濃縮ウラン（HEU）プログラムの完全で正確な申告が必要であり、さらにその後、全ての関連要素に対して完全で検証可能で後戻りできない核放棄（CVID）が実行なされなければならなかった。日本における主流の見方では、北朝鮮の核問題と拉致問題は共に北朝鮮の独裁政権が持つ専制的な本質に分かちがたく根差していた。すなわち、金正日体制は核兵器の力に頼って重大な人権侵害によって引き起こされた国際的孤立の中で生き残ろうとしていた。この二つの問題を便宜上個別に分析することはできるかもしれないが、政策問題としてはいかなる意味のある方法でも分離することはできない。疑いようのない北朝鮮政府の欺瞞《ぎまん》と裏切りの前科を踏まえれば、完全な非核化が近い将来実現されるとは考えられなかった。それは、延々と続く過程の先にやっと見えるゴールであると思われた。

六ヵ国協議は既に朝鮮半島に残存する冷戦構造を終わらせるよう制度化されたメカニズムではなくなっており、しぶとい北朝鮮の独裁政権との継続的な対立と共存に基づいた緊張緩和（デタント）アプローチへと変容してしまった。このアプローチの目的は北朝鮮政府が核兵器の威嚇と使用には高い効果があるとの確信によって作り出された政治軍事的緊張を鎮めることであった。とはいえ、いかなる緊張低減も北朝鮮に対する大規模な国際経済援助に応じて、北朝鮮による一連の譲歩の形で起こると予想されるにすぎなかった。そのような経済援助は朝鮮戦争後（国際法的には、休戦状態にあり未だ終結していない）の平和レジームの創設とその後の北東アジアにおける地域的多国間安全保障枠組みの形成と同時並行で与えられると思われた。このことは、北朝鮮による核問題と拉致問題の解決は朝鮮半島が統一されるまで待たねばならないことを意味した。

現実的には、日本はそのような巨額の援助を与えることができる唯一の国であった。しかし、北朝鮮政府による差し迫った核の脅威そして日本国民に対して繰り返し犯された拉致による争いようがない主権侵害のために、日本政府は北朝鮮政府が完全な非核化を達成し、弾道ミサイルを廃棄し、拉致問題を解決するまで援助を与えないと決意していた。この日本政府の政策は堅固な国民的合意に根差しているため、少なくとも原則的には譲歩する余地はほとんどなかった。

さらに二〇〇七年冬には、日本国民は既にブッシュ政権が既に完全な非核化（ＣＶＩＤ）、高濃縮ウラン・プログラム、そして最も重要であるが、北朝鮮が保有すると信じられた一〇個ないしそれ以上の初期的な核弾頭について話すことを止めてしまったことに十分気付いていた。ブッシュ政権が北朝鮮に対して核兵器保有国として国際法上の地位でないにしても、事実上の地位の承認を与えつつあると日本国民が考えるまで長くはかからないであろうと思われた。

それゆえ、米国政府の対北朝鮮デタント政策は早晩、日本の世論において反動を引き起こし、そのため日本政府は戦略的計算と対米同盟政策を再考せざるをえなくなると考えられた。二〇〇七年末の時点で、民主党が参議院を牛耳っていたため、米国政府は外交において日本政府が米国に追従するのは当然だと看做すことはもはやできなくなった。二〇〇七年末、自民党政権が米主導の「不朽の自由作戦」の一環である海上阻止活動への自衛隊の参加を認めるテロ対策特別措置法の更新に失敗したことに明らかに示されるように、日本は米国の安全保障上の国益にますます融通を利かせなくなっていた。

万一、日本政府が米国政府は核武装した北朝鮮と国交正常化しようと動いていると認識すれば、日本政府は北朝鮮という「ごろつき国家」との共存を強いられると捉えたであろう。そういう状況となれば、核武装した統一朝鮮、中国、ロシアに包囲される日本にとって最悪のシナリオとなり、日本はもはや米国を信頼してその「核の傘」に依存することはできず、従来の方針を転換して独自の核武装への道を歩むとの結論に達すると思われた。二〇〇六年一二月には、日本政府は日本が有効に機能する核兵器システムを開発するには僅か数年しかかからないとの内部研究による結論を漏らした(1)。

このような惨事を避けるためには、米国政府は拉致問題に顕著な進展がない以上、重油を含め北朝鮮に援助を与えよとの日本政府への圧力を取り止めることによって、六ヵ国協議において日本政府を孤立させることを止めるべきであると判断された。それどころか、米国政府が精々なしえることは北朝鮮を非核化するための経費の公正な割合を負担するよう、日本政府を説得することであった。長期的には、米国政府にとって拉致問題に最も高い優先順位を置くことが懸命であっただろう。というのは、そうすれば、日本政府に朝鮮半島の長期的な変革過程を前進させるために無くてはならない経済援助を与えるよう仕向けることになったからであった。最後に、この変革過程がさらに長引く場合には、米国政府は北朝鮮の脅威に対して最小限であっても有効な抑止力を日本に与えることによって、生存を賭して独自の核戦力を持とうとの日本政府の緊急的必要を除く措置をとるべきであった。例えば、これには、核弾頭を搭載しない形で数百のトマホーク巡航ミサイルの保有が考えられた。さもなければ、日本は全く予想できない厄介な要因となると考えられた。

2 迷走する米国の北朝鮮政策

北朝鮮をテロ支援国家リストから外すとのブッシュ大統領の声明（二〇〇八年六月二六日）はその

背景に一体どのような戦略的計算があるのかと世界を困惑させた。米国の北朝鮮政策が急激な展開を見せたのは唐突であったわけではないが、長らく北朝鮮に捕られている多くの日本人拉致被害者の運命を深く懸念する日本の政治指導者と国民を驚愕させた。拉致は北朝鮮が犯した正真正銘の国家テロ犯罪なのである。間髪を容れずに善後策を打たねば、米国の宥和行為は確実に日米同盟と不拡散体制を混乱させ、東アジアそしてグローバルな安全保障秩序を動揺させる結果となるかもしれなかった。

ブッシュ大統領が何故もはや北朝鮮がテロ国家ではなくなったと信じるようになったのかは謎であった。確かに、大統領声明前の半年間、北朝鮮がテロ行為を犯したとの証拠はなく、このことは北朝鮮のテロ指定を解除し、米国の敵国通商法に則して科された経済制裁を取り消すための狭義の法律上の必要条件を満たしてはいた。しかし、誰一人として北朝鮮が典型的なテロ国家であることを疑うものなどいなかった。北朝鮮は依然としてラングーン爆破事件や大韓航空機爆破事件によって大量殺戮を犯した時と全く同一の体制の下にあり、現に国内においても重大な人権蹂躙を続けていた。北朝鮮政府は数十年に亘って匿い続けてきた日本赤軍のメンバーを引き渡すかもしれなかったが、それは単にテロ解除指定を手に入れるために厄介者を追い払う行為にすぎなかった。ブッシュ大統領は拉致のことを「決して忘れない」と述べたが、解釈のしようによっては、拉致を単に歴史的な事実として記憶に留めると語ったともとれた。発言後、大統領はテレビで放映されたインタビューと会見によって、拉致問題の重要性、そしてこの問題を六ヵ国協議を通じて解決することの重要性を繰り返し語ったが、到底この発言が日米同盟に対する日本国民の信頼にもたらした衝撃的な悪影響を打ち消すことはできそうになかった。

ブッシュ大統領がなぜ寧辺の核関連施設の完全な無力化と北朝鮮による全ての核プログラムの完全

で検証可能で後戻りのできない廃棄に対する北朝鮮政府の硬い言質を確保する前に妥協してしまったのか、その理由は曖昧模糊としていた。寧辺の原子炉の運転は停止され冷却塔は爆破されたとはいえ、原子炉内の核燃料棒八〇〇〇本のうち半数以上が依然取り外されていなかったことを踏まえると、原子炉は新たな冷却塔を再建するだけで再稼動させることができた。確かに、北朝鮮政府は寧辺原子炉の稼動記録を含め約一万九〇〇〇頁に及ぶ核兵器プログラムに関するデータ申告書を提出した。しかし、申告書はシリアとの怪しい繋がりだけでなく、精製プルトニウム、核弾頭、高濃縮ウランの所在に関して言及していなかった。[2]その代わり、二〇〇八年四月、北朝鮮交渉団は単にシンガポールで開催された米朝交渉で米国交渉団が提示した北朝鮮の核プログラムに関する必要不可欠のデータの内容をしぶしぶ認めたにすぎなかった。[3]ブッシュ政権が何の見返りもなく一方的に北朝鮮の先延ばし戦術を黙認していることは明らかであった。このような極めて宥和的なアプローチは歴史的に米国が経験した如何なる軍備管理交渉にも反した。かつてのソ連に対してさえこのような譲歩はしなかった。

さらに謎めいていたのは、ブッシュ大統領が何故この段階での北朝鮮に対する一方的な譲歩が、地域的な次元そしてグローバルな次元での米国の国益に最も資すると判断したかである。大統領は北朝鮮が保有する核弾頭と共存することを選択することによって、少なくとも北朝鮮の核能力の完全な廃棄に繋がるかどうか分からない延々と続く交渉の間、北朝鮮に対して事実上の（法的なものではないが）核兵器保有国の地位を認めることになった。したがって、その後、北朝鮮が米国に対して核兵器保有国の法的地位を黙示的に認める核軍備管理交渉に入ることを要求したことは驚きに値しなかった。イランの核武装に対して可能な限り強硬な構えをとりながら、北朝鮮に例外的な扱いを与えることは核不拡散政策における御都合主義に陥ることになった。既に核不拡散体制は五つの核兵器保有国とそれ以外の非保有国との間に制度化された不平等によって弱体化していた。したがって、こうした行動は必ずグローバルな安全保障にとって不可欠な基盤である核不拡散体制を揺さぶることになると思われた。

さらに重要なことには、多くの日本の戦略問題専門家がこうしたタイミングでのブッシュ大統領による北朝鮮テロ指定解除の声明が極めて不可解であると捉えていたことである。というのも、それ以後、核兵器を保有しない日本だけでなく日本に駐留する米軍も北朝鮮からの差し迫った核の脅威に晒されることになったからである。これらの専門家は日米同盟の正味の効用を割り引いて考えざるをえなかったであろう。そうすることは、これまで両国間の軍事組織間の連携・協力関係が幾重にも制度的に深化してきたにもかかわらず、日米同盟の政治的基盤を空洞化させることになると思われた。このような展開は北朝鮮と台頭する中国を利するだけであった。

冷めた日米関係がもたらす悩ましい結果の一つは新たに成立した韓国の李明博政権に北朝鮮への巨額の経済的援助を再開するよう圧力がかかることであった。数年間に亘って、過激な左翼路線を採った金大中・盧武鉉両政権は北朝鮮に対して二〇〇〇億円余りの援助を行ってきた[4]。それまでのところ、李大統領はこうした援助を一時中断していた。この中断が続く限り、困窮した北朝鮮は早晩その核能力を完全に廃棄せざるをえないであろうと思われた。

残念ながら、ブッシュ大統領は二〇〇八年六月末にテロ指定解除の声明を発したため、こうした一連の疑問に対する説明責任を果たす必要はなかった。米議会は七月四日の独立記念日休暇から、その後続く大統領・議会選挙活動のために休眠状態に入るため、実質上、議会は大統領声明に対して法律が定める四五日以内の拒否権を行使することができなかった。

こうした状況では、日米両政府は北朝鮮の狡猾な「ちょい出し（サラミ戦略、salami-slicing）」交渉術を真似るべきであった。つまり、北朝鮮から悪名高きテロ国家のレッテルをとってやっても、それによる実質的な経済的利得を与えないようにすべきであった。北朝鮮は世界銀行とアジア開発銀行からの経済援助を渇望していた。二〇〇八年六月末のテロ指定解除までは、米国は敵国通商法に則り、両機関の憲章に定められた特権を行使してそうした援助に拒否権を行使してきた。二〇〇八年七月の時点では、米国政府は両機関の理事会や執行委員会を通じて、政策的な裁量としてこうした援助を阻止し続けるべきであると思われた。また、日本国政府は両機関において相当な投票能力を有しており、米国政府を支持することができた。こうすれば、北朝鮮は中国によるさらなる経済的浸透にさらされ、中国による実質的な経済植民地化が深まることになると思われた。こうした諸条件の下では、北朝鮮は日米両政府と真摯に交渉せざるをえなくなるだろうと予想された。

二〇一〇年一一月現在、オバマ政権が発足して既に一年以上を経過したが、六ヵ国協議は頓挫したままであった。本章では、基本的に二〇〇八年夏までしか分析していないが、その後、トランプ政権の誕生までは根本的な変化はなかった。

（注）

（1）『産経新聞』二〇〇六年一二月二五日。

（2）『読売新聞』（電子版）二〇〇八年六月二六日。Remarks by Secretary of State Condoleezza Rice at Heritage Foundation on U.S. Policy in Asia, June 18, 2008, http://www.america.gov/st/texttrans-english/2008/June/20080619140227eaifas0.8862574.html#ixzz0kpo4rqDX.

（3）“North Korea, US reach secret deal to break nuclear deadlock, report say,” *Yonhap News*, April 12, 2008, http://english.yonhapnews.co.kr/northkorea/2008/04/12/0401000000AEN20080412001000320F.HTML, accessed on April 2, 2010.

（4）『朝鮮日報』（電子版）二〇〇九年四月九日。

第四部 中朝関係の実態と変容

第四部では、六ヵ国協議が破綻した背景に中国要因が決定的な作用を及ぼしたことから、中朝関係の実態と変容を解明する。第8章では、中国がいかに北朝鮮を取り込んで、北朝鮮に従属を強いる関係を構築していたかを分析し、さらには中国が望ましいと考える地域秩序観はどのようなものか、その中で北朝鮮がいかに位置付けられているのかを考察する。第9章では、中朝関係の変動の背後には、中国の対北朝鮮政策を左右する北京政府と人民解放軍旧瀋陽軍区との確執があったことを明らかにし、「北朝鮮問題」の本質が中国問題であることを考察する。

第8章　中国による北朝鮮の「植民地化」

二〇〇六年七月五日未明（日本時間）、北朝鮮は弾道ミサイルの連続実験を強行した。強い衝撃を受けた日本では、永田町でもマスコミでも、議論は先制的自衛に基づく武力行使によってミサイル発射基地を攻撃することの是非や可否に飛躍してしまった。しかし、有効な安全保障政策は国際情勢や動機に関する冷徹な分析に立脚せねばならない。そうした状況で改めて問うべきは、なぜ北朝鮮はミサイルを発射したのかであった。

マスコミは様々な情報や分析を伝えていた。多くは断片的な内容で、説得力のあるものは極めて少なかった。この状態に拍車を掛けていたのが、国内外を問わず外交、防衛、諜報当局による選択的な情報リーク、つまり国際・国内世論に対する情報操作であった。日本だけでなく、米国、中国、韓国からの各種「政府筋」情報が入り乱れた。

極めつけは加藤昭「北朝鮮、ミサイル発射の怪――独占スクープ」『ＷＩＬＬ』（二〇〇六年九月号）である。加藤氏は主として機密文書を使ってのロシア諜報機関の将軍による情報提供に基づいて、北朝鮮の意図を説明した。大変興味深い内容で、読者の中にもかつて一読した方も多いと思うが、この種のリークには疑問が付きまとう。すなわち、リーク内容の真偽はどうか。内容が事実として、なぜ特定の事実を選択して、この時期にリークしたのか。その意図は何か。そもそもリークの性質から考えて、その裏をとることはできない。さらに、このリーク情報は比較的充実していたとはいえ、断片的な情報の集まりであっただけに、独自の総合的な判断がつかなかった。

そこで、ここでは公開情報のみを用いて、ミサイルを発射した北朝鮮の国内情勢や政治的意図に迫ってみたい。一般的に、国際情報分析に必要な情報の九〇%から九五%は公開情報で事足りる。確かに、機密情報が残りの数%の分析・判断には不可欠ではあるが、大局的な情勢判断や中長期的な予測には必ずしも必要ではない。つまり、ミサイル発射の理由として北朝鮮の核兵器開発の技術力や進捗状況は重要であっても決め手にはなりにくい。むしろ、それまで北朝鮮はこの点を曖昧にすることによって瀬戸際外交での交渉力の極大化を図ってきた。北朝鮮は二〇〇六年一〇月と二〇〇九年五月の二度の核爆発実験を行うまでは、核弾頭の開発成功を証明して米国と決定的に対立するよりも、運搬手段であるミサイル発射実験だけを繰り返してきた。

結論を先取りして言えば、二〇〇六年七月のミサイル発射には、中国による北朝鮮の植民地化ともいえる、中国の北朝鮮に対する経済支配の深化とそれに伴う金正日体制内における軍部・文民関係の緊張があった。つまり、北朝鮮問題の本質は中国問題であると理解せねば、わが国は有効な北朝鮮政策を策定できなかった。

1　直接の動機

北朝鮮がミサイルを発射した二〇〇六年七月五日未明は米国時間では七月四日、つまり独立記念日にあたる。また、この日、横須賀を母港とする米海軍第七艦隊の旗艦ブルーリッジが親善訪問のためロシア極東の軍港ウラジオストックに入港していた[1]。次第にミサイルがどこを飛び、どこに落ちたのかが明らかとなった。ミサイルはロシアの領海外とはいえ、ウラジオストックの目の前に着弾しており、ウラジオストック港にいたブルーリッジにシグナルを送って瀬戸際政策を展開しようとの北朝鮮の意図が読み取れた。したがって、北朝鮮が断続的に続く六ヵ国協議から米国を引きずり出して、米国と二国間交渉をやりたいとの北朝鮮の意図は明らかであった。多国間協議で合意が確立してしまうと、曖昧な文言を逆手にとって列強の利害の相克に乗じて、米国を翻弄できなくなるからであった。

中国政府が強い遺憾の意を表明したように、ミサイル発射に関して、北朝鮮は中国に事前通告の類を一切行わなかったと思われる。中国の面子は完全に潰れた。

しかし、ロシアに対しては、ウラジオストックに第七艦隊の旗艦ブルーリッジが入港していたことから、何らかの事前通告なり示唆があったのではないかと推測される。下手にミサイルを撃つと、北朝鮮が軍事攻撃作戦を仕掛けてきたと、ロシアや米国が過剰反応する恐れがあった。この点に関しては、冒頭で紹介したロシアからのリーク情報に基づく加藤氏の論考と符合する。

北朝鮮が米国から引き出したかった政策は既に報じられていたように、金融制裁の解除であった。米国政府は制裁が裁量的な外交安全保障政策ではなく、愛国法（パトリオット・アクト）等に則った法的措置であるとして、制裁解除に全く応じない方針であった。

二〇〇五年九月、米政府は北朝鮮が偽札偽造、麻薬取引、兵器輸出などの違法活動で獲得した外貨を洗浄するハブ銀行として利用してきたと見なしてマカオのバンコ・デルタ・アジア（BDA：匯業銀行）に対して米金融機関との取引を禁止する制裁を科した。重村智計著『外交敗北』（講談社、二〇〇六年）が要約しているように、それまでの数年、米国務省は中央情報局（CIA）や連邦捜査局（FBI）と組んで囮《おとり》捜査を仕掛け、北朝鮮が毎年一〇月に海外での資金を全てそのマカオの銀行口座に集めることを突き止め、一網打尽にした。

その後の北朝鮮の慌てふためいた反応を観ると、この制裁が相当の痛手であったと分かる。ただでさえ北朝鮮の違法活動は国際的に暴露され、外貨獲得はますます困難になっていた。中国側の発表によれば、制裁によって凍結されたのは二四〇〇万米ドル（当時の為替レートで約二八億円）である。(2)金正日体制が受けた打撃を十分理解するには、その時、北朝鮮国内で何が起こっていたのか把握せねばならない。

2　構造的背景

北朝鮮は中国からの援助や供給によって原油などの大半のエネルギーと大量の食料（穀物など）を手に入れ、それによって一般人民の生活の必要を辛うじて満たしてきた。時には日本や韓国からの援助で米を貰ってきたが、基本的には中国に大きく依存してきた。中国は金正日体制の崩壊を非常に怖れていた。大量の北朝鮮難民が国営企業を基幹産業とし、経済的沈滞と失業問題に苦しむ東北地方（旧満洲）に流入してくるからであった。中国はこの北朝鮮による弱者の恫喝《どうかつ》に屈して、原油や食料を与え続けざるを得えない状況にあった。

他方、マカオで凍結された銀行口座は金正日の個人資産であり、金総書記や側近の個人事業に直結していた。つまり、金融制裁は北朝鮮の既存体制を支えている党、政府、軍部のエリート層の中核とその家族たちに対して、日本や欧米先進諸国の物品を買い与えるための資金を封じたことになる。こうしたバラマキによって既存体制のエリート層中核の忠誠を繋ぎ止めてきたのに、その資金の相当な部分を米国に押さえられてしまったのである。

北朝鮮の動揺を深く理解するには、バラマキ資金欠乏の問題を単にマカオの銀行口座凍結の視点からだけではなく、以前から急速に進んでいた中国による北朝鮮の経済的支配の深化の文脈で分析する必要があった。二〇〇六年までの一〇年余り、北朝鮮はその各種の違法活動が国際的に暴露され、外貨の獲得がますます困難となっていた。窮するあまり、北朝鮮は二〇〇六年七月のミサイル実験に先立つ一年余り、なんと国内に持っている鉱山利権や港の使用権利などを次々と中国に切り売りし始めていた。この事実は、二〇〇五年晩秋から『日本経済新聞』、『読売新聞』、『産経新聞』などの報道によって容易に確認できた。

例えば、北朝鮮は中国に対してロシアとの国境近くにある羅津（ラジン）港の埠頭二つの五〇年間独占使用権を売却した。また、鉛、亜鉛、銅、無煙炭（推定埋蔵量二三〇億トン）、鉄鉱石（推定埋蔵量三〇億～四〇億トン）を産する鉱山の五〇年間採掘権も売り払った。この中には、北東アジア最大の鉄鉱鉱山である茂山鉱山も含まれた。その結果、二〇〇六年のミサイル発射時までに鉄鉱石の対中輸出は二〇〇〇年の二〇倍、無煙炭は二〇〇〇年の二〇〇倍の量に達した。さらには、平壌のホテル三つ、デパート二つなどの商業利権も中国に売却した[3]。

特筆すべきは、これらの鉱山はモリブデンやタングステンなどのレアメタル（希少金属）も豊富に産出することで知られていた。主要な欧州諸国が人権問題に敏感なフランスを除いて、次々と北朝鮮との国交を開いた目的の一つは電子部品や戦車の鋼板などに利用されるレアメタルの入手にあると思われた。また、米国務省が北朝鮮の地下核関連施設を爆撃するため、調査チームを東京の国会図書館に派遣して、大日本帝国時代に作成された北朝鮮の地質地図を調べたとの未確認情報もあった[4]。当然、この地図情報にはレアメタルの鉱脈分布情報も含まれると思われた。中国は列強に先んじ、五〇年間、レアメタルを含めた鉱山利権をしゃぶり尽くそうとしていた。

3 中国による植民地化

二〇〇六年九月現在、北朝鮮の中国に対する経済的な依存度は極めて高かった。大韓貿易投資振興公社の調べでは、二〇〇五年度、中国は北朝鮮の主要貿易相手国との貿易額に五二％（一五・八億ドル）を占めた（この他、タイは一一％、ロシアは七・二％、日本は七・二％である。計算には、韓国との貿易額、約一〇億ドルは含まれていない）。北朝鮮が中国から輸入する物品の細目は肉や穀物などの食料だけではなく、機械類やコンピューターなどほぼ全ての品目に及んでおり、中国はフローの次元で北朝鮮経済全体に決定的な影響力を持っていた[5]。北朝鮮は中国に一方的に依存しており、中国との経済関係が断絶されればやっていけなかった。

ストックの次元では、既に述べたように、中国は妥当な設備投資さえ行われれば国際競争力を持ちうる主要な北朝鮮の資源部門やインフラ部門などの権益・管理権を買収し、北朝鮮経済の首根っこを押さえ始めていた。この動きは急速に進展し、中朝関係が二〇〇六年七月のミサイル発射によって一時的に冷却することがあっても、既に不可逆的な水準まで達していた。この状況は古典的な天然資源部門の収奪を中核とする植民地化を彷彿とさせた。利権が広範囲に売却された結果、北朝鮮は自国の天然資源の管理に自主的な管理権を失うという意味で、実質的に主権をかなりの程度失いつつあった。

さらに、中国は北朝鮮を東北地方（旧満洲）の開発計画に組み込もうとしていた。二〇〇五年九月初め、中国の吉林省長春市で、豆満江開発計画に関する国際会議が開催され、中国、ロシア、韓国、モンゴル、北朝鮮から担当の次官が出席した。その際、中国側は黒龍江省、吉林省、遼寧省の東北三省に北朝鮮戦全域を加えて、「グレーター豆満江地域」の総合開発計画を提言した。(6) この構想はあたかも北朝鮮を東北地方の省として中国の経済体制に組み込む戦略といえる。北朝鮮側は強い反発を示した。

以上、三つの視角から中朝関係の変容を考えると、中国に対して北朝鮮が経済的には植民地化、政治的には属国化を強めていくと予測された。仮に、ミサイル発射に象徴される北朝鮮の瀬戸際政策に対して、日米や欧州諸国がさらなる経済制裁を科せば、結果的に北朝鮮は貿易面でさらに中国に対する依存度を高めざるをえなかった。また、北朝鮮の違法活動を拡散防止構想（ＰＳＩ：Proliferation Security Initiatives）などで封じ込めることに成功すれば、結果的に北朝鮮は外貨を獲得できず、さらに中国に対する国内利権の売却を加速せざるをえなかった。中長期的に見れば、北朝鮮は貿易での依存と直接投資による隷属が深まれば、必然的に中国の主導する国際的な地域経済体制に組み込まれていくであろうと予測された。この過程はまずは実態面が先行し、徐々に制度的にも確立されていくと思われた。

4　金正日体制における緊張とジレンマ

北朝鮮は遅々としながらも着実に中国式の「開発開放政策」を採用しつつあったが、その実態は中国による「植民地化」であり「属国化」であった。しかし、金正日体制で経済運営を主導する文民指導者たちがバラマキ利益を享受し続けるために、これまでどおり必要悪として「植民化」と「属国化」を受け入れていくことは明白であった。

他方、この状況は金正日体制を支える軍部にとって二重の意味で受け入れがたかった。というのは、親中国勢力たる文民指導者たちに国家経済を運営する主導権を完全に掌握されるだけでなく、彼らに軍部が直接行う経済活動や独自に保有する経済利権を侵食される可能性が強まったからである。また、軍部は軍事優先路線（「先軍政治」）の下で保持してきた政治的優越を脅かされる可能性が強まった。中朝関係の変容によって、軍部は文民勢力との権力闘争に敗北するとの強い危機感を持つに至ったと思われる。

確かに、既存体制の下では、金正日、個人が最終的な決定権を持ったとはいえ、体制は軍部と文民指導部とのバランスの上に成り立っていた。したがって、政治決定に際して、金正日は軍部と文民指導部のどちらに軸足を置くか按配《あんばい》せねばならなかった。逆に、両者は金正日の支持を得ようとつば競り合いを繰り返していたと考えられる。二〇〇六年七月のミサイル発射に関しては、金正日は当面の体制維持に軍部の協力が必要である点を考慮して、軍部に軸足を置いて、軍部の強硬策を支持し、ミサイルを撃たせてみたと思われる。

二〇〇六年七月のミサイル発射に関する北朝鮮の言動や中国の反応を総合すると、北朝鮮は中国に対して発射の事前通告をしなかったと捉えるのが自然であった。中国は面子を潰された。その後の中朝関係は非常に緊張したものとなった。

5 展望

短期的には、中国の北朝鮮に対する影響力は著しく低下すると思われた。しかし、中長期的には、実質的な経済支配と政治的影響力を深めていたことから、中国はますます北朝鮮に対する影響力を持つようになると予測された。

他方、それまで北東アジアの安全保障に絶大な影響力を行使してきた米国は六ヵ国協議に如実に表れていたように、当面、中国に北朝鮮問題を丸投げせざるをえなかった。米国はイラクでの治安維持活動のために在韓米軍の人や物をイラクに投入していた。米会計検査院の報告によると、それまで戦略的予備として温存されてきたはずの在韓米軍の装備や弾薬が実はかなり枯渇していると判明した。(7)米軍は依然として空や海から強大な軍事力を投射できたとはいえ、既に陸上兵力では北朝鮮に攻め入るだけの充分な能力がなかった。要するに、G・W・ブッシュ政権は動機の次元では北朝鮮に対して強硬策を志向したが、中東情勢の処理に四苦八苦していた。また、軍事力、とりわけ陸上兵力の点でも中東中心の配備のために、ほとんど余力がなかった。米国が打てる手は限られていた。

二〇〇六年のミサイル発射の背景を分析すると、北朝鮮問題の本質が中国問題であることがますます明確になってきた。日本は北朝鮮の一挙手一投足に注目するのではなく、北朝鮮を取り組みつつある中国といかに対峙するのかとの視点から、朝鮮半島政策を組み立てる必要があった。

6 「東アジアの協調」ではなく「中国による協調」

米国による一極構造の瞬間が終わるにつれて、中国政府は北東アジア地域で指導的役割を演じるために必要な地域安全保障の枠組みの構築に熱心であることを明確に示してきた。楽観論者はさしたる確かな根拠もなく中国政府が六ヵ国協議を通じて北朝鮮政府に対して不承不承ながら圧力を加えたのは、一九世紀の「ヨーロッパの協調」に匹敵しうる多国間安全保障メカニズムの芽生えを幾分反映していたとして注目した。しかし、そのような国際レジームは、もし中国政府が華夷秩序に発展させるとの構想をもって地域覇権を追求したのであれば不可能であるように思われる。

国際協調は長期に亘って反復継続される戦略であり一度限りのゲームではないから、列強はお互いの行動に関して予測可能性（predictability）がなければ安心できない。予測可能性は、列強が国際関係の現状を受け入れ、基本的な価値観や利害を共有し、遵守すべき規範や規則に同意する場合にのみ、確実なものとすることができる。したがって、列強が地政戦略的な理解を共有し、さらに基本的に安全保障での権力闘争志向の精神構造を克服し、最終的に広い基盤を持つ法治へ到達しようとの構想に敬意をもって従った場合にのみ、国際協調の有効性は確実なものとなる。

予想可能性は基本的なルールが国際法にしっかりと埋め込まれた場合に、しばしば存在可能なものとなる。国際協調の基本的なルールの起源は協調のためのルールと日常的な行動に関する慣例が重複する国際慣習法の原則にある。そのなかで最も重要なものが国際条約に関する理念、基本的権利・義務、手続きである。

二〇〇七年時点における北朝鮮に対する中国政府のアプローチを見れば、中国政府は十分条約に関する基本的なルールに従っていなかったことは明らかである。中国政府は北朝鮮政府に対する条約上の義務に違反して、北朝鮮による二〇〇六年一〇月の核実験の後、同国に対する経済制裁を正当と認めた国連安保理決議１７１８号に賛成票を投じた。実際、中国政府はこの決議により要求された措置をいくつか実施し、北朝鮮の金正日体制を罰しようとの米国政府の試みを助けた。

こうした経緯とは対照的に、一九六一年に中国と北朝鮮の間に締結された友好協力相互援助条約では、中国は北朝鮮に対するこの種のいかなる措置にも参加しない義務がある。この義務は国連による経済制裁にも当て嵌まることに疑問の余地はない。国際法によれば、中国政府はこうした国連制裁に関わる前に中朝友好協力相互援助条約を終了ないしは廃棄するべきであった。現実には、中国政府がこの条約を終了ないし修正しようといかなる努力も全く行わず、法的に有効なまま維持してきたことは周知の事実である。

また、北朝鮮が武力攻撃を受け、戦争状態に巻き込まれた場合には、中国政府はこの条約第二条の定めるところに従い、「いずれか一方の締約国がいずれかの国または同盟国家群から武力攻撃を受けて、それによって戦争状態に陥ったときは、他方の締約国は直ちに全力をあげて軍事上その他の援助を与え（なければならない）」。注意深く読めば、この条項は中国が、一九六一年に中国が旧ソ連と締結した中ソ友好同盟条約で定められていたものとほとんど同一の自動的軍事介入の義務を北朝鮮に対して負っていることを示している。

さらに、条文テキストの表現ぶりは曖昧になっており、中国が朝鮮半島に軍事介入することを正当化している。例えば、一九五〇年代初頭の朝鮮戦争において中国が義勇軍を派遣したのと同様の形式が考えられる。中国の安全保障研究者はしばしば中朝友好協力相互援助条約はもはや空文化しており効力を持たないと主張するが[8]、実際この条約は北朝鮮を事実上、中国にとって緩衝国として役立つ保護国として扱っている。

中国政府が合法性を無視したこととは極めて対照的に、ロシア政府は早くも一九九三年には国連憲章の関連条項が武力紛争に巻き込まれた北朝鮮を援助するために自動的に軍事介入するとの旧ソ連の誓約に優先する旨、北朝鮮政府に対して通告した。それ以後は、ロシア政府は、北朝鮮が挑発しなかったにもかかわらず攻撃を置けた場合にだけ、北朝鮮を助けに行くことにしたと思われる。一九九六年には、ロシア政府は北朝鮮との間に締結された友好協力相互援助条約（一九六一年）の期限切れ終了を宣言し、一九九八年には北朝鮮政府と友好善隣協力条約を締結した。この新たな条約の下では、ロシア政府は「安全保障上の緊急事態が生起した場合」には、北朝鮮政府と可能な政策連携について意思疎通を図る義務を負うが、軍事介入また軍事援助に関わる義務の規定はない。

中国政府が融通を利かせて北朝鮮に対して経済制裁を科したこと自体は北朝鮮をおとなしくさせる

には不可欠であったが、中国政府は世界に対して、国際法が国家間関係の必須条件だと合意するとの明確なシグナルを送ることに失敗した。安保理決議１７１８号に対する中国政府の支持は剥き出しの国益をぎこちない計算によって可能になったにすぎず、それゆえ本質的に便宜的なものであった。中国の同盟政策は国際法の基本的制約条件に従っていないため高い予想可能性を有しておらず、中国政府は依然協調志向の外交的変数の制約の中で行動することに精通していなかった。

北朝鮮の事例は中国政府が列強の国際ゲームにおける成熟したプレーヤーになったかどうかを見極める試金石として役立つと見ることもできた。それまでの経緯を見れば、中国政府は自国が中心にあり、周辺諸国がその周りを取り囲んでいる二重三重の同心円によって顕著に特徴付けられる昔ながらの世界観を持っていることが分かった。さらに敷衍《ふえん》して言えば、中国政府は北朝鮮をあたかも主権を持たない朝貢国のように扱ってきたし、中朝関係を国際法に則って管理して来なかった。こうした行動は西洋と日本の帝国主義の下、二〇世紀初頭に崩壊した華夷秩序の深刻な名残である。

中国が経済的に台頭し続ける中、中国政府は北東アジアに既存の国際システムに反する新たな華夷秩序を築こうとの自民族中心主義的な誘惑に抵抗しなければならない。中国政府がこの国際システムの基本的規範を完全に内部化して身につけるまで、中国政府は不確実性に満ちたプレーヤーであり続ける。中国政府の行動が法治主義ではなく便宜主義に基づく限り、中国との協調もあからさまな紛争を歴史の彼方に追い遣ろうとする中国との如何なるレジーム構築も希望的観測に留まる。

(注)

（１）USS BLUE RIDGE LCC19, http://www.uscarriers.net/lcc19history.htm, accessed on March 31,

2010. "USS Blue Ridge makes port visit to Vladivostok," *Star and Strips*, July 5, 2006, http://www.stripes.com/article.asp?section=104&article=37506&archive=true, accessed on March 31, 2010.

（2）『毎日新聞』二〇〇六年七月二〇日。

（3）『読売新聞』二〇〇五年一一月一四日。『産経新聞』二〇〇六年五月一〇日。

（4）『産経新聞』二〇〇七年八月一八日。浜田和幸「米朝合意の裏で早くも過熱する北朝鮮レアメタル利権争奪戦」『ＳＡＰＩＯ』二〇〇七年七月二五日。

（5）『日本経済新聞』二〇〇六年五月一〇日。「表1　北朝鮮の対外貿易の現状」『ＥＲＩＮＡ情報』№ＥＪ-０６０３、二〇〇六年一〇月、www.erina.or.jp/jp/Research/ej/pdf/Ej603.pdf、二〇一〇年三月三一日アクセス。

（6）『読売新聞』二〇〇五年一一月一四日。

（7）Ann Scott Tyson, "Disrepair Cited in U.S. Arms: Much of Gear in S. Korea Was Not 'Fully Mission Capable'", *Washington Post*, October 5, 2005.
http://www.washingtonpost.com/wp-dyn/content/article/2005/10/04/AR2005100401601_pf.html, accessed on March 31, 2010.

（8）例えば、「中朝軍事同盟は過去のもの――中共幹部『独占会見』」『読売ウイークリー』二〇〇六年一二月一〇日。

第9章　張成沢処刑から垣間見える中国の軍閥化

二〇一三年一二月中旬、北朝鮮の事実上ナンバー2であった張成沢《チャンソンテク》が電撃的に処刑された。二〇一一年一二月、張氏は先代の北朝鮮最高指導者、金正日が死去して以来、国防委員会副委員長や朝鮮労働党行政部長などの要職に就き、経験もなく権力基盤も安定しない金正恩による後継体制を支えてきた。張氏は先代が「強盛大国」「先軍政治」のスローガンを掲げて、軍部との関係に軸足を置いていた状況を一転、中国を後ろ盾に国内経済状況の改善をしつつ、利権やポストを含め軍部の力を削いできた。二〇一二年夏から処刑直前まで、今一つ同氏の動静は明らかではなく、同氏が軍部との権力闘争でかなり劣勢に陥っているとは推測されていた。

とはいえ、金正恩体制がなぜ突如張氏およびその一派を一掃したのか、当時、説得力ある説明はなかった。とりわけ、なぜ石油や食糧で北朝鮮の生殺与奪を握る中国との関係を危うくするリスクを冒したのか、不可解であった。それまでの北朝鮮体制の一貫した狡猾さを踏まえると、同体制が判断を誤った可能性は極めて低く、何らかの理由により中国からの軍事的、経済的圧力を懸念する必要はないと確信するに至ったと考えるしかなかった。

主要邦字紙は内外の北朝鮮専門家が断片的な事実を巧妙に繋ぎ合せて、この閉鎖国家の権力核心で何が起こったのかについて幾つか代表的な分析を提示した。しかし、内部要因だけでは中朝関係に関する金正恩体制の楽観的な見通しを説明できない。

結局、張氏処刑に伴う政変の原因は何が中国の北朝鮮政策を如何に左右していたのかを解明しなければ分からない。この点、比較的容易に入手できる公開情報を分析するだけでも、これまで専門家の間で主流と看做されてこなかった中国政治の軍閥化（特に、北京政府と旧瀋陽軍区との権力闘争）の視点が重要だと分かる。(1) はたして、なぜ二〇一三年末の政変は起こったのか。

1　体制内部要因による説明の限界

西岡力氏は韓国国家情報院の北朝鮮専門家の分析を韓国保守派ジャーナリストの趙甲濟《チョガブジェ》からの孫引きの形で紹介し、件の政変の背景には利権を巡る張派と軍部の権力闘争があったと述べた。(2) 既に本書第6章で分析したように、二〇〇五年九月、米財務省が金一族の秘密資金（外貨建て）口座があったマカオのバンコ・デルタ・アジア（ＢＤＡ）に科した金融制裁は思いのほか高い効果を上げた。金正日体制にとってこの資金は核・ミサイルを開発するとともに、贅沢品など経済的便益の供与によって軍、党、行政の幹部の忠誠を確保するために不可欠であったからである。その後、北朝鮮による二度目、三度目の核実験（二〇〇九年、二〇一三年）を経て、国連安保理決議や各国による経済制裁はボディー・ブローのように効いていた。とりわけ、第一次安倍政権や韓国の李明博政権が科した独自の経済制裁は開城《ケソン》工業団地による外貨収入を除いて、日韓から北朝鮮への外貨の流れをほぼ完全に断った。

そうした状況の下、張氏処刑の軍事裁判の判決文にあるように、同氏は石炭を含む様々な鉱物資源輸出や経済特区である羅先《ラジン》港の使用権を焦点とする対中貿易を通じた内閣主導（つまり、張一派主導）の経済運営と表裏一体の形で、軍部から鉱山利権など外貨稼ぎの利権を剥奪した[3]。趙甲濟によれば、軍部はこうした利権から得た資金を部隊運用や将校の退職金の財源としており、軍部と張一派は鋭く対立した。実際、二〇一三年七月、張一派による利権剥奪に抵抗した李英鎬《リヨンホ》総参謀長は突如粛清された[4]。とはいえ、軍部は人事を軸に労働党に厳格に制御されていたから、件のクーデター的な政変を単独で主導するのは無理であった。

張真晟《チャンジンソン》氏（元朝鮮労働党統一戦線部勤務の後、脱北）によれば、政変の中核は党組織指導部であった。この部門は金正日時代に作られた首領の代替機関であり、具体的には人事、生活指導、検閲、政策批准、首領の警護を牛耳っていた（とりわけ、警護は首領との面会を遮断し、玉を握れた）。しかし、「二〇〇七年、金正日は後継体制を準備・支援するため、党組織指導部の政治監察組織、国家安全保衛部（秘密警察）を除く司法権限を持つ行政部を、組織指導部から切り離して張成沢に与えた」。実際、その二年前、張一派が統制する人民保安部（警察）隷下の内務軍は党組織指導部が統制する国家安全保衛部の柳敬《リュギン》副部長を処刑し、その翌春には同保衛部の禹東則《ウドンチュク》副部長を粛清するなど、張一派と党組織指導部との敵対関係は深まった。その後、党組織指導部と軍部が反張成沢で利害が一致し野合する中、朝鮮人民解放軍総政治局長（名誉職）にあった張一派の有力者、崔竜海《チェリョンヘ》が孤立し、結局彼が裏切ることで、張一派の優勢が一挙に崩れ、党組織指導部・軍部が張一派を一掃した[5]

以上の分析は政変に至る権力闘争のプロセスを理解するには役立つが、肝心の中朝関係の制約と展望を全く説明できない。政変により中国とのパイプとなる人物の大半を粛清したことは、核武装よりも経済の立て直しを優先し、それと表裏一体である中国への鉱物輸出、経済特区への中国資本導入、中国からの消費財輸入を重視する張一派の路線を否定することを意味した。当然、中国はもはや経済関係を通じて北朝鮮の改革開放を促せないと捉え、北朝鮮政策を見直すであろうと思われた。具体的には、北朝鮮に路線の再変更を迫るため、石油や食料の供給を減少させ、経済協力を中断すると考えるのが論理的帰結であった(6)。

もし党組織指導部や軍部がこうしたリスクを無視するのであれば、それなりの根拠が必要となる。確かに、一九五六年八月の宗派《チョンパ》事件以後、金日成は権力基盤を固めるため延安派（親中派）や親ソ連派を粛清した。しかし当時、北朝鮮経済の運営は韓国と比べて相対的にかなり上手くいっていたし、冷戦闌《たけなわ》でソ連は金日成政権を見捨てず、逆に石油の供給を含め支え続けた。また、中国もソ連との対立回避するため、報復措置をとらなかった。つまり、過去の親中派粛清の事例は客観情勢が全く異なり、参考にならない。

それでは、二〇一四年に至る数年間、中国による北朝鮮宥和政策は件の政変にも拘わらず続くと楽観できただろうか。確かに、中国はそれまで過去三度に及ぶ北朝鮮の核実験の結果、国連安保理決議により経済制裁を科すと同意しながら、結局なし崩し的に対朝貿易を拡大し、北朝鮮の体制維持に必要な石油・食糧を供給して制裁を骨抜きにしてきた。従来、こうした二枚舌的な行動は中国が北朝鮮を緩衝国として維持し、体制崩壊による大量の難民流入を防ぐためには止むを得なかったと解されてきた。また、北朝鮮の親中派と連携して、その経済開放政策を推進し、軍事強硬路線を断念させる長期的な戦略に基づくと解されてきた。ところが、件の政変は一九五六年以来、実に五六年ぶりに中朝間の政治的パイプをほぼ完全に遮断してしまったのであり、当然中国の北朝鮮政策はかなり強硬になると予想するのが論理的帰結であった。そうならないとすれば、その原因は中国の国内政治に求められねばならなかった。

2　中国政治の現状

宮本雄二元中国大使は国内政治面（改革派、現状不満派、現状維持派）と外交面（国内改革路線、国際協調路線、対外強硬路線）がどのように相互に関係しているかを焦点に、現代中国政治の基本構造をやや抽象的に説明した(7)。文化大革命が終わって、共産主義の権威が失墜すると、鄧小平は開放政策によって経済成長と社会発展を実現し、それによって共産党一党独裁体制の正当性を担保しようとした。これは成長に関してはかなり成功し、中国経済を世界第二の規模にまでしたが、貧富の格差や腐敗など経済・社会問題を大幅に悪化させた。二〇〇八年秋のリーマン・ショック後、膨大な公共事業により景気の下支えしたものの、市場機能が弱体化する一方、社会・経済問題が一層先鋭化した結果、現状不満派が増大し、対外強硬路線が台頭することとなった。

さて、これら三派が誰を中心とする如何なる勢力か。改革派は李克強国務院総理を中心とする中国共産主義青年団系の人脈であり、鄧小平路線を継承者である。国内改革には成長と安定が必要であり、外政面では必然的に国際協調路線となる。他方、現状維持派は江沢民元国家主席（当時）を中心とする「赤い貴族」＝太子党（共産党幹部の子弟）系であり、その既得権の維持・強化、つまり改革なき成長を求める。しかし、これは社会的不満を爆発させかねないから、対外強硬路線をとって不満を外に逸らす必要がある。

問題は、現状不満派である。宮本氏が指摘するように、二〇一三年一一月の中国共産党中央委員会第三回全体会議（三中全会）で国内改革路線の維持・強化が決定され、改革派が優勢となった。また、このことは対外的には国際協調路線の継続を意味した（その後、協調は経済面だけで、現状維持派や現状不満派を懐柔するために軍事と政治の両面では一層強硬に出ると決めた可能性が大いにあった）。二〇一四年に至る数年間、現状不満派を代表する人物として、薄熙来前中国共産党中央政治局委員（当時）兼前重慶市党委員会書記（当時）が想起される。薄氏は貧富の格差が急速に開く中、重慶市において文革時代の歌を歌う（「唱紅歌」）運動など、貧しくとも平等感が強かった毛沢東時代への郷愁を前面に出す一方、改革派の幹部を「腐敗幹部」として一掃して大衆の人気を博する大衆路線を推進し、改革派に挑戦した。確かに、薄氏が二〇一三年、改革派との権力闘争に敗れて失脚し、権力中枢における現状不満派の力は大きく削がれたが、社会的不満はむしろ急速に増大していたため、万一全国的な広がりで大衆と結びつけば、現体制を脅かす潜在力を持っていた。

しかし、宮本氏は共に対外強硬路線を支持する現状不満派と軍部の関係を注意深く考察していなかった。むしろ、単に「人民解放軍など各部門が外交的配慮をせずに自分のロジックだけで対応する」と捉え、軍部の強硬さを専ら制度的欠陥（人民解放軍が中国共産党の軍隊であり、国家の軍隊でないため、国務院ではなく党の統制下にあること、そのため外交と軍事が政策面で上手く連携されていないこと）に求めていた。逆に言えば、改革派主導の政権と軍部との間に根本的な対立はなく、意思疎通と政策の擦り合わせさえ上手くいけば、軍部は強硬な行動をとらない、さらに言えば、政権の軍に対する文民統制は機能していると想定していた。

従来、この想定はわが国の現代中国政治研究の主流に概ね受け入れられてきた。確かに、建国以来、解放軍は常に党に従ってきたし、クーデターの事例も兆候もなかった。ただし、これはクーデターがありえないという根拠にはならなかった。また、軍が自ら代表を送り込んでいる党軍事委員会（当時、習近平主席以外、委員は全て軍人）や党中央委員会などを通じてその組織的利益を実現するために党に対して影響力を行使することを排除しなかった。

実際、二〇一四年に至る数年の一連の出来事を見る限り、文民統制は形式的には機能しているように見えても、実質的には相当弱体化しており、諸々の軍種別、機能別、地理別の軍事組織を巻き込む形で利害対立の先鋭化と水面下の権力闘争が進行しているように思えた。文民政権側は二〇〇七年一月の自国の衛星の破壊（対衛星破壊能力の実証）、二〇〇九年三月の米海軍音響観測艦に対する妨害、二〇一一年一一月のゲーツ米国防長官訪中時の次世代ステルス戦闘機Ｊ20の飛行実験など、解放軍の一方的な行動に対して実質的に事後承認を与えてきた。文民政権は自らが敷いた曖昧な政策路線や方針の下でそれらと矛盾する裁量的行動を繰り返す軍部を十分制御できていなかった。

また、人民解放軍は陸海空の軍種間で激しい予算分捕り合戦が繰り広げていた。二〇一四年に至る数年間を見ても、海軍は空母、新鋭艦、ミサイル原潜の建造で国防予算の優先的配分を受けてきた。二〇一三年一一月に空軍は東シナ海に防空識別圏を設定したが、これは必然的に空軍力の増強を要求した。識別圏設定は人民解放軍総参謀本部が対日戦略計画書を策定し、事前に習国家主席を得る正規の手続きを踏んだことが分かっているが、(8) これは文民側が空軍の要求を容れたことを意味した。

さらに、陸軍が主役となりえない東アジア・西太平洋地域の地理的特性のため、既に日米でも起こっていたように、予算配分での海空軍の重視は陸軍との軋轢《あつれき》を生んだ。海空戦は高技術水準の兵器・装備とそのための多額の予算を必要とするため、往々にして陸軍をリストラして財源を捻出せねばならない。二〇一四年の年頭、習政権は従来の陸軍を主体とする人民解放軍の機構改革案を発表した。注目すべきは、五年以内に黄海・東シナ海・南シナ海に面する済南、南京、広州の三軍区をそのまま三戦区とした上で合同作戦司令部を設置する一方、蘭州、北京、瀋陽、成都の四軍区を統廃合する構想であった。(9) つまり、最強の機械化師団を有する瀋陽軍区および成都軍区（各々、四個軍団、一個軍団を保有）を直接中央の統制下に置くことを意図したものだったと言えよう。北京軍区や予備兵力を有し、隣接する済南軍区には強力な陸上部隊が存在しなかった。とりわけ、瀋陽軍区は首都、北京に隣接しており、習政権の同軍区に対する疑念を垣間見ることができた。その上、二〇一四年一月六日には、習政権は軍と公安省の二重指揮を受けてきた武装警察（総人員、一二〇万〜一五〇万人）の内、治安維持や要人警護に当たる部隊を党軍事委員会（つまり、北京の中央政府）の直轄とし、国境警備などに当たる部隊は公安省の地方組織に編入することに決めた。(10) これは、瀋陽軍区に存在する武警部隊に対する同区の指揮権を剥奪することを意味した。

二〇一三年一一月の三中全会が新たに中国版国家安全保障会議の設置を決めた。それまでのシステムでも党（国家）中央軍事委員会が軍事を領導し、最高指導者レベルでの党・国務院・軍の合同協議方式である中央外事領導工作小組（別名、中央国家安全領導小組）が軍事政策と対外政策とを擦り合わせてきた。(11) この擦り合わせが上手く機能していないという議論はあり得ても、中央軍事委員会をそのままにしておいて国家安全保障会議を設置するのは屋上屋を架すだけで意味がなかった。同会議が国内治安を念頭に置いていることに鑑みると、同会議の設置は内乱鎮圧部隊の統制、つまり反乱・クーデターの防止に目的があったのではないかと勘繰りたくもなる。はたして、そのような実態は陸軍、とりわけ瀋陽軍区にあったのだろうか。

3　中国政治の軍閥化

ここで再考すべきは薄熙来の失脚である。薄氏は一九八四年から二〇〇四年まで、遼寧省で政治的キャリアを積み、大連市長や遼寧省長等を務めた。この間、瀋陽軍区（その担当地域に同省を含む）やその傘下の軍関連企業と深い関係を構築していった。

一九三六（昭和一一）年の日本の二・二六事件からも分かるように、どこの国でも陸軍は大衆との接点が多く、しばしばその不満の受け皿となる。そもそも人民解放軍は貧農出身者主体の革命ゲリラ軍として始まり、未だに共産党の軍隊である。二〇一四年に至る数年間、当時の改革派主導の政権は米軍に対抗するために海空戦力を焦点に現代化（modernization）と専門化（professionalization）に邁進していた。こうした国家の軍隊への変貌は開放・改革がもたらした経済成長と技術発展の賜物ではある一方、極端な貧富の格差や腐敗が生まれ、革命が目指した平等主義的な社会と相矛盾した。さらに、当時の政権の海空戦力重視は陸軍をリストラ対象としており、最強軍区として優遇されてきた瀋陽軍区の利害とは正面から衝突した。

薄氏失脚の結果、現状不満派が中国の最高指導者機関（中国共産党中央政治局）の中で弱体化した、つまり改革派が現状維持派と組んで仕掛けた権力闘争によって人民解放軍（陸軍）、とりわけ瀋陽軍区閥の代表者を葬りさったことになる（実際、その後、ともに中央政治局員兼党中央軍事委員会副主席であった徐才厚と郭伯雄は粛清された）。追い詰められた人民解放軍・瀋陽軍区閥はどう反撃すると考えられただろうか。

長谷川慶太郎氏の分析によれば、瀋陽軍区は北朝鮮の核開発プログラムを使って北京政府を恫喝していた。北京政府は決して北朝鮮の核武装を受け入れない。一旦、北朝鮮が核兵器を手にすれば、北京にその照準を合わせるだろうし、日米同盟強化や日本の核武装を正当化することになる。したがって、二、三度に亘る北朝鮮の核実験の結果、北京政府は北朝鮮に経済制裁をする国連安保理決議に賛成し、誠実に制裁を科す政策を決めたと考えてよろう[12]。

しかし、中朝国境を管理するのは瀋陽軍区であり、また北朝鮮への石油、食料、消費財の輸出、北朝鮮からの鉱物の輸入を直接・間接に傘下の軍関連企業などを通して制御しているのも同軍区であった。したがって、「中央に政策あれば、地方に対策あり」で、瀋陽軍区が制裁措置を実施しなければ、北京政府の決定の骨抜きとなった。実際、国連制裁等が科された後、中国は北朝鮮最大の貿易相手国となり、石油や食料を始め、北朝鮮を経済的に支えてきた。北朝鮮は北京政府にではなく、瀋陽軍区によって制御されていた。

さらに、長谷川氏は瀋陽軍区には北朝鮮の核開発を促し続ける強い動機があると分析した。中国の核施設の多くは四川省に集中している一方、戦略ロケット軍（第二砲兵）は軍区と別建ての指揮統制系統になっており、瀋陽軍区は核兵器を保有していなかった。長谷川氏は、中国が北朝鮮を制御している以上、その核開発プログラムは瀋陽軍区のそれであったと捉えた[13]。

本来なら、北京政府は瀋陽軍区の制裁妨害を止めさせねばならなかったが、それができなかった。長谷川氏によれば、核兵器による北朝鮮の恫喝を抑止するため、北朝鮮に軍事介入する能力を保有する必要があり、北京政府は人民解放軍隷下の虎の子、機械化師団五個軍団のうち四つまで（そのうち、二〇〇九年に二個軍団を追加して）を中朝国境地帯（つまり、瀋陽軍区）に配備した。[14]その結果、瀋陽軍区は北京にも緊急展開できる強大な陸上兵力を持ち、それを背景に強大な政治力を持つに至ったのである。

したがって、張成沢処刑事件は追い詰められた中国の現状不満派の核心、瀋陽軍区指導部が改革派主導の北京政権に反撃するために、北朝鮮の党組織指導部・軍部の野合勢力にやらせたと理解できる。その際、瀋陽軍区側は石油や食料など中朝貿易の現状維持を約束したのであろう。とすれば、北朝鮮側は後顧の憂いなく北京政府と繋がった張一派を粛清でき、政策路線を再び経済改革から核開発を含む先軍政治へその重心を移すと思われた。

4　国際分析の行き過ぎた専門化

張氏処刑の原因を中国政治の軍閥化に求める分析視角は諸々の状況証拠を積み重ねて、該当しないもの——つまり、党組織指導部・軍が非合理的な判断をした場合や北京政権が瀋陽軍区の反応を懸念せず、事前に張氏を筆頭とする親中派の一掃を是認もしくは黙認した場合——を消去すると唯一残されるのであって、直接それを裏付けるハード・エビデンスがあるわけではなかった。それ以後、中国研究や北朝鮮研究で実証的に検証されるべき仮説である。

とはいえ、歴史的には軍閥化の分析視角は無視できない。軍閥は統一と分裂を繰り返したシナ大陸の歴史上、その政治文化の一部となった。とりわけ、清朝崩壊から中華民国、中華人民共和国への動乱期には、各地に軍閥が跋扈し、離合集散を繰り返す中、共産党政権はそうした軍閥の一つから勝ち残った。実際、中華人民共和国が成立し、革命軍が人民解放軍となった後も、地域別の軍人脈はなくなったわけではなく、むしろ政治的に非常に大きな役割を果たしてきた[15]。今の中国で軍閥は顕在的には存在しないが、軍人脈として依然地下茎のように生き残っていると考えねばなるまい。

また、しばしば国際政治分析では、強国とその衛星国の関係、覇権国とその同盟国の関係は前者が後者を規定する形で連動しているとされる。前者が後者に科す制約が前者の国内政治構造や政策を左右するからである。スターリン批判後のソ連と共産圏諸国の国内政治の動揺やG・W・ブッシュ政権の盛衰——ネオコン（新保守）勢力とそれ以外の反対諸勢力とのイデオロギー・政策路線闘争を焦点とした——と同盟国や友好国の国内政治の動揺はそうした典型であろう[16]。当然、中朝関係にも適用できる。

要するに、われわれは「北朝鮮問題の本質は中国問題である」ことを忘れてはならない。

（注）

（1）長谷川慶太郎『中国大分裂——改革路線の終焉と反動』実業之日本社、二〇一二年。

（2）西岡力「(正論) 張氏処刑に拉致解決の『機』を探れ」『産経新聞』二〇一三年一二月二〇日。

（3）『産経新聞』二〇一三年一二月一四日。

（4）「部隊視察で養豚場の偽装発覚…李英鎬粛清の発端か」『中央日報』（電子版）二〇一三年七月一八日、二〇一四年一月八日アクセス。
（5）張真晟「強硬派、正日氏の遺訓で支配」『産経新聞』二〇一三年一二月一四日。張真晟「張氏処刑を主導　党組織指導部　強力な権限」『産経新聞』二〇一三年一二月二八日。
（6）『産経新聞』二〇一三年一二月一五日。
（7）宮本雄二「（経済教室）中国の真の改革派」『日経新聞』二〇一三年一二月二六日。
（8）関西テレビ報道番組「アンカー」での青山繁晴氏の解説、二〇一三年一二月四日放映。青山繁晴「『秘密保護法』全否定論に騙されるな」『ＷＩＬＬ』二〇一四年二月号。
（9）『読売新聞』二〇一四年一月一日。
（10）『読売新聞』二〇一四年一月六日。
（11）遠藤誉「中国外交政策決定の要――『領導小組』」『ＷＩＬＬ』二〇一三年六月号。
（12）長谷川慶太郎、前掲書、序章。
（13）同書、二四頁～二六頁。
（14）同書、一二三頁～一二八頁。
（15）Michael D. Swaine, *The Military & Political Succession in China: Leadership, Institutions, Beliefs*, RAND, 1992.
（16）拙著『動揺する米国覇権』現代図書、二〇〇五年。

第五部

日米韓三ヵ国安全保障協力を攪乱する歴史問題

第五部では、なぜ歴史問題が日米韓三ヵ国安保協力を攪乱し、覇権衰退期に入った米国の対北朝鮮・対中国政策を阻害するのか、その理由と背景を分析する。第10章では、いかに慰安婦問題が中国と韓国を中心に政治問題化され、北東アジアの国際政治に大きな影響を及ぼすようになったか、特に日米同盟の安定性を損なうかを捉える。第11章では、韓国の反日を台湾の親日と比較対照することで、その一般的な理由を日本統治の前後を焦点に近現代史における経験の差異によって理解した上で、現在の韓国政府による反日政策は正統性と正当性の欠如を転嫁させるためであると分析した。また、それ故にそうした状況は容易には変化しないと捉えた。第12章では、オバマ前政権が日韓両国に圧力を加えて「慰安婦問題」に関する日韓最終合意を締結させ、当面、米日韓三ヵ国安全保障協力を阻害してきた「慰安婦問題」を制御することに成功した理由や背景を分析した。とはいえ、この効果は問題の根本的解決ではないために、永続的でないと考察した。

第10章　慰安婦問題を非政治化せよ

二〇〇七年七月三〇日、米下院は慰安婦（第二次世界大戦中に日本帝国陸軍のために働いた性労働者）に対する日本政府からの公式謝罪を要求する法的拘束力なしの決議を全会一致で可決した[1]。この決議の支持者たちは日本の懺悔《ざんげ》が日本、中国、韓国の間での和解、したがって地域の平和と安定にとって不可欠であると強調する。

あいにく、この決議はこれらの女性たちの本質を性的奴隷と誤認し、米下院が長年続いてきた通説のため存続してきた先入観を吟味しなかったことを明らかにした。慰安婦問題は米議会では単なる政争の具となっていた。この決議は法的拘束力を持たず、下院議員たちは容易に相互的な取引形式で決議案に賛成することができた。慰安婦決議に賛同することと他の決議への賛同を引き換えにできたからである。

もちろん、慰安婦問題は単に道義的な問題であるだけでなく、弱体化した日本と強化された中国や韓国を見たいとの政治的な動機付けを持つ人々にとって便利な手段であった。米国がイラクにおいて忙殺されていたため、日本は日米同盟においてさらに大きな役割を演じるようますます強い圧力を受けていた。

日本政府から謝罪を引き出すことによって、中国と韓国は日本の道義的な信頼性を傷つけることによって日本を弱体化させようと望んでいた。米下院は米国の最も近しい関係にある同盟国、日本を道徳的に非難する決議——もっとも、この決議は追求していると主張する和解を依然達成していなかったが——を可決することで、アジア諸国における日本の名声を低めたいと願う人々に手を貸した。さらに、この決議のタイミングが最悪であった。戦後初めて、日本国民は慰安婦問題について率直に論争していた。その時点では、如何なる外的な圧力も悪い結果しか生まないと思われた。

北東アジアの国際関係が混乱しないためには、慰安婦問題に関する基本的な諸事実を突き止め、日本国内で行われている論争を把握することによってできる限り政争の具とならないようにすることが喫緊の課題であった。そうすることで、この問題に対する日本の対応を予測することができた。持続可能で平和的な地域秩序を維持しようとすれば、このような手堅い分析こそが不可欠であった。

1　歴史正統派と異端

戦後初めて、日本は戦時中の残虐行為における自国の行動を真剣に検証し始めていた。日本国民は論争しているが、慰安婦問題に関してコンセンサスを得るには程遠い状況にあった。主要な論争点は、当時の日本政府が関与したのか、慰安婦であった婦女子は強制されたのかそれとも任意で参加したのか、そして、これまでの日本政府による謝罪が十分であったかまたは正当化されるか、を含んでいた。

数十年に亘り一次史料を用いた多様な日本人歴史研究者による分析を踏まえて、既に一般的に、慰安婦は公娼の戦時版であったと考えられていた[2]。したがって、慰安婦制度は実際には第二次世界大戦中のドイツ軍、戦後占領下の日本やベトナム戦争の南ベトナムにおける米軍、朝鮮戦争における韓国軍などのために行われていた公娼と類似している。ごく普通の日本での捉え方によれば、慰安婦は数々の理由から戦時中、必要不可欠であった。慰安婦は日本の兵卒が占領地の女性に対する強姦や性犯罪を防いだ。慰安婦は医学的な検査を受けさせられていたため、性病が蔓延するのを防いだ。また、慰安婦は軍事要員が管理された慰安婦とだけ性的関係を持つように制限することによって、軍事秘密が漏洩する機会を減じた[3]。

一般的な輿論の受け止め方としては、慰安婦募集における日本軍の関与は限定され、軍当局は慰安所設立、料金や営業時間に関する規則、軍医による検査などを許可したに過ぎなかったと理解されていた。今日に至るまで、日本人の歴史研究者も日本政府も慰安婦募集において軍当局が直接関与したことを証明する一次史料を全く発見できていない。

確かに、慰安婦を集めた売春仲介業者が高い報酬を示唆することによって、もしくは、仕事の性格に関して曖昧な説明しかしないことによって、しばしば女性たちを騙したことはよく知られている。公的記録によれば、当時、軍当局は慰安婦の強制的募集を明示的に禁止していた。例えば、一九三八年三月の陸軍省（当時）から支那派遣軍に対する命令は、女性を拉致しようとしていると疑われる悪徳な売春仲介業者の存在に関して警告し、必要な防止策を採るよう命じていた[4]。

しかし、一般的には戦時中、軍当局が慰安婦募集の活動を効果的に管理できなかった。特に日本本土から遠く離れた前線では、そうであったと捉えられている。悪名高き事例は、占領下の蘭領東インドにおいて日本の占領軍当局が強制的にオランダ人女性に慰安婦として売春をさせるために監禁したスマラン事件である。日本の陸軍参謀本部はこの悪事を知るやいなや、直ちに監禁されたオランダ人女性の解放を命じた。終戦後、この事件に関与した士官と兵卒は軍事裁判にかけられ、死刑となった者もいた(5)。

この見方は日本の女衒《ぜげん》（若い女性を買い付け、遊郭などで性風俗関係の仕事を強制的にさせる人身売買の仲介業）に関する歴史的に確立された理解と符合する。農村地域で数多くの借金に苦しむ貧農が娘を売春目的で売ることを余儀なくされた一九三〇年代、無慈悲な売春仲介業者たちが異常に活発であったことはよく知られている(6)。したがって、これらの仲介業者たちが慰安婦募集の際に犯罪を犯した、あるいは不法行為を行ったと一般に理解されている(7)。また、日本政府自身が強制的に慰安婦を募集しなかったとしても、海外で多くの非日本人慰安婦は強制的な労働環境に置かれたとも理解されている（もっとも、報酬目的など様々な理由から自発的に慰安婦となった者がいたことも事実である）(8)。

既に二〇〇七年夏には、日本国民一般は慰安婦募集の正確な性格を焦点に重要な細部についてしきりに知りたいと考えるようになっていた。日本が、この問題に対する謝罪によって何を意味するかを正確に示すことなしに大まかな謝罪を行うことにますます消極的になっていることは明らかであった。

2　現代日本における市民の苦悶

二〇〇七年夏には、慰安婦がかつて存在したこと、日本国が日本史におけるこの出来事に対して道義的責任を明白にとらねばならないことは日本において確立された一つの見方となっていた。これの見方は一九九三年、河野洋平官房長官（当時）による政府談話の本質でもある。河野談話によれば、「旧日本軍が直接あるいは間接にこれに関与した。慰安婦の募集については、軍の要請を受けた業者が主としてこれに当たった…」。また、同談話によれば、「（日本政府は）心身にわたり癒しがたい傷を負われたすべて（慰安婦）の方々に対し心からお詫びと反省の気持ちを申し上げる」。以来、日本政府はこの談話による立場を固く守ってきた。誤解されたであろう二〇〇六年三月の安倍首相（当時）による発言は多くの人に同首相が河野談話を撤回しようとしていると思わせたが、実際には、同首相が慰安婦募集における当時の日本政府の関与の正確な本質、とりわけ、慰安婦募集がどのように強制的であったかを焦点にした国会での国会議員による質問に対して応えたものであった。

しかし、河野談話でさえ「慰安婦の募集については、軍の要請を受けた業者が主としてこれに当たった」ため、現在の日本政府は元慰安婦に対して賠償責任を有さないとしている。したがって、一九九五年には、村山富一首相（当時）は非政府組織としてアジア女性基金を設立し、この基金を通じて医療と福祉の扶助を含め、償いを差し伸べた。しかし、これはあくまで国家賠償ではなかった。結局、関係各国の総計で三六四人が同基金から援助を徐了する中、韓国政府が認定した二〇七人の元慰安婦の内六〇人、その三割弱が基金の援助を受領した一方、その他は基金に対して援助を申請せず、中には国家賠償を強く要求する者もいた。[9]もっとも、二〇〇七年四月、日本の最高裁が全ての国家賠償問題はサンフランシスコ講和条約によって解決済みであるとの判決を出したため、[10]これらの元慰安婦たちの願いが叶えられることはおそらくない。

したがって、日本国民は償いが必要であると認識する一方で、この談話の曖昧な表現が戦時中の日本政府が直接に慰安婦の強制的募集を行った、或いは大本営が同様の効果を有する命令を発したとの誤った印象を与えてはいないかと論争していた。

日本における国民的論争は白熱した。これは、河野談話の原案作成を率いた石原信雄元官房副長官（当時）が、河野談話が実際には一次史料の裏付けなしで作成されたこと、一次資料の代わりに、一六名の韓国人の元慰安婦からの直接の聞き取り調査に頼って書かれたことを一九九七年八月の産経新聞とのインタビューで打ち明けたからであった。また、石原氏は、一旦、日本政府が慰安婦募集の強制的な性格を認めれば、韓国における感情的な爆発が収まると信じて、慰安婦は強制的に募集されたと公認せよと日本政府に要求する韓国政府からのますます高まる圧力に屈したことを打ち明けた。これらの経緯を踏まえて、二〇〇七年現在、既に日本国民は河野氏と石原氏は性急な妥協を犯してしまったと捉えていた。河野談話は慰安婦問題の最終的な解決になるどころか、かえって当時の日本政府が慰安婦の強制的募集を行ったとの誤解を国内外に広めることとなってしまった。

その後も日本の国民的論争は続くこと疑いの余地はなかった。秘密扱いの元慰安婦との聞き取り調査記録は証人による記録などの状況証拠と同様に、慰安婦たちが強制的な環境のもとで苦難を強いられた事実を証明することはあっても、当時の日本政府が慰安婦の強制的募集を行ったとの証明にはならない。さらに、終戦の時点で多くの記録が処分されたこと、日本帝国陸軍の活動が慰安婦問題も含めて十分には記録されていない可能性もあることから、既存史料では確定的な結論に繋がらないと思われた。慰安婦問題の論争は日本国民が何が起こったのか、誰が何に関して責任を有しているのか、日本国民が一体正確には何に対して謝罪せねばならないのかに関して国民的合意に達するまで存続すると思われた。

この結果、世界は日本の指導者たちからの一見、驚愕、困惑するような発言に繰り返し遭遇することになると思われた。彼らの発言の断片的な報道は日本国内での過熱した論争から生じる制御、予期できない副産物だからであった。実際には、そのような発言は自国の過去を直視し、民族主義的な行動指針を有する過激な政治指導者による言い逃れや隠蔽を拒否する日本国民一般の大きな覚醒を示唆していた。

3　国際政治への含意

米下院による「慰安婦決議」は米国に対する日本の公衆の好意を侵食することによって日米同盟に深刻なダメージを与えた。二〇〇七年七月初旬、久間章生防衛大臣（当時）は先の大戦での広島と長崎に対する米国の原爆投下を是認すると解釈されかねない発言をした直後、左右全ての政治勢力から一斉に厳しい批判を受けて辞任を余儀なくされた(11)。これに対して、野党第一党である民主党代表（当時）の小沢一郎氏は、日本は原爆投下に関して米国政府に正式の謝罪を要求すべきであると公言した(12)。久間氏は単に歴史的事件に絡んで日米間での道徳的非難合戦の悪循環に嵌《は》まり込むのを防ごうとしたに過ぎなかったかもしれないが、同氏は日本国民が慰安婦問題に対する米下院のやり方に対して溜め込んだ苛立ちと憤慨を過小評価していた。

二〇〇七年七月末、安倍首相（当時）が率いる与党、自由民主党は参議院選挙で惨めな敗北を喫した。この敗北は安倍首相が国内問題の処理に失敗した結果であるが、民主党やその他の野党は参議院で過半数を制するに至った。確かに、安倍首相（当時）に率いられた自民党は日米同盟を堅持する方針を崩さなかったが、自民党のパワーはかなり弱体化してしまった。小沢氏と民主党は米国主導の反テロ作戦に対して海上自衛隊が支援を継続するために不可欠な立法措置を阻止すると示唆していた。小沢氏率いる民主党が歴史論争に乗ずる決意があったなら、参議院は戦時、平時にかかわらず、歴史上、米国が犯したいかなる残虐行為、とりわけ先の大戦を終結させた原爆投下に関して米国政府に対して正式の謝罪を要求する法的拘束力を持たない決議を成立させることができた。

日本と中国および韓国との関係においては、問題はより深刻であった。中国において急速に増大する民族主義的な勢力は西洋および日本の帝国主義によって二〇世紀初頭に崩壊した華夷秩序を再興しようと目論んでいた。この秩序はシナ大陸（China proper）の王朝を中心に据え、「（シナから見て）蛮族」の朝貢国を周辺に置く多重的な同心円状の構造を有した。この秩序との関係において、日本はその歴史を通じて分離されてきたし、また組み入れられることもなかった。実際、日本の国家アイデンティティーは完全な華夷秩序からの政治的独立によって定義されてきた。

華夷秩序においては、定義上、シナ大陸の王朝は道徳的優越性を有している。したがって、これはシナ王朝が歴史的正統性を独占していることを意味する。この観点からはすると、日本を巡る歴史論争は単に現存する西洋国際システムを支持する者と華夷秩序を再興しようとする者との競合関係の付随的な現象に過ぎない。

さらに悪いことには、華夷秩序は基本的に不安定である。北京の共産党体制は貧富の格差の急激な拡大など、数々の国内的失敗のために民衆から見てかなり正当性を失っていた。その結果、北京政府は真偽にかかわらず、現代の中国の人々の帰属意識形成において礎石となっている大日本帝国による残虐行為に関する通説に乗じてきた。北京政府は国民的一体感を維持しようとして、中国の民衆のストレスや民族主義的熱情をぶちまける仮想敵として日本を利用してきた。

こうした背景を踏まえると、たとえ日本が歴史研究によってその存在が実証された戦時中の残虐行為に対して懺悔《ざんげ》を示したところで、予見可能な将来に亘って、日本と中国との和解は不可能であると思われた。したがって、日本を巡る歴史論争は完全に解決することはできず、制御することのみが可能であった。これは不可避であった。というのは、日本の国家安全保障上重要な日米同盟が危険に晒されているからであった。

4　日米の分裂を修復する

第二次世界大戦後、依然として日米両国は心からの和解を達成していなかった。二〇〇七年七月の久間防衛大臣の辞任はこの現実を如実に物語っていた。両国は自由と民主主義に関連して共通の諸価値を強力に共有し、さらにこの状態は様々な地域国際関係やグローバルな国際関係の次元での高度に共通する経済的利害によって補強されていた。確かに、これらの要因は友好関係の堅固な基礎であった。それにもかかわらず、日米同盟の感情的な基盤は非常に脆弱であると分かった。

この懸念は、イラクでの戦争のために、第二次世界大戦が歴史的に米国にとって僅かに残された「正義の戦争」の典型となってしまったために、少なくとも日本人にとっては極めて深刻であった。日本を巡る歴史論争に対する米国のアプローチは、これらの問題に関する日本国内の論議が細部に関する的確さと正確さを要求するようになっている時に、過度に単純化され独善的なものとなっていた。

二〇〇七年夏時点では、日本の歴史論争、とりわけ慰安婦問題に対する最良の対処法はワシントンDCと東京における駆け引きから政治家を引き離すことであった。つまり、議論を歴史研究者と知的公衆に任せるとともに、議論の内容をアジア諸国にも容易に入手可能にせねばならなかった。換言すれば、脱政治化が必要とされていた。日本を自国の過去に留意させ続ける最も有効な方法は公式・非公式のチャンネルを通じて日本人に自分たちの発見や評価を問い続けることであった。日本は国際関係においてより大きな指導力を発揮したいと望んでいた。日本は自国の過去に向き合わねばならないし、また、そうするであろうと思われた。

（注）

（1）H.Res.121 - A resolution expressing the sense of the House of Representatives that the Government of Japan should formally acknowledge, apologize, and accept historical responsibility in a clear and unequivocal manner for its Imperial Armed Forces' coercion of young women into sexual slavery, known to the world as "comfort women", during its colonial and wartime occupation of Asia and the Pacific Islands from the 1930s through the duration of World War II, passed on July 30, 2007, https://www.congress.gov/bill/110th-congress/house-resolution/121.

（2）例えば、秦郁彦『慰安婦と戦場の性』新潮社、一九九九年。大師堂経慰『慰安婦強制連行はなかった——河野談話の放置は許されない』展転社、一九九九年。なお、韓国人研究者による邦文の著作としては、尹明淑『日本の軍隊慰安所制度と朝鮮人軍隊慰安婦』明石書店、二〇〇三年。

（3）慰安婦に関する詳しい一次史料については、デジタル記念館・慰安婦問題とアジア女性基金の公式ホ

ームページで入手可能である。http://www.awf.or.jp/6/document.html

（4）防衛庁防衛研究所蔵「陸軍省大日記類 陸支密大日記 昭和一三年第10号」陸支密第７４５号。https://upload.wikimedia.org/wikipedia/comons/2/25/Comfortwome 募集 ToBeReruited. JPG.

（5）山本まゆみ、ウィリアム・ブラッドリー・ホートン「日本占領下インドネシアにおける慰安婦――オランダ公文書館調査報告」『「慰安婦」問題調査報告』一九九九年、一一五頁～一一七頁、http://www.awf.or.jp/pdf/0062_p107_141.pdf、二〇一九年二月一一日アクセス。

（6）清水美知子「愛国婦人会の＜女中＞をめぐる社会事業：両大戦間期を中心に」『（関西国際大学短期大学部）研究紀要』2号、二〇〇一年。

（7）陸支密第７４５号、前掲。

（8）「慰安婦至急募集」『京城日報』一九四四年七月二六日。「軍慰安婦急募集」『毎日新報』一九四四年一〇月二七日、http://blog-imgs-45-origin.fc2.com/s/e/i/seitousikan/20100528170713f2c.jpg、二〇一九年二月一一日アクセス。「高給取りの従軍慰安婦が戦争被害者!?」『ジャパニズム』29号、二〇一六年二月。

（9）「崩れ始めた壁」『正論（歴史戦　虚言の韓国　捏造の中国）』二〇一九年三月増刊号、一三八頁～一三九頁。「各国・地域における償い事業の内容――韓国」、アジア女性基金、http://www.awf.or.jp/3/korea.html、二〇一九年二月一一日アクセス。

（10）「一連の中国戦後補償裁判の最高裁判決についての声明」、日本国際法律家協会、二〇〇七年五月七日、http://jalisa.info/kikanshi/k_157/157_011.html、二〇一九年二月一一日アクセス。

（11）『朝日新聞』二〇〇七年六月三〇日。

（12）「社説」『読売新聞』二〇〇七年七月四日。

第11章　なぜ韓国は反日なのか
――日韓関係と日台関係の比較の視点から[1]

1　朝鮮半島情勢

近年、北朝鮮は大規模な通常兵力を維持したまま、急速に核兵器開発を進めてきており、韓国はその深刻な軍事的脅威に直面している。一九五〇年六月に勃発した朝鮮戦争は一九五三年七月に休戦協定が締結されたものの、平和条約は結ばれておらず[2]、今日に至っても戦争状態は継続している。この間、韓国は米国と相互防衛条約を締結し、自国の防衛力を増強する努力を約する一方、基本的には強力な米軍に作戦統制権を委譲する形で自国の安全を保障してきた[3]。また、米国は日本とも安全保障条約を結んでおり、在日米軍基地が韓国防衛の重要な拠点となっている[4]。したがって、朝鮮半島有事となれば、米国は米韓同盟と日米同盟を一体として運用して、韓国を防衛することを想定し、作戦を計画してきた。

実際、米韓両国は朝鮮半島有事を想定した指揮所演習（command post exercise）や大規模な野外実動演習（field training exercise）を繰り返してきた一方、同じく北朝鮮の脅威に直面する日本も過去二〇年以上に亘り、領海外・領空外における米軍への後方支援を可能とする周辺事態法制定に始まり（一九九九年）、米軍に対する集団的自衛権の限定的行使を可能とするように包括的な平和安全保障法制を整備して（二〇一五年）、朝鮮半島有事に備えてきた。[5]

したがって、日韓両国は共通の深刻な軍事的脅威に直面しているのであるから、各々二国間同盟を主導する米国の軍事力を補完・補足するように日韓軍事協力を強化するのが常道と言えるだろう。実際、一九六〇年代から一九八〇年代には、そうした現象が観察できた。ビクター・チャ（Victor D. Cha）は米韓日の軍事戦略関係における日韓関係の変化を米韓同盟と日米同盟の連動に着目して詳細な分析を行い、「準同盟（quasi-alliance）」の概念を提示した。[6]もっとも、チャ自身は冷戦の終結と韓国の軍事力増強に伴う自助能力向上の結果、一九九〇年代には「準同盟」による説明力は低下したと捉えている。[7]つまり、韓国が日韓軍事協力を犠牲にして、教科書検定、慰安婦、竹島などを歴史問題と見做し、それらを梃《てこ》に反日政策をとることが目立つようになった。

とはいえ、その後、北朝鮮の軍事的脅威が高まると、一旦は二〇一二年に韓国に移管されることとなっていた米韓連合司令部の戦時作戦統制権の移管も二〇一五年末に延期され、さらに二〇二〇年中ごろまで延期されて今日に至っている。[8]他方、中国その他の地域大国が台頭し、米国の軍事力と経済力は相対的に凋落した。その結果、オバマ前大統領が「米国は世界の警察官ではない」と言明したこと、[9]トランプ現大統領が「アメリカ・ファースト」を掲げていることに如実に示されているように、[10]米国は総じて同盟国の安全を保障する意志と能力を減退させているように見える。

2　問題の所在と分析視覚――変則的な韓国の国際行動

このような状況では、韓国は必ず積極的に対日軍事協力を強化するというのが「準同盟」の論理から引き出される予測である。

しかし、現実には、「準同盟」が必要とする日韓秘密軍事情報保護協定の締結は歴史問題を巡る韓国の国内政治のために難航し、二〇一二年六月に署名直前で延期され、ようやく二〇一六年一一月に発効した(11)。また、二〇一七年九月、北朝鮮の脅威が急速に強まる中、文在寅韓国大統領はわざわざニューヨークで行われた米日韓首脳会談で「米国は韓国の同盟国だが日本は同盟国ではない」と明言し、同年一一月には、韓国大統領府関係者がその旨メディアにリークした。それと前後して、文大統領は海外メディアとのインタビューにおいて、「(北朝鮮の核・ミサイルを巡る韓米日の連携について)軍事同盟の水準にまで発展することは望ましくない」との考えを示した。また、韓国大統領府関係者は「(歴史問題による)国民感情から日本との関係は制限的な協力関係にならざるを得ない。軍事同盟にまで発展すれば国民が受け入れられない」と強調した(12)。

それどころか、韓国軍の装備の変化などを見てみると、韓国が日本を仮想敵としているのではないかとの疑いが濃厚となる。従来、韓国は北朝鮮を主敵としてきたが、二〇〇八年以降、イージス艦と駆逐艦による機動艦隊を創設するとともに、外洋型の攻撃型潜水艦を次々と整備した。また、韓国が保有するP３C対潜哨戒機一六機に搭載する対艦ミサイル「ハープーン」(射程一二四～一五〇キロメートル)で攻撃すべき水上艦は旧式ばかりの北朝鮮海軍にはない。さらに、従来、韓国は米国との取り決めで保有する弾道ミサイルの射程を三〇〇キロメートルまでと制限してきたが、二〇一二年一〇月、これを八〇〇キロメートルまでと伸ばした。これと並行して、射程一五〇〇キロメートルの陸上配備型巡航ミサイルと射程四〇〇キロメートルの駆逐艦・潜水艦搭載の巡航ミサイルを配備していることを公表した。明らかに、これらは大阪を含め西日本を完全に射程圏内に収めており、日本に対抗することを意図したものだと考えられる[13]。さらに、二〇一一七月一二月には、韓国が不法な実効支配を続ける竹島（韓国名、「独島」）を防衛するため、日本を仮想敵とする大型空母の建造計画が明らかになった[14]。

このように捉えると、現在の韓国の対日政策は一見あからさまに「準同盟」の論理に反し、むしろ積極的に日本に対するバランシング（balancing）ないし牽制行動を取っているように見える。確かに、中国の台頭や米国の相対的凋落により、国際的パワー・バランスが変容し、その結果、日本が韓国に対して軍事的脅威ないしは潜在的脅威を及ぼすことになった場合、韓国は日本に対して軍事的な対抗策を取らねばならなくなる。この場合、歴史問題は単にそのような政策を採るための口実ないし反映に過ぎない。しかし、現在の日本にはそうした意志がなく、専守防衛に徹した自衛隊の装備にそうした能力がないのは明らかである。また、予見できる近未来において、日米両国は米国主導の日米同盟を維持・強化しようとしており、日本が戦略的に自立して韓国に脅威を与えることはありそうにない。

したがって、韓国の変則的な行動は専ら反日的な国民感情を背景とする韓国の国内政治——具体的には、歴史問題を用いた反日政策を軸として変動してきたのだが——によって左右されているとの仮説になる。とはいえ、こうした感情は近年非常に強力になっているとはいえ、従来大きく変動してきた。一体この背景には、どのような因果関係が作用しているのであろうか。それを理解することができきれば、日本がどのような対韓安保政策を採ればよいのか指針を得ることができよう。

そこで、本章では韓国人の「反日」と台湾人の「親日」を比較対照することによって、この因果関係の解明を目指すこととする。[15] というのは、台湾は五〇年間（一八九五年～一九四五年）、朝鮮半島は三六年間（一九一〇年～一九四五年）、各々、大日本帝国の支配下にあった。支配の期間が長かった台湾の方が「親日」であり、短かった韓国の方が「反日」であるという点、また、初めての海外領土の経営であり試行錯誤のあった台湾が「親日」であり、その経験を生かせた韓国が「反日」である点は非常に逆説的であり、その比較分析は韓国の「反日」を巡る因果関係を解明する上で役立つと期待できる。さらに、それを把握すれば、なぜ近年の韓国の「反日」が「準同盟」を拒絶するほど強力になったのか考察できると思われる。

このアプローチは明治時代以降の近現代の両地域を主たる分析の対象としている。つまり、それ以前の歴史的背景や経緯とは完全には切り離せないにしても、それに大きく依存した因果関係の探究を意図していない。したがって、本章を展開する上で、伝統的な政治文化的要因に依拠した説明を便宜上排除している[16]（その有効性の判断は本章の範囲を超えている）。本章では、日本統治が両地域にもたらした経済的、社会的、政治的変容をその相互作用に着目して分析する。

3　日本統治における差異

(1)　開　始

①法的及び行政的位置付け

台　湾

台湾は日清戦争（一八九四年～一八九五年）の講和条約である下関条約（一八九五年）により、清国から大日本帝国へ割譲された。また、一九一〇年、大韓帝国は日韓併合条約によって大日本帝国に併合された。当時、日本は両者に対して欧米列強が行った収奪型の植民地経営を行っておらず、むしろ開発志向の統治を行ったことはよく知られている。そういう意味で、両者が純然たる植民地と言えるのか、多分に議論がある。(17)

法的な位置付けに関しては、台湾の場合、一八九五年に時限立法である「臺灣ニ施行スヘキ法令ニ關スル法律」を制定し、台湾総督に立法権を委任する一方、後には内地の法律の効力を台湾にも及ぼす方針（内地延長主義）を採った。一九〇六年には、時限立法により明治三九年法律第三一号を制定して、委任立法が法律に違背できないことを規定した。一九二一年には、恒久法として大正一〇年法律第3号を制定して、台湾の特殊事情による委任立法以外は、内地の法律の全部または一部を適用することとなった。結局、台湾に対して憲法の適用がなかったことから、台湾は本質的に植民地であったと見做すことは不可能ではないが、同一の法律がほぼ適用されることとなったことに鑑みれば、多くの面で内地並みの扱いを受けていたことになる。行政面では、割譲された新領土である台湾の主要な課題は開拓と建設であったため、台湾総督は内閣総理大臣の監督を受け、台湾総督府は日本の中央政府の拓殖務省（後の、拓務省）の管轄・監督の下に置かれた[18]。

朝　鮮

他方、（李氏）朝鮮が国際法上の独立主権国家となったのは、下関条約（一九〇五年）の結果であった。同条約第1条は「清国ハ朝鮮国ノ完全無欠ナル独立自主ノ国タルコトヲ確認ス」と規定している。つまり、日清戦争で勝利した日本が宗主国の清国から朝鮮を独立させたことは明らかである。その後、朝鮮は極東を巡る列強間の争いのなか、自主独立を全うできず、日露戦争中の第一次日韓協約（一九〇四年）と同戦争後の第二次日韓協約（一九〇五年）を経て外交面で日本の保護国となり、更に第三次日韓協約（一九〇七年）を経て内政面でも日本に制御されることとなり、結局、日韓併合となった（一九一〇年）。併合は天皇を戴く同君合邦国家だった。併合後、大韓皇帝の血族は朝鮮王公族となり、日本の皇族に準じた礼遇を、朝鮮貴族は日本の華族と同様の礼遇を、各々与えられた[19]。こうした取り扱いは欧米列強の侵略と征服を特徴とする植民地では殆ど例がない。

朝鮮の法的位置付けに関しては、台湾統治の経験に倣って実質的には内地延長主義が採られたが、法制は台湾のような展開とならず、朝鮮総督による委任立法（制令）で対処された。つまり、内地の法令を適用する場合は、制令第一号「朝鮮ニ於ケル法令ノ効力ニ關スル件」（一九一一年）と「朝鮮ニ施行スヘキ法令ニ關スル法律」（一九一一年）に基づいて朝鮮総督による命令の形式を採った。したがって、朝鮮は同君合邦国家の枠組みにおいて内地延長主義の統治を行ったという意味において欧米列強の植民地とは似ても似つかないものであったが、内地の法律を全部または一部適用する場合にも制令による形式をとっていたという意味ではやはり植民地に分類されるだろう[20]。行政面では、朝鮮総督は天皇に直隷し、陸海軍の指揮権と一切の政務の統轄権を有して、台湾総督のように内閣総理大臣の監督を受けなかった。また、拓務省は朝鮮総督に対する監督権を持たなかった[21]。この他、一九四一年に至るまで、朝鮮総督は台湾総督に比して宮中席次、給料の点で優越しており[22]、こうした差異は、日本にとって朝鮮が台湾と比して相対的に重要と位置付けられたことを反映していると考えてよかろう。

②政治的発展段階と抵抗

台　湾

割譲前の台湾は清国における辺境の地であった。清朝は一六八三年、明朝の残存勢力で台湾を拠点としていた鄭成功政権を打倒して、その統治下においた。ただ、清朝が台湾を領有したと言っても、全島にその実効支配は及ばなかった[23]。実際、宮古島島民遭難事件（一八七一年）では、遭難した漁民が台湾原住民に虐殺される事件が起こり、これに対して日本政府が厳重に抗議したところ、清国政府から「台湾人は化外の民で清政府の責任範囲でない」、つまり「清政府が実効支配していない管轄地域外での事件」と正式に回答したため、懲罰のために台湾出兵（一八七四年）を行った[24]。撤兵のために締結された「日清両国互換条款」（同年）では日本の出兵が「保民」のための「義挙」と明記し、これを是認した[25]。つまり、台湾の中でも、原住民地域（「蛮地」）は「無主の地」だったことになる。

割譲後も、台湾での日本統治への抵抗は大変強かった。下関条約締結後、清朝の官吏だった者を指導層とする台湾民主国が建国された。日本は二個師団約五万人を投入して、ようやく五ヵ月後に平定した(26)。割譲後、日本の支配が確立される一八九七年までに、反日ゲリラを含む戦死者は当時の人口の一％強の三万二〇〇〇人にも及んだ。さらに、一九〇六年から一九〇九年まで、山岳地帯の高砂族を鎮圧するために計一八回も出動し、この間、軍隊、警察、民間人の戦死者九四〇人、負傷者一二二九人に達した(27)。

要するに、日本統治が始まった段階では、台湾側の抵抗はかなり強かった。とはいえ、当時の台湾は依然として近代社会を形成しておらず、中央権力が全島的な実効支配を及ぼしていなかった。当然、そこには国民意識もナショナリズムもなく、抵抗運動は各々が属するコミュニティーに対する郷土愛に基づく郷土防衛的な性格が強かったと言えるだろう。

朝　鮮

他方、李王朝は下関条約（一八九五年）によって独立し、清朝の軛《くびき》から解放された後、大韓帝国の名の下に近代国家の法制を一部取り始めたが、依然としてその政治体制は本質的には李王朝時代の文官独裁のままであった。また、腐敗が横行し、文官の派閥抗争が絶え間なかった上に、民衆に対する悪政が継続し、内部崩壊が決定的に進行していた(28)。また、列強の介入が激しさを増す中、派閥抗争は守旧派の勝利するところとなり、国内自主改革路線は放棄されていた(29)。

確かに、大韓帝国は第二次日韓協約によって日本の保護国になった後には、同国に独立・改革を目指すナショナルな反日義兵運動と愛国啓蒙運動があったことは事実である。しかし前者は一時数万人規模の対日武装闘争集団であったと言っても、一九〇七年から一九〇八年の日本軍の兵力増強の結果、分散してゲリラ化し、一九一〇年末までに数千人程度の日本軍に一方的に鎮圧された。その原因は、地縁・血縁を超えて全国民的な団結や統制ができなかったことに有ると思われる。他方、後者は党派抗争を繰り返し、全国的に幅広い支持を獲得することができなかった。[30]

そうした中、「一進会」と呼ばれる対日同盟強化・日韓合邦運動が自民族に対する反民族主義的大衆運動として強力に展開された。この運動が目指したものは対等の合邦であり、日本による朝鮮の併合ではなかったが、既に日本の保護国となっていた大韓帝国には全く非現実的な目標であった。とはいえ、合邦運動が日韓併合を受容されやすい状況を創出したと言えるだろう。[31]

したがって、朝鮮に対する日本統治は台湾におけるそれと比して強靭な武装闘争・抵抗を受けることがなかった。もっとも、初期的な民族意識の芽生えによる武装闘争と愛国運動が流産したことから、朝鮮の民衆に大きな挫折感と怨恨を惹起せしめたことは想像に難くない。

(2) 統治下の経済社会発展

台湾

日本の統治は内地延長主義の下、開発志向の強い善政であったと言えるだろう。端的に言えば、日本は台湾に近代的なインフラを建設し、飛躍的に公衆衛生環境を改善し、殖産興業により飢餓状態から脱却させ、近代的な教育制度を導入した。[32]

こうした経済社会発展の結果、台湾総督府財政は割譲後一〇年の一九〇五年には、中央政府からの補充金を辞退したことに如実に示されるように、財政的な自立に成功し、それ以後、日本の敗戦による統治終了までその状態は続いた(33)。

台湾の統治は基本的に黒字経営であり、日本にとって大きな経済的な利益をもたらした。米作に関して、台湾総督府は品種の改良、施肥の普及、灌漑の完備、土地の改良を通じて増産を可能とした。台湾米は対日輸出分も含めて、第二の輸出品となり、一九二〇年には総輸出額の二〇％を占めるようになった(34)。また、一九〇七年には、台湾の関税収入を台湾特別会計から中央政府の一般会計に組み入れようと試みられ、一九〇九年には、中央政府と台湾総督府の間で台湾産砂糖の消費税の分配が問題となったことがあった(35)。とはいえ、日本統治が台湾の開発に投資し続けたことに鑑みれば、こうした税収の移転は中央政府による台湾の財政的搾取と呼ぶには値しないだろう。

朝鮮

朝鮮における日本統治は基本的には台湾におけるそれと同様の特徴を有するものであった。端的に言えば、日本の国費で近代的なインフラや学校を建設し、衛生環境を改善し、餓死者や病死者を激減させ、食糧生産と人口が倍増した。また、法治社会を実現し人権を守り、識字率を高めるために従来顧みられなかったハングルを広め、嘆願に基づき申告制の創氏改名を行った(36)。つまり、日本統治は朝鮮に対する七奪（主権、国王、人命、国語、姓氏、土地、資源を奪った）だったのではなく、七恩を施したと捉えるべきである(37)。

朝鮮の統治はその全三六年間の期間に亘ってほぼ継続的（一九二〇年を除く）に赤字経営であったため、日本は常に一般会計から赤字分を補充し、大きな財政的負担を負い続けた。一九一〇年の統治開始の時点で、日本からの無利子無期限の借入金額がその年の歳入の二九％弱、公債が七二％強、合わせて一年の歳入分を超えていた。同年の歳入は台湾の人口の四倍を有しながら、ほぼ同額であった。その後、統治終了まで、朝鮮総督府は日本政府からの補充金で毎年の歳出総額の内、平均一五〜二〇％を賄い、専ら基本インフラや産業振興のために投資した[38]。

つまり、朝鮮総督府財政は終ぞ自立できなかっただけでなく、「日本国民の税金で朝鮮半島の民を養い、近代国家として社会的経済的基盤を確立し、自立の道を育てた」と言えるだろう。また、こうした観点から見れば、「『搾取』されていたのは……日本人であった」と捉えることができるだろう[39]。

(3) 敗戦後

台　湾

一九四五年、日本が敗戦した結果、ポツダム宣言に基づく降伏文書に沿って、講和条約締結まで、台湾の占領・実効支配は連合国の手に委ねられることとなった（日本が正式に台湾の領有権を放棄したのはサンフランシスコ講和条約が発効した一九五二年四月二八日であった。また、同条約では台湾の最終帰属先は規定されていない）。連合国軍最高司令官は一般命令書第1号（ＳＣＡＰＩＮ－1、一九四五年九月二日）を発して、中華民国軍の蒋介石総司令官を台湾接収・占領の代行者に指定したことから、その実施は中華民国軍が担った。その後、中華民国軍が台湾の軍事占領を続ける中、講和条約締結の前に、シナ大陸において国共内戦が勃発し、結局、中国共産党軍が勝利すると、一九四九年には中華人民共和国が成立した。その結果、最終的には、中華民国の政府と軍及びその家族合わせて二〇〇万人以上[40]が大挙して大陸から台湾に敗退して今日に至っている。したがって、本来、暫定的であるはずだった軍事占領が国共内戦の結果、半ば恒久的になり既成事実化していると言えよう[41]。

日本統治の下で五〇年に亘り近代化の洗礼を受けた台湾人と多分に近代化以前の段階にあった大陸から敗退してきた多くの農民や下層出身の兵士の間に摩擦・衝突が生じることは不可避であった。後者による犯罪の多発と、それによる治安の悪化に加えて、中華民国の官吏の汚職や軍人の横暴を目のあたりにして、台湾人の不満は鬱積した[42]。良く知られるように、こうした状況をよく示す表現が「狗去猪来（犬が去って豚が来た、つまり日本人が去って中国人が来た）」である。

中華民国政府が台湾へ全面敗退する以前の段階で、台湾は失業者の急増と物資・食料の不足に直面し、ヤミ市で生計を立てる台湾人が急増した。軍政府側が台北市内のヤミ市に対して強圧的な取締りを強化すると、それに対する非武装の抗議デモが起こり、終に一九四七年二月二八日には、政府側の一方的な武力鎮圧で民衆側に多数の死傷者が出た。この事件を発端として全島規模で民衆が反軍政で蜂起する一方、台湾エリート層は軍政に対して民主と改革を要求したが、中華民国は大陸から軍隊を派遣して武力で鎮圧した。また、鎮圧後も武力掃討を続け、人士の公開処刑や秘密裡の処刑を行った[43]。

その後の国民党独裁政権は一九八七年までの四〇年間に亘って戒厳令を敷いて恐怖政治を行った。この期間は反乱事件が二九〇五件、死刑、迫害を受けた者が一四万人に達し、白色テロの時代として知られている[44]。

要するに、日本統治の下、台湾は基本的に順調な経済成長を達成しながら、急速な社会的経済的発展を実現できた一方、その後に続いた外来の中華民国・国民党独裁政権の下では、発展は停滞・退行した一方、台湾人はその恐怖政治による辛酸を舐めさせられたと言えるだろう。したがって、台湾人にとって、国民党独裁時代に比して日本統治時代は客観的に評して相対的に非常に良好な期間であったことになるであろうし、主観的に評すれば幸福で素晴らしい期間であったと美化され、郷愁を感じる対象となる十分な根拠がある。

朝　鮮

一九四五年、日本の敗戦の結果、朝鮮半島の南半分はアメリカ、北半分はソ連の占領下に置かれた。既に米ソ間の冷戦は始まっており、各々の占領地域において占領国の強い影響のもとに傀儡的な存在である大韓民国と朝鮮民主主義人民共和国（北朝鮮）が建国された。一九五〇年六月二五日には北朝鮮からの攻撃によって朝鮮戦争が始まり、一九五三年七月二七日に米国主導の国連軍を一方とし、北朝鮮軍と中国軍を他方とする休戦協定が結ばれ、現在に至っている。この間、かなり控えめな概算でも、韓国側の死者は軍人二一万七〇〇〇人、民間人一〇〇万人、北朝鮮側では軍人四〇万六〇〇〇人、民間人六〇万人にも及んだ[45]。両者の優劣は、国連軍側が半島南東部端の釜山一帯に追い詰められた後、仁川逆上陸により巻き返し、中国との国境の鴨緑江近くまで攻め上ると、中国軍が介入して三八度線まで押し返され、こうした大きな振幅の後に膠着状態に陥った。また、この間の戦災で都市の破壊と国土の荒廃が進んだ。さらに、一部の朝鮮半島南部の住民が休戦ライン以北に取り残された一方、半島北部から多数の住民が難民となり南部に避難し、多数の離散家族が生まれた。

韓国人を朝鮮戦争から救ったのも、その後、相互防衛条約を結んで安全保障面で韓国を庇護したのも、経済面で援助したのも、デモクラシーに誘導したのも米国であった。当然、戦前の支配者である日本と比較されるのは米国であり、必ずしも日本統治の時代が郷愁を抱かせる対象とはならなかった。

さらに、一九四八年から一九六二年までの一四年弱の間の韓国の国内政治が迷走した後[46]、軍事クーデターで権力を握った朴正熙等高級軍人達は軍事政権による開発独裁体制を敷いて、後に「漢江の奇跡」と称される三〇年間に及ぶ高度経済成長に繋げる基礎を築いた[47]。この独裁体制は民主化宣言（一九八七年）を経て最後の軍部出身の盧泰愚大統領（一九八八年～一九九三年）まで続いた。朴正熙、全斗煥、盧泰愚三人の軍人大統領に代表される将校団は戦前の日本陸軍士官学校や満洲国陸軍軍官学校の出身者を中核として形成された派閥集団であったため、多分に親日的であると見做された[48]。実際、朴正熙大統領は日韓基本条約（一九六五年）を締結して、日本から非常に好条件の融資を引き出して高度経済成長の原資を得た一方、竹島の領有問題に関しては、裏では日本と密約を結んだが、表では棚上げを装った[49]。また、賠償金問題は融資との交換で条約上は完全に解決したのにもかかわらず、そのことを国民には全く説明しなかった。その後の軍事政権も基本的にこの路線を踏襲した。さらに、軍事政権は多数の死傷者を出した光州事件（一九八〇年）に象徴されるように[50]、開発独裁を維持・強化するために強硬に民主化運動を抑圧した。

要するに、日本統治の下、朝鮮は急速な社会的経済的発展を実現できた一方、その後、朝鮮戦争の戦災に見舞われた。その際韓国を防衛したのも、戦後に安全保障を軸に幅広く支えたのも米国であったことから、戦前の日本統治と比較されるのは米国であった。客観的には、「漢江の奇跡」の前提となった社会的経済的インフラの多くを整備したのも日本統治であり、その原資を借款の形で供与したのも戦後の日本であったが、抑圧的な開発独裁を採った軍事政権の指導者集団の中核が旧日本軍や朝鮮総督府の関係者であったことから、日本統治の正の遺産や戦後の貢献への評価には繋がらなかった。さらに、日本統治を直接体験した世代の交代が進んで社会的記憶がなくなると、負の遺産ばかりが強調されるようになったことに不思議はない。

(4) 小括

先ず、台湾の日本統治は朝鮮のそれよりも一五年早くはじまったが、両者の差異は単に時系列上のものではない。より重要な差異は発展段階にあった。統治開始の時点で、台湾は近代社会の初期段階にも達しておらず、未だ民族意識の芽生えもなかった。そのため、一旦個別のコミュニティー・レベルでの激しい郷土防衛的な武装抵抗が終息すると、物心両面で順調な近代化が進んだ。他方、朝鮮は王朝体制が崩壊過程にある中、頻繁な列強による介入に直面して強い民族意識が急速に芽生え始めていた。しかし、国内自主改革と民族独立運動が頓挫してしまうと、反自民族主義的な日韓合邦運動が圧倒的に優勢となった結果、併合に際して台湾と比して強靭な武装抵抗はなく、その後の統治下では順調な近代化が進展した。しかし、日韓併合が結局両者間に対等性がないものとなったため、朝鮮の民衆は強い遺恨を持つこととなった。

次に、台湾の日本統治は欧米列強による植民地搾取とは全く異なる開発志向のものであったため、台湾は早期に経済・財政面で自立を果たすとともに、貿易や税収で日本に利益をもたらした。他方、朝鮮はその全統治期間を通じて財政的に自立できず、日本政府の一般会計による補充金でようやく経営が成り立っていた。つまり、朝鮮の近代化は日本国民の税金で賄われていたのであり、搾取されていたのは朝鮮民衆ではなく日本国民の方であった。

さらに、日本の敗戦後の体験における差異が台湾人と韓国人の日本統治時代に関する評価を大きく左右することとなった。台湾人は国共内戦で敗退した中華民国・国民党政権がやってきて四〇年間に亘って恐怖政治を敷いた結果、相対的に日本統治時代が肯定的に捉えられてきた。他方、韓国人が戦前の日本と比べたのは朝鮮戦争において韓国防衛を主導しその後も今日まで相互防衛条約を結んで韓国の防衛を支えた米国であった。確かに、韓国の高度経済成長は多分に日本から供与された原資や技術によって可能となったが、それは軍事政権による抑圧的な開発独裁によって実現された。しかも、その中核を担ったのは親日的と見做された指導者たちであった。こうした経緯から、韓国人の日本統治時代に対する評価は否定的なものとなった。

以上の考察結果は、台湾と韓国が同様な日本統治を体験したにも拘わらず、今日なぜ前者が「親日」であり、後者が「反日」であるのか、その一般的な原因を説明している。しかし、近年、韓国は急速に増大する北朝鮮の核兵器開発に直面し、軍事安全保障上の深刻な危機に瀕してきたのであるから、反日感情を抑えても危機対処のために積極的な対日安全保障協力政策を採るのが常道だと思われる。ところが実際には、韓国は歴史問題を梃に積極的な反日政策を展開してきた。この選択が合理的だとすれば、韓国にとって対外的な安全保障よりも重要な利益があると想定せざるを得ない（こうした危機状態にないのであれば、韓国にとって歴史問題での中国との共闘は必ずしも不合理な選択ではない）。それは対内的な安全保障、より具体的に言えば、現在の国家体制と時の政権の正統性と正当性の維持・強化ではないのかと仮定して、以下で分析してみることとする。

4　近年における変化――韓国の変則性

(1)　国家存亡の危機

①正統性の欠如

韓国は建国以来、その正統性の欠如に苦しんできた。確かに、憲法前文はその法統は一九一九年に上海に結成された大韓民国臨時政府から継承されたと規定している。つまり、一九一〇年に日本との併合によって消滅した大韓帝国の法統は継承していない。周知のように、日韓基本条約の締結交渉において、韓国が、日本を含め多くの国が有効に成立したと捉えている日韓併合条約自体が国際法上無効であったと主張したため、同基本条約（一九六五年）では、併合条約が「もはや無効である」との表現になっている。しかし、韓国が主張するように、もし併合条約がそもそも無効であったのであれば、大韓帝国は依然として存在していたはずであり、当然、少なくとも一旦は大日本帝国憲法下の朝鮮王公族の中から新皇帝を即位させ、同帝国を復活させた上で、そのまま継続するか、はたまた適正な法的手続きを取って新たな国家体制に移行せねばならなかったであろう。ところが、大韓帝国の法統を継ぐ手続きは一切講じられず、今日に至っている。

他方、大韓民国臨時政府はそれが所在した中華民国を含め何れの国家によっても国際法に則り正式に亡命政権として承認されず、当然、連合国からも枢軸国からも第二次世界大戦の参戦国として認められなかった。また、同政府の法統を受け継いだと主張する大韓民国もサンフランシスコ講和会議に参加できず、また同講和条約への署名も認められなかった[51]。実際、一九四八年八月一五日、米軍政が終了し、大韓民国樹立宣言が発せられた。米国が韓国に国家承認を与えたのは一九四九年一月一日であり[52]、国連総会が韓国に黙示的に国家承認を与えたのは一九四九年一〇月二一日であった（国連総会決議第二九三号）。日本が正式に朝鮮半島の領有権を放棄したのはサンフランシスコ講和条約（一九五二年）であり、大韓民国に国家・政府承認を与えたのは一九六五年であった（日韓基本条約）。

つまり、韓国の法統は十分明確かつ堅牢に確立されているとは言い難い状況にありながら、客観的には、韓国は北朝鮮と共に朝鮮半島全体に領有権を主張し、正統性を競っている。北朝鮮も非常に多くの国と正式の外交関係を有し（つまり、国家・政府承認を与えられており）、国連の加盟国でもある。主要国で北朝鮮と外交関係を持たないのは米国、日本、フランスぐらいである。

②脆弱な正当性

先ず、韓国の独立は抗日独立武力闘争に勝利して、自らの力で勝ち取ったものではなかった。日本が米国に主導された連合国に大敗北を喫した結果、「棚から牡丹餅」式で偶然手にしたものに過ぎない。確かに、大韓民国臨時政府は対日宣戦声明書なるものを一方的に発表したが[53]、同臨時政府が正式に外交的な承認を受けた存在でなかった上に、国際法上有効な形式や手続きを踏んだ宣戦布告ではなかった。さらに、同政府により組織された大韓民国光復軍は規模が極めて小さく、殆ど実戦に参加することはなかった[54]。つまり、大韓民国の独立は、対英武力闘争の結果、独立を勝ち取ったアイルランドや民衆による大規模な対英非暴力独立運動の結果、独立を獲得したインドとは異なり、まともな正当性がない[55]。他方、北朝鮮は、金日成が神話化され、抗日武装闘争が誇張されているとしても、中朝国境地帯の旧満洲において、小規模で散発的な対日ゲリラ戦での交戦・敗北の実績を有する。(56) こうした建国に至る軍事面での経緯を見る限り、北朝鮮の正当性の方が韓国のそれと比して高いと言える。

次に、統治機構の仕組みに関しては、軍人政権による開発独裁が終焉した後、文民政権が続き民主化に成功して、現在の国家体制の正当性は高まった。しかし、文民大統領（金泳三《キムヨンサム》、金大中《キムデジュン》、盧武鉉《ノムヒョン》、李明博《イミョンバク》、朴槿恵《パククネ》）は全て在任後期から退任後に、本人、近親者もしくは側近が収賄・汚職で逮捕され有罪判決を受け、刑罰に処された(57)（盧武鉉に至っては、本人が自殺に追い込まれた）。こうした異常な状況は、伝統的な政治文化やそれに基づいて構築された政治経済システムによってもたらされたと捉えることも可能であるが(58)、詳細な分析が必要であり、本論の分析の範囲を超えている。何れにしても、韓国は形の上では民主的な統治機構を備え、自由・秘密・普通選挙を着実に実施しているものの、その民主制は明らかに上手く機能しておらず、その正当性も著しく低下していると言えるだろう(59)。

さらに、近年、韓国内では経済的社会的閉塞感が非常に高まっており、現民主制の正当性は相当低下していると考えねばならない。根本的な原因は、グローバル化による国際分業体制が変容した結果、経済的に台頭した中国がかなり製造業の高付加価値化と生産性の向上を実現したため、韓国経済は従来のニッチを急速に失いつつある点にある(60)。確かに、二〇一七年度には、経済成長率は三・一％に達したものの、大企業が専ら効率性と利潤を追求した結果、経済構造は大企業とその傘下の中小企業との深刻な二極化が進んだ。当然、少数の大企業正規雇用者とそれ以外の大多数の非正規雇用者との間に著しい賃金格差が生じ、職の安定性や若年層の就職難を著しく悪化させた。こうした状況で、家計部門の債務は大きく膨張している。とりわけ、中高年の失業者が再就職できず、退職金をつぎ込んだ個人事業に失敗するケースが激増して、高齢者の相対的貧困率が経済開発協力機構（ＯＣＥＤ）に加盟する先進諸国の中でも突出して高くなっている[61]。

(2) 民族共同体維持の重要性

したがって、現在、韓国は北朝鮮からの深刻な軍事的脅威に晒される一方、国家体制の正統性の欠如と正当性の著しい低下に直面していることが分かる。しかも、地域国際関係の現状と国力の制約を考えれば、自国主導で主体的に軍事的、政治的、経済的にできることは余りない。できることと言えば、民族感情に基づく大衆運動やそうした国内情緒を背景にした外交政策である。もちろん、それで根本的に正統性の欠如を解消したり、正当性の低下を逆転させたりすることはできないが、その激情が収まるまでの間、一時的に政権への支持率を上げることはできる（当然、政権はこの期間をできるだけ持続させようとするであろう）。また、列強の間に大きな利害対立があれば、列強を分断して、自国の国際行動の自由の幅を広げることができる可能性はある。しかし、列強間の利害と政策の調整が終わってしまえば、行動の自由は狭まるしかなくなる。とはいえ、日本に対して歴史問題を利用して民族感情を昂《たか》ぶらせる政策は一定の効用が期待できる。

さらに、万一、亡国ないしは独立性や自律性を大きく失う状況に陥った場合でも、民族共同体が維持できれば、国家再建の可能性は残る。細部には踏み込まないが、朝鮮にはそうした歴史的経験がある。有史以来、シナ大陸に盛衰した中華帝国と朝鮮半島の王朝との関係は宗主国と属国・藩属との関係であって、次第にそれは華夷秩序による冊封体制とその下での朝貢関係に固まっていった[62]。特に、下関条約によって独立する以前には、李王朝は既に清朝に完全な隷属状態に置かれており、徹底した支配に服していた。[63] 軍事、政治、経済、文化の全ての面で中華帝国との圧倒的な力の差に直面して、朝鮮の諸王朝は古来からの独自の言語を放棄し漢語（氏名を含む）を導入した。[64] 特に、李朝は従来の尊仏崇武を廃して儒教（とりわけ、朱子学）を国学とし完全にシナ化した。一旦シナ化した後は、大陸の大中華に対して朝鮮の小中華を以て民族アイデンティティーの中核とし、[65] 当然、それは華夷秩序のさらに周辺部に位置する国々や諸民族、とりわけ、日本に対する政治的文化的優位を当為として含んでいた。

(3) 継続する日本型近代化の衝撃

既に触れたように、日韓併合前後には、李朝は政治的に崩壊過程に入っており、社会的にも混乱していた。また、経済的には近代に移行する条件が整わない状態で停滞していた。併合後、日本はインフラ、公衆衛生、農業・食糧生産、言語、教育、法治、生活様式など、全ての面で朝鮮の近代化を成し遂げた。このように、日本統治は韓国の近代社会の基礎を築いたのであり、今日に至るまで韓国の統治・法制度、経済、社会の基本的な在り方を設定した。こうした基礎の上に、第二次世界大戦後も、軍事面以外では、経済規模の大きさ、相対的な経済社会発展段階の高さ、地理的な近接などの点で、日本は依然として韓国に大きな影響力を及ぼしていることはよく知られている。[66]

問題は、累積的な日本化（より正確には、日本型の近代化）が小中華を当為とする韓国の民族アイデンティティーと真っ向から衝突することにある。つまり、韓国人にとって日本に対する優位はイデオロギー上の真実であるが、韓国が日本の劣位にあるのが客観的な事実である。前者の有効性を主張し続けるためには、客観的な事実である日本に対する劣位が、少なくとも過去の日本の非道徳的行為によってもたらされたこと、そしてその全て責任が日本に帰することを、公式に日本に認めさせる必要がある。この目的を実現するための具体的手段として、韓国が国際及び国内政治状況に応じて一連の歴史問題を反復・継続して執拗に主張する必要があることは当然の帰結であると言えよう。

(4) 台湾との対比

以上の説明は台湾のケースと対比することによってその有効性が補強される。台湾は日本統治の開始から終了後までの経緯から、台湾人の圧倒的多数が「親日」であるだけでなく、韓国のように国家体制に関して正統性の欠如、脆弱な正当性そして小中華的イデオロギーの呪縛、何れの問題も抱えていない、もしくは、抱えていても比較的軽微に留まっている。

先ず、台湾に移転した中華民国は一九一二年の建国以来、その憲法体制の下に継続的に存在しており、国家の正統性を保持している。ただし、世界の主要国を含め圧倒的多数の国家が中華人民共和国に国家承認を与えている一方、二〇一八年八月二十一日現在、中華民国を承認しているのは中小国とミニ国家（micro-state）、合わせて僅か一七ヵ国に過ぎない（もっとも、中華民国は米国、日本、西欧主要国などとは互いに非政府間の実務関係を継続している。特に、米国は台湾関係法によって国内法上、中華民国を国家として扱うこととしている）。両者はともにシナ大陸と台湾の領有を主張しており、同一領域に二つの国家と政権が並び立つ状況にある。[67] ただし、中華民国は実効支配する領域面積でも国力でも圧倒的な劣勢にある。この状況は今日まで続く国共内戦の結果であって、論理的には、中華民国が実効支配していない地域の領有権を放棄して、国家体制を変更し、多数の国家から承認を獲得すれば解消できる。しかし、中華人民共和国は、そうした変更が台湾の祖国からの分離・独立となると見做し断固許容しない方針の下、中華民国と各国に激烈な政治的圧力を加えてきた。

統治機構の仕組みに関しては、既に国民党独裁が終焉して久しく、自由・秘密・普通選挙と真正の民主制が定着し機能していることから、既に堅牢な正当性が確立されていると言えるだろう。確かに、台湾の経済的社会的状況については、韓国と同様、グローバル化の中、台頭する中国との競合で従来のニッチの保持が困難になり(68)、雇用問題や貧富の格差の問題を抱えている(69)。とはいえ、緩やかに産業構造の高度化を進め、成長していることから、統治機構の正当性が大きく損なわれているとまでは言えまい(70)。家計部門の債務では、台湾は韓国ほど酷くない(71)。したがって、総合的に見て、中華民国の統治体制の正当性は十分良好であると見做すことができる。

当然のことながら、台湾人には韓国人のような小中華のイデオロギーはない。確かに、国共内戦でシナ大陸から敗退してきた第一世代の人々（外省人）には中国人としてのアイデンティティーがあったであろうが、台湾生まれの台湾育ちの第二世代以降は徐々にそうした意識が薄れていった（さらに、両者の通婚による影響も同様であろう）。また、人口の圧倒的多数を占める日本統治時代を経験した台湾人とその子孫（本省人）では、外省人との対立と中華人民共和国の圧力に対する敵意から(72)、自己を中国人ではなく台湾人であるとするアイデンティティーが大勢を占め(73)、中華のイデオロギーを否定している。その結果、総じて台湾人が中華人民共和国の支配と影響を拒絶する一方、日本統治の開始から終了後の経緯から生ずる「親日」を基盤として、日本型近代化の延長線上で政治的、経済的、社会的発展を追求する状況となっていることから、日本に対する政策志向がますます「親日」の傾向を強く持つことは不思議ではない。

5　今後の展望

本論は、先ず、今日の韓国人の「反日」を台湾人の「親日」との対比で理解するために台湾と朝鮮に対する日本統治の開始から終了後までの歴史的経緯に関して比較分析を行った。両者の差異は同様の日本統治にも拘わらず、初期条件や統治終了後の経験の相違によってもたらされたことを示した。つまり、統治開始前後での発展段階（民族意識・ナショナリズムを含む）と、統治時代と統治終了後の経験の差とその相対評価が決定的に重要であると分かった。

とはいえ、言うまでもなく、こうした韓国人の「反日」感情がそのまま直接的に韓国政府の対日政策を左右するとの短絡的な説明は成立しない。というのは、近年、韓国はますます深刻になる北朝鮮の軍事的脅威に晒されているのであるから、国家安全保障を確保するために、当然、米国主導の米日韓三国関係の文脈において積極的な日韓協力を推進するのが道理である。ところが現実には、韓国は概して日韓協力に消極的であり、しばしば歴史問題を持ち出して反日政策を展開してきた。したがって、韓国が合理的な行為主体であると想定すると、韓国にとって対外的な安全保障よりも重要な利益があることとなる。

一体、こうした逸脱ケースを解明する重要な介入変数は何であろうか。本論では外因ではなく内因に問題がある、つまり、韓国の国家体制、とりわけその正統性や正当性の状態に左右されているのではないかと仮定して、さらに分析を進めた。その結果、正統性の根拠が欠如していることが明らかになった。さらに、民主制が上手く機能していない上に、国民の経済社会生活が急速に悪化した結果、正当性の危機に陥っていることが分かった。つまり、韓国は内憂外患で国家存亡の危機に瀕していると言えよう。

ところが、列強を焦点とした朝鮮半島を巡る国際関係と韓国の国力による制約の下、韓国が主体的に安全保障政策を主導する余地は殆ど存在しない。唯一、そうした制約の下で可能であるのが歴史問題を用いた対日政策であり、それは以下の二つの重要な意味で韓国にとっては非常に合理的な政策選択であることが分かった。まず、時の政権にとって「反日」カードは一時的とはいえ、基本的に脆弱な正当性に苦しむ政権への支持率を浮揚するために極めて有効な手段である（ただし、その効果は一時的であるため、タイミングや扇動方法を誤ると、正当性が低いだけに、時の政権打倒の動きとなって跳ね返ってくる）。さらに、華夷秩序における朝鮮の歴史的な経験からすると、亡国や隷属を強いられても滅亡しなかったのは、小中華のイデオロギーによって強い民族意識を保持できたからであった。つまり、今日の韓国と韓国人にとって確固とした民族意識を保持することが安全保障上の最後の砦であり、最重要の守るべき利益であると言っても過言ではない。にもかかわらず、今日の韓国（人）は好むと好まざるとを問わず、日本型近代化が形成した所産であり、軍事面を除けば、現在でも猶、政治、経済、社会、文化の全ての面に亘って強力な日本の影響力に晒されており、実際、日本化が進んでいる。したがって、韓国にとって日本は民族意識の保持を阻害する脅威であり、文化的な意味で仮想敵であると言うことができる。

以上の考察を踏まえると、今後も日本統治を巡る経緯から韓国人の「反日」と韓国の正統性の欠如は定数であり続ける一方、韓国政府の歴史問題を用いた「反日」政策は韓国に厳しい内憂外患の状態が続く限り、基本的にはなくならないと予測できる。したがって、現状では、日本は韓国と政府間レベルで安定的で積極的な友好協力関係を望むべくもなく、期待値を下げて戦略的利益を共有する隣国同士として善隣関係を追求すべきであろう（逆に、ここでは紙幅の制約があり詳細には述べないが、同様の理由で、台湾は安全保障政策を含めて、日本との積極的な友好協力関係を希求することとなるであろう。もっとも、こちらの方は両者間に正式な外交関係が存在しないため容易には実現できない[74]）。この状況は、北朝鮮の脅威がなくなった場合（或いは、大幅に減じた場合）、韓国国家の正当性が大きく改善された場合に変容すると思われるが、そうした分析は今後の課題としたい。

（注）

（1）本章は、二〇一七年一一月一五日、国立政治大学國際事務學院日本研究碩士學位學程で行った同一のタイトルの講演に基づいて執筆された。

（2）正式名称は「朝鮮における軍事休戦に関する一方国際連合軍司令部総司令官と他方朝鮮人民軍最高司令官および中国人民志願軍司令員との間の協定（Agreement between the Commander-in-Chief, United Nations Command, on the one hand, and the Supreme Commander of the Korean People's Army and the Commander of the Chinese People's volunteers, on the other hand, concerning a military armistice in Korea)」であり、大韓民国軍は当事者ではない。

（3）正確には、一九五〇年、作戦指揮権は米軍主導の国連軍に委譲された。その後、一九七八年には、作戦統制権が米韓連合司令部に委譲された。さらに、一九九四年には平時の作戦統制権が韓国軍に移管された。もっとも、戦時の作戦統制権は依然として米軍が握っている。「戦時作戦統制権移管の米韓合意」

『知恵蔵』、https://kotobank.jp/word/戦時作戦統制権移管の米韓合意-180719、二〇一八年五月二日アクセス。

（4）一九五四年に発効した「日本国における国際連合の地位に関する協定」は依然として有効であり、主要な在日米軍基地は在朝鮮国連軍の後方基地として指定されている。

（5）これらは、Team Spirit（一九七六年～一九九三年）、Reception, Staging, Onward movement, and Integration (RSOI)/Foal Eagle（一九九七年～二〇〇八年）、Key Resolve/Foal Eagle（二〇〇八年以降）として知られる。

（6）Victor D. Cha, *Alignment Despite Antagonism: The US-Korea-Japan Security Relations*, Stanford University Press, 1999. なお、本書著者は次の様に「準同盟」を理解している。

「準同盟とは同盟を結んでいない二国が共通の第三国と同盟を結んでいる場合に、三国間同盟が存在しないにも拘らず、ある一定の条件の下で、三国間同盟に準じた状態になることである。……特に二国間同盟において一方が他方より高い水準で軍事的に依存する場合……中小国は強国に「見棄てられる恐怖」に敏感になることは言を俟たない。中小国は自国に対する軍事的脅威が高まった場合、強国の防衛義務を果たす能力や意志が減退した場合、もしくはその両要因が重なった場合には、自国の防衛力を強化するまたはより多くの軍事上の負担を引き受けるなどして、強国が自国に対する防衛義務を果たすように求める。したがって、準同盟が強国と二つの中小国による三国からなり、強国と各々の中小国には同盟があり、中小国間には同盟関係がない場合、次の特有の力が作用することになる。強国が同盟国の安全をよく保障できる状況では二つの中小国間関係の軍事協力は実質的に拡大も深化もしない。逆に、強国が二つの中小国の安全を一応保障できるものの、中小国が強国の軍事能力や防衛義務履行の意志が十分でないと懸念する状況では、強国の能力低下を補完し、意志を下支えするために中小国間の二国関係での軍事協力は拡大・深化する」。

拙著『衰退する米国覇権システム』芦書房、二〇一八年、一三七頁〜一三八頁。
（7）Cha, *op.cit*, pp. 230–232.
（8）"OPCON Transfer", *Globalsecurity.com*, https://www.globalsecurity.org/military/agency/dod/usfk-opcon.htm, accessed on May 2, 2018.
（9）"Remarks by the President in Address to the Nation on Syria", September 10, 2013, https://obamawhitehouse.archives.gov/the-press-office/2013/09/10/remarks-president-address-nation-syria, accessed on May 2, 2018.
（10）"President Donald J. Trump's Foreign Policy Puts America First", January 30, 2018, https://www.whitehouse.gov/briefings-statements/president-donald-j-trumps-foreign-policy-puts-america-first/, accessed on May 2, 2018.
（11）「日韓秘密情報保護協定署名延期の真相」『産経新聞』（電子版）二〇一二年七月一〇日、https://web.archive.org/web/20120710174617/http://sankei.jp.msn.com/politics/news/120710/plc12071008060009-n1.htm、二〇一八年五月二日アクセス。
（12）「文大統領『日本は同盟でない』　九月の韓米日首脳会談で」『聯合ニュース』（日本語電子版）二〇一七年一一月五日、http://japanese.yonhapnews.co.kr/Politics2/2017/11/05/0900000000AJP20171105000882.HTML、二〇一八年五月二日アクセス。実際、これまで日韓両国の二国間防衛政策協力には見るべきものはなく、海上自衛隊と韓国海軍の間での潜水艦救難訓練や捜索・救難共同訓練、自衛隊の各種高級幹部学校等による韓国軍人の受け入れ等、限定的である。伊藤俊幸「（正論）自衛隊と韓国軍の『絆』は強い」『産経新聞』二〇一八年三月二七日。
（13）「仮想敵は日本　韓国軍が狂わせる日米韓の歯車」『月刊ＷＥＤＧＥ』二〇一三年七月号、https://ironna.jp/article/3、二〇一八年五月二日アクセス。

（14）高橋一也「日本を『仮想敵国』とする韓国海軍の空母導入計画」『WEDGE Infinity』（電子版）二〇一七年一二月二七日、http://wedge.ismedia.jp/articles/-/11539、二〇一八年五月二日アクセス。

（15）例えば、黄文雄『韓国人の「反日」台湾人の「親日」――朝鮮総督府と台湾総督府』光文社カッパブックス、一九九九年。崔碩栄『（韓国人が書いた）韓国が「反日国家」である本当の理由』彩図社、二〇一三年。

（16）例えば、黄文雄『恨韓論』宝島社、二〇一五年。石平『韓民族こそ歴史の加害者である』飛鳥新社、二〇一六年。松木國俊『こうして捏造された韓国「千年の恨み」』ワック、二〇一四年。宮脇淳子『韓流時代劇と朝鮮史の真実 朝鮮半島をめぐる歴史歪曲の舞台裏』扶桑社、二〇一三年。

（17）アレン・アイルランド（著）、桜の花出版編集部（訳）『The New Korea 朝鮮が劇的に豊かになった時代』桜の花出版、二〇一三年（本書は、Alleyne Ireland, *The New Korea*, New York: E.P. Dutton & Company, 1926の英語対訳付き再版）。ジョージ・アキタ、ブラントン・パーマー（著）、塩谷紘（訳）『日本の朝鮮支配を検証する　１９１０－１９４５』草思社、二〇一三年。金完燮（著）、荒木和博（翻訳）、荒木信子（翻訳）『親日派のための弁明』草思社、二〇〇二年。木村光彦『日本統治下の朝鮮――統計と実証研究は何を語るか』中央公論社、二〇一八年。黄文雄『韓国を日本人がつくった』ワック、二〇〇五年。黄文雄『台湾は日本の植民地ではなかった』ワック、二〇〇五年。

（18）黄文雄『韓国人の「反日」台湾人の「親日」』前掲書、二五頁〜二八頁。黄文雄『台湾は日本の植民地ではなかった』前掲書、五五頁〜九三頁。水野直樹「戦時期の植民地支配と『内外地行政一元化』」『人文學報』第79巻、一九九七年、七九頁。詳しくは、春山明哲『近代日本と台湾――霧社事件・植民地統治政策の研究』藤原書店、二〇〇八年。

（19）新城道彦『朝鮮王公族――帝国日本の準皇族』中央公論新書、二〇一五年。

（20）水野、前掲書、八〇頁。「所謂内地延長主義　我が日本の植民政策に就て」『満州日日新聞』一九二二年三月二四日、神戸大学経済経営研究所 新聞記事文庫 移民及び植民（12-039）、http://www.lib.kobe-u.ac.jp/das/jsp/ja/ContentViewM.jsp?METAID=10024314&TYPE=IMAGE_FILE&POS=1、二〇一九年二月五日アクセス。

(21)「朝鮮總督府官制」では、朝鮮総督は「諸般の政務を統轄する」となっている。水野、前掲書、八〇頁。

(22) 黄文雄『韓国人の「反日」台湾人の「親日」』前掲書、五三頁。

(23)「清国は台湾西部の一部（前台湾島の三分の一）しか実質支配しておらず、また当時の列強もそのような認識であった」との有力な見方がある。黄文雄『台湾は日本の植民地ではなかった』前掲書、三九頁。

(24) 同書、三六頁～三七頁。

(25)「中日北京專條」https://zh.wikisource.org/wiki/中日北京專條、二〇一八年五月五日アクセス。

(26) 黄昭堂「台湾民主国建立の背景」『アジア研究』第13巻1号、一九六六年、六六頁。「台湾民主国」『世界史の窓』、https://www.y-history.net/appendix/wh1303-148_1.html、二〇一八年五月五日アクセス。黄文雄『韓国人の「反日」台湾人の「親日」』前掲書、五八頁～六一頁。

(27) 黄文雄『韓国人の「反日」台湾人の「親日」』前掲書、六七頁～六九頁。詳しくは、向山寛夫『日本統治下における台湾民族運動史』中央経済研究所、一九八七年

(28) 黄文雄『韓国を日本人がつくった』前掲、九六頁～一〇〇頁。呉善花『韓国併合への道』一一頁～三一頁。詳しくは、イザベラ・バード（著）、時岡敬子（訳）『朝鮮紀行　英国婦人の見た李朝末期』講談社、一九九八年。

(29) 呉善花、前掲書、一四四頁～一六七頁。バード、前掲書、第22章。金完燮、前掲書、一九七頁～二〇四頁。

(30) 呉善花、前掲書、一八四頁～一九〇頁。この中で、朝鮮駐剳軍司令部編『朝鮮暴徒討伐誌』の統計が引用されている。

（31）呉善花、前掲書、一九〇頁～一九一頁。金完燮、前掲書、二〇五頁～二一七頁。グレゴリー・ヘンダーソン（著）、鈴木沙雄・大塚喬重（訳）『朝鮮の政治社会――朝鮮現代史を比較政治学的に初解明』サイマル出版会、一九九七年。

（32）黄文雄『台湾は日本の植民地ではなかった』前掲書。松田吉郎『日本統治時代台湾の経済と社会』晃洋書房、二〇一二年。

（33）黄文雄『韓国人の「反日」台湾人の「親日」』前掲書、六九頁～七〇頁。ここでは、黄昭堂『台湾総督府』教育社、一九八一年、を参照している。より詳しい統計については、「財政二十箇年計画」『ウィキペディア』https://ja.wikipedia.org/wiki/財政二十箇年計画、二〇一九年二月五日アクセス。

（34）黄文雄『台湾は日本の植民地ではなかった』前掲書、二二七頁～二二八頁。

（35）黄文雄『韓国人の「反日」台湾人の「親日」』前掲書、一三三頁。

（36）アイルランド、前掲書。アキタ『日本の朝鮮支配を検証する　1910－1945』前掲書。黄文雄『韓国を日本人がつくった』前掲。同『歪められた朝鮮総督――誰が「近代化」を教えたか』光文社カッパブックス、一九九八年。なお、制度上、台湾における改姓名は許可制であったことから、朝鮮人は台湾人よりも優遇されていたと言える。昭和一四年制令第19号（朝鮮民事令中改正の件）によれば、「朝鮮人戸主は本令施行後六ヶ月以内に新に氏を定めてこれを府又は邑面長に届け出づることを要す　前項の規定による届出をなさざるときは本令施行の際における戸主の姓を以って氏とす」。昭和一四年制令第20号（朝鮮人の氏名に関する件）によれば、「第一条　自己の姓以外は氏として之を用ふることを得ず　但し一家創立の場合に於いては此の限りにあらず」、「第二条　氏名は之を変更する事を得ず　但し正当の事由ある場合に於いて朝鮮総督の定むる所に依り許可を受けたる時は此の限りにあらず」。他方、台湾のケースでは、「本島人が改姓名するにはどうすればいいか」『部報』台湾総督府臨時情報部、第114号、一九四一年一月一五日、二二一頁～二二八頁、国立公文書館アジア歴史資料センター（レファレンスコードA06032510800）。
（37）黄文雄『韓国を日本人がつくった』前掲書、四頁〜五頁。
（38）黄文雄『韓国人の「反日」台湾人の「親日」』前掲書、七一頁。一九一一年〜一九二六年の詳細に関しては、アイルランド、前掲書、第8章。「【海峡を越えて『朝のくに』ものがたり】（9）日本がつぎ込んだ巨額資金『痛い目』を何度見れば…」『産経新聞』二〇一八年三月一一日、https://www.sankei.com/column/news/180311/clm1803110005-n1.html、二〇一九年二月五日アクセス。
（39）黄文雄『韓国人の「反日」台湾人の「親日」』前掲書、七一頁。
（40）周初（著）、淵邊朋広（日本語版監修）「台湾における市民社会の形成と民主化」二〇〇六年一月一日、第一部第一章1、http://netizen.html.xdomain.jp/data1.htm、二〇一八年五月八日アクセス。
（41）こうした状況は、ある意味で亡命政権による軍事占領の継続と言うこともできよう。
（42）阿義麟『台湾現代史——二・二八事件をめぐる歴史の再記憶』平凡社、二〇一四年、八二頁。
（43）同書、第3章。
（44）黄文雄『韓国人の「反日」台湾人の「親日」』前掲書、一〇七頁。
（45）“Korean War Fast Facts”, CNN, https://edition.cnn.com/2013/06/28/world/asia/korean-war-fast-facts/index.html、二〇一八年五月八日アクセス。
（46）田中誠一『韓国官僚制の研究——政治発展との関連において』大阪経済法科大学出版部、一九九七年、五一頁〜一〇七頁。
（47）同書、一三一頁〜一六七頁。
（48）同書、一二〇頁〜一二一頁。ロー・ダニエル『竹島密約』草思社、二〇〇八年、六六頁。
（49）同書。
（50）5・18記念財団、http://eng.518.org/?ckattempt=1、二〇一八年五月八日アクセス。

（51）Comments on Korean Note Regarding U.S. Treaty Draft May 9, 1951, WIKISOURE, https://en.wikisource.org/wiki/Comments_on_Korean_Note_Regarding_U.S._Treaty_Draft_May_9,_1951、二〇一八年五月一〇日アクセス。

（52）"A Guide to the United States' History of Recognition, Diplomatic, and Consular Relations, by Country, since 1776: The Republic of Korea (South Korea)," https://history.state.gov/countries/korea-south、二〇一八年五月一〇日アクセス。

（53）https://ja.wikisource.org/wiki/大韓民国臨時政府対日宣戦声明書、二〇一八年五月一〇日アクセス。

（54）「抗战时期的韩国光复军」、中国黄埔军校网、http://www.hoplite.cn/templates/gfjwsg0002.html、二〇一八年五月一〇日アクセス。裴京汉「证言篇：在华韩人的抗战」『时事报告』二〇一四年一二月一六日、http://cpc.people.com.cn/n/2014/1216/c365109-26218366.html、二〇一八年五月一〇日アクセス。

（55）古田博司『東アジアの「反日」トライアングル』文藝春秋、二〇〇五年、第4章。

（56）李命英『金日成は四人いた——北朝鮮のウソは、すべてここから始まっている！』成甲書房、二〇〇〇年。佐藤守『金正日は日本人だった』講談社、二〇〇九年、第1・2章。

（57）ここでは、大統領代行は含めていない。最近、朴槿恵前大統領が弾劾され、その後、権力乱用、収賄、国家機密で有罪判決を受け、懲役刑を科されたことは記憶に新しい。その他の文民大統領については、次の通り。

「大統領第14代の金泳三氏は、次男が利権介入による斡旋収賄と脱税で逮捕。自身は、通貨危機によって国際通貨基金（ＩＭＦ）に援助を要請したことが国民に恥辱を与えたとして不興を買い、空港でペンキを顔にかけられる事件があった。国内での評価は今でも悪い。第15代の金大中氏は、三人の息子全員が賄賂で逮捕されている。第16代の盧武鉉氏は、税務職員だった兄が収賄で逮捕され、自身も在任中の収賄疑惑により退任後に捜査を受け、その後自殺。逮捕が迫っていたことを苦にした自殺ともいわれている。第17代の李明博氏は、実兄が収賄で懲役刑になったほか、親族では甥、姪の夫、妻の姉の夫、妻の姉の夫の弟などが賄賂などを受けて有罪判決を受けた。ほかにも、数十人規模の側近が収賄の疑いで捜査を受け、その多くが逮捕された。大統領府政務首席、大統領府広報首席、「李明博大統領ファンクラブ」会長も収賄で懲役刑を受けている。

林秀英「異常国家・韓国、歴代ほぼ全大統領が暗殺・自殺・逮捕・汚職の悲惨な人生」『Business Journal』二〇一六年八月二六日、http://biz-journal.jp/2016/08/post_16465.html、二〇一八年五月一〇日アクセス。

(58) 田中誠一、前掲書、七頁～五〇頁、一六九頁～一八四頁。

(59) Masahiro Matsumura, "Are We Witnessing the Collapse of South Korea's Democracy?", *Japan Forward*, May 9, 2017, https://japan-forward.com/are-we-witnessing-the-collapse-of-south-koreas-democracy/, accessed on May 0, 2018.

(60) 深川由紀子「韓国の経済閉塞感と『統一』の変化」『国際問題』№670、二〇一八年四月号、四五頁～四七頁。

(61) 同論文、四一頁～四五頁。同様の分析は多くの研究でも示されている。例えば、辺真一・勝又壽良・松崎隆司（著）、別冊宝島編集部（編）『韓国経済 大崩壊の全内幕』宝島社、二〇一七年。辺真一・勝又壽良・松崎隆司（著）、別冊宝島編集部（編）『韓国経済 断末魔の全内幕』宝島社、二〇一八年。

(62) 檀上寛『永楽帝――華夷秩序の完成』講談社、二〇一二年。

(63) 黄文雄『歪められた朝鮮総督府』前掲書、四一頁～四五頁。黄文雄『韓国は日本人が作った』前掲書、三二頁～四八頁。

(64) 同書、一七〇頁～一八二頁

(65) 同書、六六頁～六九頁。

（66）「日本、経済的地位が下落しても『ソフトパワー』は拡大…韓国も注目すべき」『中央日報』（日本語電子版）、二〇一七年三月二七日、http://japanese.joins.com/article/331/227331.html、二〇一八年五月一〇日アクセス。小井川広志「韓国対外援助の変遷：レシピエントからドナーへ」『韓国と北朝鮮の経済と政治』関西大学経済・政治研究所、二〇一六年、四五頁〜六七頁。李恵美「サムスングループの形成と成長における日本からの影響『国際日本研究』第8号、二〇一六年。

（67）正確を期せば、中華民国は清朝の版図を引き継いだため、その主張する領土は、外蒙古（現在のモンゴル国、ロシア連邦トゥヴァ共和国）、パミール高原、インド・アルナーチャル・プラデーシュ州、ミャンマー北部地域等を含み、中華人民共和国のそれよりも広い。また、中華民国の実効支配地域には、福建省の一部である島嶼部（金門県と連江県）が含まれている。

（68）「台湾の基本情報」国際労働財団、http://www.jilaf.or.jp/country/asia_information/AsiaInfos/view/198二〇一八年五月一〇日。

（69）林宗弘「臺灣階級不平等擴大的原因與後果」『臺灣經濟預測與政策』中央研究院經濟研究所、第45巻2号、二〇一五年、http://www.econ.sinica.edu.tw/UpFiles/2013090214141704234/Periodicals_Pdf2013090215154369017/EC452-4.pdf、二〇一八年五月一〇日アクセス。

（70）「台湾」『世界貿易投資報告』日本貿易振興機構、二〇一七年、https://www.jetro.go.jp/ext_images/world/gtir/2017/03.pdf、二〇一八年五月一〇日。伊藤信悟「台湾経済の現状と展望──発足1周年を迎えた蔡英文政権の課題」みずほ総合研究所、二〇一七年六月、https://www.mizuhobank.com/taiwan/jp/fin_info/seminar/index.html、二〇一八年五月一〇日。「台湾の世帯年収、最富裕層は最貧困層の100倍　格差やや縮小」『フォーカス台湾』二〇一七年七月三日、http://japan.cna.com.tw/news/asoc/201707030008.aspx、二〇一八年五月一〇日アクセス。

（71）「韓国　家計負債（対GDP比）」CICEデータ社、https://www.ceicdata.com/ja/indicator/korea/

household-debt-of-nominal-gdp、二〇一八年五月一〇日アクセス。「台湾 家計負債（対GDP比）」CICEデータ社、https://www.ceicdata.com/ja/indicator/taiwan/household-debt-of-nominal-gdp、二〇一八年五月一〇日アクセス。

（72）黄文雄『韓国人の「反日」台湾人の「親日」』前掲書、第6章。

（73）「台湾人のアイデンティティー、「私は中国人」が微増　世論調査」『産経新聞』（電子版）二〇一七年四月一七日、http://www.sankei.com/world/news/170421/wor1704210045-n1.html、二〇一八年五月一〇日アクセス。

（74）具体的な実現方法の在り方については、次の拙著を参照せよ。Masahiro Matsumura, *Exploring Unofficial Japan-Taiwan Security Policy Coordination After The New Guidelines For Japan-U.S. Defense Cooperation*, Monograph 31, Osaka: St. Andrew's University Research Institute, 2017.

第12章　慰安婦問題に関する日韓最終合意と米オバマ政権による圧力
――二本のシンクタンク政策論文から考える

二〇一五年一二月二八日、日韓両政府は旧日本軍の従軍慰安婦問題（以下、「慰安婦」問題）に関して「最終的かつ不可逆的」に解決する（英文では、resolved finally and irreversibly）合意（以下、日韓最終合意）に達した。(1) この合意がある意味画期的であったのは、それまで約四年に亘って行き詰っていた日韓関係をある程度解きほぐし、ようやく安全保障政策における日韓連携・協力を進める糸口を見出すことに繋げたからであった。

この劇的な展開は米国のバラク・オバマ政権の強力な圧力によってもたらされた。本章では、何故そう考えられるのかを理解するため、先ず、「慰安婦」問題が日韓両国の深刻な政治問題となった経緯とオバマ政権の動きを簡単に掴《つか》む。次に、この背後にあった米国の戦略的利害と同政権の政治的利害を考察する。さらに、同政権による公式の政策文書がないことから、「慰安婦」問題を焦点とした同政権の日韓両国に対する政策に影響を与えたと思われる、主要シンクタンクによる政策論文二本を分析することにより、同政権の政策意図を考察する。最後に、以上を踏まえて、近未来の日韓関係と米日韓安全保障協力を展望する。

1 慰安婦問題の経緯

「慰安婦」問題が紛糾した発端は、二〇〇九年九月、わが国において政権交代を実現した民主党政権が不用意にアジア諸国との関係改善を目指したことにある。一一ヵ月弱（一九九三年八月九日～一九九四年六月三〇日）を除いて、一九五五年からの続いた自由民主党による長期政権は、戦前の朝鮮半島の日本支配の歴史と現実の北東アジア国際政治が複雑に交錯するなか、断続的に日韓関係において摩擦と緊張に直面してきた。とりわけ、政権交代前には、小泉純一郎首相（二〇〇一年四月二六日～二〇〇六年九月二六日）は歴史問題を梃に外交圧力を掛けてきた中華人民共和国と韓国に対して、靖国神社への参拝（二〇〇一年八月一三日）を梃に対抗し、その後もその立場を堅持したことから、日韓の外交関係は緊張状態に陥った。[2] さらに、後継の（第一次）安倍晋三、福田康夫、麻生太郎政権でも、三首相は靖国参拝を控えたものの、日韓関係に抜本的な改善は見られなかった。

李明博韓国大統領が日韓関係の改善に意欲を見せるなか、[3] わが国での政権交代直前、鳩山由紀夫民主党代表（民主党政権一人目の首相）はアジア共同体構想を唱え、[4] 韓国側の歴史解釈に歩み寄る姿勢を採った。[5] 鳩山政権が一一ヵ月弱の短命に終わると、後継の菅直人首相は、日韓併合一〇〇周年にあたる二〇一〇年を機に植民地支配に対する謝罪を発表することによって、韓国との関係改善に向けて前進させた。[6]

ところが、二〇一一年八月三〇日、韓国憲法裁判所が、韓国政府によって「慰安婦」らの賠償請求問題解決にために具体的な外交努力がなされていない状態は違憲であると判決した。[7] その結果、韓国政府は日韓請求権協定に基づく協議を申入れ、[8]その後外交当局間で集中的に局長級の協議がもたれた。[9]しかし、本書第11章で分析したように、両国の間には日韓併合時代に関して極めて厳しい歴史認識の差がある一方、日本政府は既に上記協定第2条により、国際法上、両国間の請求権問題は「完全かつ最終的」に解決されているとの立場を堅持していた。また、一九九三年には、河野洋平官房長官談話によって韓国人元「慰安婦」に対して「心からのお詫びと反省の気持ちを表明」した上で、[10]財団法人「女性のためのアジア平和国民基金」を介して償い事業に資金を拠出し、すでに同事業は完了していた。[11]したがって、人道的な見地からであっても、日本政府が韓国からの求めに応じて追加的な措置を取る見込みは容易にはつかなかった。

はたして、在ソウル日本大使館前に慰安婦像を含む碑が設置された直後の二〇一一年一二月に京都で開かれた日韓首脳会談では、野田佳彦首相と李明博大統領は実質的に「慰安婦問題」の協議で決裂した。[12]もっとも、野田政権は協議を続け、水面下で韓国政府に対して解決案提示に至ったが、衆議院解散による政権交代があり、日韓合意は成立しなかった。[13]その後、日韓両国で「慰安婦」問題が政治化し、国内世論が硬化するなか、[14]安倍晋三政権（二〇一二年一二月二六日発足）も朴槿恵政権（二〇一三年二月二五日発足）も容易に解決の糸口を見いだせずにいた。

こうした中、衆目の一致するところ、日韓最終合意が成立した背景には、オバマ政権による絶え間のない圧力があった。[15]公式レベルで確認できるだけでも、日韓首脳会談が開催されない中、二〇一四年三月には、オバマ大統領はハーグでの北朝鮮を焦点とした核安全保障首脳会議の延長として米日韓三国間首脳会議を主催した。[16]引き続いて、同月、安倍首相は米議会でのスピーチにおいて韓国との安保協力を進めると言明した。もちろん、このためには「慰安婦」問題で行き詰った日韓関係を打開せねばならなかった。実際、訪米の直前、米ワシントン・ポスト紙とのインタビューで、河野談話を含め従来の日本政府の立場を踏襲し、歴史問題に真摯に向き合う旨、明言した[17]。

2 米国の戦略的利害とオバマ政権の政治的利害

軍事戦略面においては、オバマ政権は北朝鮮の脅威と台頭する中国の潜在的脅威への対応を迫られる中、「慰安婦」問題が日韓安全保障協力を阻害している状況は容易には許容できなかった。とはいえ、米国は日本とは安全保障条約、韓国とは相互安全保障条約を締結していることから、二つの同盟国の内、明確に一方の肩を持って、他方を非難する訳にはいかなかった。アジア太平洋地域には、北大西洋条約機構（ＮＡＴＯ）のような多国間安保条約体制は存在せず、ハブ・アンド・スポークス（hub-and-spokes）として知られる米国を中心とした二国間相互安全保障条約等のネットワークがあるだけである[18]。もちろん、韓国に駐留する米軍は主として北朝鮮の脅威を念頭に置いたものであり、在日米軍がグローバルな役割を担っていることに鑑みれば、日本の戦略的重要性の方が遥かに高い。とはいえ、地理的条件を考えると、日本を防衛するためには、その脇腹に突き刺さす匕首のように位置する朝鮮半島の南半分（つまり、韓国）の防衛が必要である一方、韓国の防衛には前方展開・兵站基地として在日米軍基地・部隊が不可欠である。つまり、米国の安全保障政策の視点からは、日韓は一体不可分の関係にある。

さらに厄介なことに、国内政治面でも、オバマ政権は米国自身の価値観・歴史観を優先し（その結果、戦略思考を犠牲にして)、「慰安婦」問題において日本を積極的に支持することはしなかった。米国内輿論は原則的に女性の権利を重視しており、二〇一四年四月二五日、ワシントンDCでの米韓首脳会談後の記者会見において、オバマ大統領は慰安婦の存在が「実に酷い人権侵害(a terrible, egregious violation of human rights)」であると明言し、日本を批判した[19]。この背景には、韓国側の米輿論に対する工作があったことは明らかであった。そもそも、本書第11章で分析したように、韓国は日本統治時代に関する国民の反日感情を背景に、「慰安婦」問題等の歴史問題を梃に、反日政策を展開してきた。もっとも、この反日政策は国際及び国内政治の状況に応じて変動してきたが、近年ますます強くなっていた。さらに、韓国、米国その他の国々で反日的な民間団体が次々と「慰安婦像」を立てる一方、韓国政府は国連その他で強力な外交攻勢を展開した[20]。

つまり、オバマ政権は、史料に基づく冷静で公正な姿勢を採ることはなかった。そもそも、二〇〇七年四月、米国政府自身による網羅的で体系的な公開公文書の調査結果は、「慰安婦」が「性奴隷(sex slavery)」ではなく、「慰安婦」制度が軍によって「強要された売春」(forced prostitution)」でもなかったとの結論を出していた。米国政府は関係機関の合同作業部会を組織して後、七年間に亘り、三〇〇〇億ドルの経費を費やし、ナチス政権下のドイツと大日本帝国に関する八五〇〇万頁以上の公文書を調査したが、結局、「性奴隷」と「慰安婦の強制売春」に関して何ら証拠を見つけることができなかった[21]。さらに、そうした証拠を発見できなかったことに関して、同作業部会は中国系米国人の反日ロビー団体である世界抗日戦争史実維護連合会(Global Alliance for Preserving the History of WW II in Asia)に対して謝罪した[22]。

米国の国家と既成体制勢力が正しいと看做す歴史観では、第二次世界大戦は邪悪なナチス政権の下にあったドイツに対して圧倒的の勝利を収めた正義の戦である。[23] 日独伊三国同盟を結び、宣戦布告をせず（正確には、その通告が間に合わず）真珠湾を攻撃した日本を邪悪なドイツと同列に扱わなければ、多数の非戦闘員を違法に虐殺した広島と長崎への原爆投下そして大量の焼夷弾を無差別に投下した東京など大都市への大空襲を正当化できない。「慰安婦」が通常の売春婦であっとなれば、日本の邪悪さは減じられることとなる。

さらに、第二次世界大戦後、米国は冷戦には勝利したものの、その文脈での限定的・地域的「熱戦」であった朝鮮戦争とベトナム戦争では、多大の軍事費と死傷者を出したにも拘わらず明確な勝利を収めることはできなかった。また、イラク戦争やアフガン紛争では同様の結果になり、湾岸戦争での勝利を全く色褪せさせてしまった。大局的に観れば、米国は冷戦後の中東への武力介入で失敗したと言える。したがって、米国にとっての正義の大勝利は第二次世界大戦のみであり、国際政治と国内政治の両面における米国の正当性の主柱となっていることから、米国は容易には「慰安婦」問題で日本に組みすることはできなかったと言えるだろう。

したがって、オバマ政権はこうした戦略利害や政治的制約を踏まえて、「慰安婦」問題に焦点を当てた日韓両国への具体的対応を迫られることとなり、両国に最終合意に達するように圧力を加えたと言えるだろう。確かに、既に本章で触れたように、オバマ大統領は日米、米韓、日米韓の首脳会談や直後の共同記者会見の場で安倍首相、朴大統領の片方または両方に見解を述べる形で圧力を加えたことは確認できる。しかし、オバマ政権は「慰安婦」問題に関してこれといった政策文書を策定した形跡がなく、また同政権高官も公開の場で「慰安婦」の史実、認識、判断に関して詳細かつ体系的に述べたことはない。それでは、オバマ政権はどのように問題の分析と政策策定を行ったのであろうか。

3　二本のシンクタンク政策論文

「慰安婦」問題は様々な点で民間の政策シンクタンクが取り扱う政策問題として適している。史実に関しては、基本的に学術的な歴史研究の対象となる分野であって、史料も例外的な場合を除いて公開されている。政府の内外の秘密アクセス権を有した者だけが閲覧を許されているわけではない。分析や考察においては、様々な価値観やイデオロギーの影響を受けざるをえないが、様々なシンクタンクが知的に競争しているならば、個別の分析・考察が偏ったものであっても、全体としては極端に走る可能性は低い。また、言説の説明責任は筆者や個別シンクタンクに帰されるだけで、政治問題化することはない。

シンクタンクには、実務経験者や学者など、個別の政策研究を行う能力と経験を有する専門家がおり、十分な検討や議論ができる。また、必要であれば、外部から専門家を招くこともできる。米国の猟官制度（spoils system）の下、「回転ドア（revolving door）」により、政権交代後、前政権の実務経験者が主要シンクタンクの研究者となる一方、逆に主要なシンクタンクの研究者が政策担当者になるケースが頻繁に見られる。さらに、全体状況を鳥瞰すれば、そのような頻繁な人材の相互移動によって、両者の間にはインフォーマルだが緊密なネットワークが形成されている。また、学界や財界とも同様の移動・交流があり、シンクタンク部門は全体として実績のある人材のプールや人材発掘の機能を有している。したがって、オバマ政権が東アジア問題で卓越するシンクタンクと情報を交換し、後者が知的影響力を発揮しようと「慰安婦」問題での政策分析・提言を行うことに何ら不思議はない[24]。

実際、様々なシンクタンクが短い評論を出す中[25]、主要なシンクタンクから二つの政策論文が出された。一つが目の論文は、二〇一四年一〇月三日、首都ワシントンDCにある戦略国際問題研究所（CSIS）が出した、トーマス・バーガー著「安倍の危険な愛国心――なぜ日本の新たな保守主義は東アジア地域と米日同盟に対して問題を産むのか」（以下、「バーガー論文」）である[26]。このタイミングは、既に本章で言及した二〇一四年三月の日米韓首脳会談と日米首脳会談を受けて、安倍首相が日韓関係の打開を模索し、そのために内閣官房国家安全保障局長の谷内正太郎を韓国政府との意思疎通と協議のために派遣する一八日前にあたる[27]。実際この状況分析論文を読んでみると細部では案外バランスは取れているのではあるが、全体としては日本側の保守主義による原則論を抑えて、韓国に譲歩するようにとの安倍首相に対するメッセージは提示しているのは明らかである。

戦略国際問題研究所は対日安全保障政策を専門とする専門家（ジャパン・ハンドラーズ：Japan handlers）[28]のネットワークの一大拠点である。当時、主要なシンクタンクでは珍しく日本研究プログラムを有し、その責任者は上級副所長（アジア担当）を兼任するマイケル・グリーン（Michael Green）である。ジョージタウン大学外交学部准教授（当時）兼同学部東アジア研究プログラム・ディレクターである同氏は元来日本の防衛産業の専門家であり、米大統領府国家安全保障会議の日本・朝鮮担当部長（二〇〇一年～二〇〇四年）、同会議上級部長兼東アジア担当大統領特別補佐官（二〇〇四年～二〇〇五年）を務めた[29]。また、リチャード・アーミテージ（Richard Armitage）元国務副長官やジョゼフ・ナイ（Joseph Nye）元国防次官補を筆頭するジャパン・ハンドラーズ集団に加わり、実質的に米国の対日政策方針を決定づけた三度の報告書（二〇〇〇年、二〇〇七年、二〇一二年）の策定に加わった。その内、後者二つは、グリーンの所属する戦略国際問題研究所から出された[30]。また、同研究所は朝鮮半島研究プログラム（Korea Chair）を有し、その責任者を務めるのはビクター・チャ（Victor Cha）元米大統領府国家安全保障会議アジア部長（二〇〇四年〜二〇〇七年）・ジョージタウン大学外交学部教授である。つまり、戦略国際問題研究所がバーガー著「安倍の危険な愛国心」を絶妙のタイミングで出したのは、決して単なる偶然ではなく、ジャパン・ハンドラーズからの安倍首相に対する圧力であると捉えねばならないだろう。

そうした圧力をかけるために、バーガー（ボストン大学政治学部教授）は同氏研究業績を踏まえると——それまで基本的に学究の道を歩んできており、必ずしもジャパン・ハンドラーズに属しているわけではないが——彼らの目的に適った人選であったと思われる。同氏の研究は、第二次世界大戦における米国の正義と戦後の国際政治における米国の卓越性を前提にした上で、敗戦国である日本とドイツの戦争責任を分析するとともに、両国の平和主義の制約、安定性に分析の焦点を合わせてきた[31]。言うまでもなく、日独が平和主義に徹し米国を補完する同盟国であり続けることは、大戦後の米国の世界戦略に欠かせなかった。実際、同氏は既に二〇一三年五月には中国共産党機関紙「人民日報」で「アジア諸国を侵略した歴史について、日本の指導者は自制を保ち、隣国を怒らせる無意味な行動を避けるべきだ」と述べていた[32]。

二つの目の政策論文は、二〇一五年一二月一一日、ニューヨークにある外交問題評議会（CFR）が出した、マーク・マニイン著「日韓対立を管理する」（以下、「マニイン論文」）である[33]。外交問題評議会は、米議会調査局（CRS）のアジア問題部門の研究スタッフで、日本研究の博士号を持ち、外交問題日本、韓国、ベトナムに対する米国の対外経済政策を専門としてきたマニインを期限付きの研究員として、同政策論文を執筆させた[34]。

一般的に、外交問題評議会（一九二一年設立）は、最も影響力があるシンクタンクは見做されている[35]。その経緯や背景を見れば、覇権が大英帝国から米国に移行する戦間期に、英国が世界政策の研究・対話・交流の受け皿となるカウンター・パートとして設立を促進し、その後も英米間の重要なチャンネルとなっている[36]。また、ウォール街の金融証券業界を中心に東海岸の既成体制勢力（エスタブリッシュメント）の牙城となっており、機関紙『フォーリン・アフェアーズ（*Foreign Affairs*）』は米国の対外政策に関する最も有力な専門誌として知られる。

こうした背景と特徴を有する外交問題評議会が米国による日韓対立への強力な介入を提言する「マニイン論文」をこのタイミングで発行したのは、明らかに「慰安婦」問題で強い対日圧力を加える意図があったと判断される。実際、同論文の公表日は日韓最終合意の一七日前である。さらに、具体的に見れば、安倍首相は一二月二四日に岸田文雄外相を首相官邸に呼び、同月二八日に日韓外相会談を開いて最終合意を実現するように指示した[37]。

次に、以上二つの政策論文を吟味してみる。

4 「バーガー論文」

この論文は細部では手堅い記述に徹しているものの、全体としては、安倍政権が国内のナショナリズムを鼓舞することで日本の台頭を目指しており、その結果、安全保障上、深刻な問題を産んでいると強く批判している。つまり、言外に、日韓関係の悪化はもっぱら安倍政権の歴史認識によってもたらされたのだとの判断があり、安倍政権にナショナリズムの鼓舞を止めるか抑制せよと主張している。この点は、各節の見出しをみれば明らかとなる。すなわち、「安倍と日本の分裂したナショナリズム」、「日本の台頭を待つ ― 甦る日本のナショナリズムによって繰り返されるドラマ」、「古い仕組みにおける新たな問題 ― 日本のナショナリズムを巡って変化する文脈」である。

先ず、「バーガー論文」は安倍首相と保守的な支持勢力の基本認識と基本姿勢を分析する。バーガーによれば、安倍等の基本認識では、日本は、非常に強固なナショナリズムを背景として戦った先の大戦で大敗北を喫した結果、戦後、ナショナリズムを梃《てこ》に国論を纏《まと》め国民の力を結集することができなくなった。そこで、安倍等は国民の幅広い支持を獲得するために、日本の近代史を肯定的に再評価し、それによって纏《まと》まった国論を背景に日本の直面する安全保障・国防分野や重要な経済・社会分野の諸問題で有効な政策を打とうとしている（また、この動き自体は「健全な愛国心（healthy patriotism)」であって、決して日本の民主制の終焉でも軍国主義への回帰でもないと一応断言している[38]）。

バーガーの理解によれば、こうした保守勢力によるナショナリズムの鼓舞は、過去において繰り返され、その度に挫折してきた。また、この傾向は国防政策と国防に関する国民的論争において顕著であった。この状況を説明するために、バーガーは日本社会には三つの主要な政治勢力が存在すると捉える。まず、第一の勢力は、国民が戦前の国家、とりわけ軍部によって騙された結果、先の大戦が起こったと捉えるリベラル・左派である。この集団は戦前の体制と歴史を否定し、そこから完全に抜け出すことで平和と繁栄を実現しようとしている。第二の勢力は、敗戦によって国家と国民の一体性（unity）が著しく損なわれ、安全保障と繁栄を阻害していると捉える保守・右派である。この集団は一体性を回復するために、リベラル・左派が是とする歴史観を否定する。第三の勢力は、以上の二つの「大政治プロジェクト（grand political project）」に関心がなく、現実的、具体的、実際的な政策目標の実現を求める圧倒的多数の中間派である。[39] バーガーの理解では、従来、保守政権とそれを支持する保守・右派勢力がナショナリズムによって攻勢に出ると少なからぬ中間派が支持する。しかし一旦、その攻勢が中間派に度を過ぎたと看做されると、中間派の支持は霧散し、保守・右派は些細な成果しか挙げることができなかった。[40]

しかし、バーガーは、日本を取り巻く国際環境が大きく変容したため、こうした調整メカニズムが上手く働かないかもしれないと強い懸念を示している。その結果、安倍首相と保守・右派によるナショナリズムの鼓舞に歯止めがかからず、暴走する危険性があると捉えている。第一の原因は、過去二〇年余り、他のアジア諸国、とくに中国と韓国が日本の歴史修正主義に極めて敏感になったことにある。過去約百年間、中韓両国のナショナル・アイデンティティーは反日感情に根差し続けてきた一方、一九六〇年代から一九八〇年代まで、中国の共産党独裁政権も韓国の権威主義的軍事政権も軍事戦略や経済発展のために日本と協力・連携する必要から、民衆の反日感情を表出しないよう抑えてきた。ところが、その後、中韓両国において、国民によるより自由な意見表明が許容される国内政治の変容があり、各々の政権に対する批判を兼ねる民衆の反日行動・運動が強くなった。第二の原因は、アジア諸国、とくに中国と韓国が経済的、政治的に大きな発展を遂げた結果、日本の相対的に凋落が顕著となったことにある。また、その結果、領土問題を含む歴史問題で、日本に対して圧力を加えることが可能となったことにある[41]。

バーガーの分析では、この新たな北東アジア情勢は米国にとっては戦略的に極めて不都合であった。中国が急速に台頭して、その結果、米国が相対的に凋落する一方、中国は自国の利益に沿って戦後米国が主導して構築した国際秩序に修正を求めたり、挑戦を仄《ほの》めかしたりするようになっていたからである。当然、米国は、中国に対抗するために同盟国である日本と韓国と連携・協力して、国際関係の現状を維持することが必要となる。ところが、「慰安婦」問題に代表される歴史問題で日韓は対立し、両国間の外交・安全保障協力は進まなかった。それどころか、韓国が歴史問題で中国と連携したり、米国が中韓と日本との対立に引き摺り込まれたりする可能性が強くなっていた[42]。

そこで、バーガーは、安倍政権に歴史問題での韓国（そして、中国）との対立を緩和するよう要求している。確かに、すでに言及したように、第二次世界大戦を「正義」の戦争とする米国での支配的な歴史観から、オバマ政権は日中韓の対立関係の中で容易には安倍政権を支持できなかったが、安倍政権に対して愛国心の鼓舞を止めよとは求めていない。また、一方的に日本を悪者と決めつけることも、一方的に日本の謝罪を求めることもしないとした。しかし、歴史問題を日米同盟の東アジア外交戦略の中に位置付けて、事実上、米国が強力に関与・介入していく必要性を強調している[43]。

「バーガー論文」はその発行の主体とタイミングを前提に、その内容と「慰安婦」問題に対するオバマ政権の動きが概ね一致することを考えると、実質的にオバマ政権の政策の基礎となったと考えてよかろう。

5 「マニイン論文」

「バーガー論文」は歴史問題において対日関与・介入の方針を提言したものの、どのようなアプローチを採るべきかについては具体的には示さなかった。「バーガー論文」と同様の国際情勢認識と危機感に基づき[44]、この空白を埋めるのが「マニイン論文」である。

先ず、マニインに判断によれば、米国が日韓の対立に直接介入すれば、日韓の一方もしくは両方との関係を損なうリスクはあるものの、非介入の選択肢はありえない。日韓の対立を放置しても、両国間に共通する安全保障上や経済上の利害が両国関係の悪化を抑え鎮静に向かわせる見込みは全くないと捉える。非介入で放置した場合、日韓関係は、中国に対する有事対応等、外的なショックに脆弱となる。また、日韓両国の政権にとって、「慰安婦」問題での妥協が政治的にリスキーであることから、恐らく非介入アプローチが日韓の一方もしくは両方の国内政治ダイナミズムを変化させることはない。日本における反韓感情が一時的な現象でない場合、日本側は対韓関係の改善や拡大に関心を失い、両国関係はより疎遠になる可能性がある。さらに、これまでの経緯が示すように、仮に日韓協力が拡大しても、両国間の相互不信は持続し、敵意に転化する可能性がある。その上、「慰安婦」問題に関する米議会の決議、米国の歴史教科書問題、そして地方自治体（市・タウンのレベル）の「慰安婦」像設置問題が示すように、米国そのものが歴史問題における日韓の闘争の場になった結果、米国での類似の歴史論争を誘発しかねず、米国としては放置できない情勢となった[45]。

そこで、「マニイン論文」では、①模範例（role model）、②審判（referee）、③調停者（mediator）、

④最高責任者（commissioner）、これら四つ全て役割を駆使して、日韓の歴史・領土問題を解決し、両国の対立を管理し、米国主導の日米韓関係、特に安全保障・外交政策に支障のないようにすべきだと主張している。「模範例」では、第二次世界大戦中と直後において、米国が北東アジアの歴史問題に如何に関わったのか、自国の役割について取り込むことで、日韓に影響力を行使するアプローチである。「審判」は、米国が日韓関係をさらに悪化する言動を防止する或いは封じ込めるよう最小限の役割を是とする。しかし「審判」では、根本的に対立を解決するには不十分であると捉える。「調停者」は、公式に両国の代表者を招待して妥協や和解を促す一方、水面下で両者を説得する。調停に失敗すれば、米国と日韓の一方或いは両方との関係だけではなく、米国の信頼性も損なうことになる。「最高責任者」は米日韓三国の主導国として対立する日韓とともに政治指導者の会議を持ち続け、官僚と国民に対して二国間問題を越えて三国間協力が優先することを示し続けることである（もちろん、中国は米日韓三国間協力を対中封じ込めの動きと見做して圧力を感じるかもしれないが、さりとて中国に拒否権を与えるべきではない[46]）。

「マニイン論文」は、以上四つの日韓関係に介入する選択肢は相互に相容れないものではないと論ずる。従来、米国は「審判」の役割を果たしてきたし、時として「最高責任者」としての役割も演じてきたが、何れの役割も積極的で調整された戦略に従って演じられたわけではなく、成功しなかった。「マニイン論文」は「模範例」、「審判」、「調停者」、「最高責任者」、これら四つ全てを組み合わせて強力に介入すべきであるとしている[47]。

「マニイン論文」もその発行の主体とタイミングを前提に、その内容と「慰安婦」問題に対するオバマ政権の動きが概ね一致することを考えると、実質的にオバマ政権の政策の執行指針となったと考えてよかろう。

6 結語

ここまで本章では、「慰安婦」問題に関する日韓最終合意が米オバマ政権による圧力によってもたらされたことを明らかにした。まず、日韓を巡る近現代史、近年の日韓の力関係の変容、日韓各々の社会の変容、これら三つが相互に複雑に絡む背景を念頭に、日本での政権交代以後、「慰安婦」問題が日韓外交の中で完全に行き詰った経緯と状況を分析した。次に、北東アジアの安全保障環境が大きく変わる中、米国は「慰安婦」問題で行き詰った日韓関係が障害となって、米日韓三ヵ国で緊密な安全保障・外交政策を展開できない状況を捉えた。また、米国自身も第二次世界大戦を絶対的な「正戦」とする歴史観のため、史料に基づいて冷静で公正な「審判」として行動できず、日本を支持することで自国の戦略的利益を優先することができないという政治的制約を抱えている様も明らかにした。さらに、「慰安婦」問題に関するオバマ政権の公式政策文書がないことから、主要シンクタンクによる二本の政策論文を分析し、これらが同政権の政策に決定的な影響を与えたと判断した。

確かに、日韓最終合意によって日韓関係の行き詰まりは一応解消された。しかし、これは、「慰安婦」問題の根本的解決ではなく、単にこの問題を米日韓の安保協力を阻害しないように日韓の政府間レベルで管理する（manage）ことに成功したに過ぎない。既に本書第11章で分析したように、「慰安婦」問題の背景には、先ず日韓を巡る近現代史があるが、これは所与の事実であり、韓国の解釈も基本的には反日を基調とするもので容易には変わらないであろう。次に、日韓の力関係は、韓国が国内総生産（GDP）で世界第一一位、規模で日本の三分の一弱の先進国となり、もはや日本が韓国に対して経済や政治で圧倒的優位に立つ状況に回帰することはない。したがって、韓国が対日関係を良好に保つために、「慰安婦」問題を含む歴史問題での主張を自制するとは容易には想定できない。むしろ、GDPで世界第二位、規模で日本の二倍半弱の中国に目が行かざるを得ないだろう(48)。さらに、ここ二〇年余りの日韓両社会の変化――民主化が進展して人権や歴史的正義に敏感になった韓国そして相対的に凋落してナショナリズムを梃に国家と国民の統一性を回復しようとする日本――も不可逆的な様相を呈している。

しかも、日韓最終合意は法的拘束力のない政治的合意である。確かに、万一韓国が「最終的かつ不可逆」な解決を約した合意を遵守しないとなれば、韓国は国際的な信用は失墜せざるをえないから、遵守するよう一般的な動機付けは作用する。しかし、韓国が最終合意を順守する直接の動機は、米国との同盟関係を良好な状態に保つためである。というのは、最終合意は、米国が自国の安全保障上の国益と地域安全保障維持の観点から、立会人的な役割を演じて実現されたからである。したがって、韓国が安全保障上、米国の庇護を必要とし、かつ米国が韓国の安全を保障する意志と能力を有していることが、韓国が最終合意を遵守する前提である。

当面、そうした前提は存在し続けると思われるが、中国の台頭と米国の相対的凋落に特徴付けられる国際秩序の変容は不確実性を増しており、当然視することはできない。その意味で、日韓最終合意は「慰安婦」問題と日韓関係を上手く管理することに成功したと言えようが、それは飽く迄当面の応急措置に過ぎないということを銘記しておかねばならない。

（注）

（1）日韓外相会談での発表、二〇一五年一二月二八日、https://www.mofa.go.jp/mofaj/a_o/na/kr/page4_001667.html、二〇一八年六月二三日アクセス。

（2）例えば、北川れん子「小泉首相の靖国神社への参拝に関する質問主意書」衆議院質問第一号、二〇〇一年八月七日提出、http://www.shugiin.go.jp/internet/itdb_shitsumon.nsf/html/shitsumon/a152001.htm、二〇一八年六月二九日アクセス。

（3）「韓国次期大統領、日本に『謝罪求めない』」『*AFP BB News*』二〇〇八年一月一七日、http://www.afpbb.com/articles/-/2337622、二〇一八年六月二九日アクセス。

（4）Yukio Hatoyama, "A New Path for Japan", *New York Times*, August 26, 2009, https://www.nytimes.com/2009/08/27/opinion/27iht-edhatoyama.html, June 29, 2018.

（5）「鳩山代表『韓日関係発展に最善…過去史直視政権になる』」『中央日報』（日本語電子版）二〇〇九年九月五日、http://japanese.joins.com/article/154/120154.html?sectcode=A10&servcode=A00、二〇一八年六月二九日アクセス。

（6）内閣総理大臣談話、二〇一〇年八月一〇日、https://www.kantei.go.jp/jp/kan/statement/201008/10danwa.html、二〇一八年六月二九日アクセス。「【社説】強制併合一〇〇年の反省と謝罪…言葉より行動だ」『中央日報』（日本語電子版）、二〇一〇年八月一一日、http://japanese.joins.com/article/027/132z027.html?sectcode=&servcode=、二〇一八年六月二九日アクセス。

（7）韓国憲法裁判所決定「慰安婦」全文（日本語訳）、女たちの戦争と平和資料館、二〇一一年九月一八日、http://wam-peace.org/韓国憲法裁判所決定「慰安婦」全文、二〇一八年六月二九日アクセス。

（8）「最近の日韓関係」外務省北東アジア課、二〇一六年三月、八頁、https://www.mofa.go.jp/mofaj/files/000033344.pdf、二〇一八年六月二九日アクセス。

（9）日韓外相会談での発表、前掲。

（10）「慰安婦関係調査結果発表に関する河野内閣官房長官談話、一九九三年八月四日、https://www.mofa.go.jp/mofaj/area/taisen/kono.html”、二〇一八年六月二九日。

（11）デジタル記念館「慰安婦問題とアジア女性基金」http://www.awf.or.jp/index.html”、二〇一八年六月二九日アクセス。

（12）日韓首脳会談（概要）二〇一一年一二月八日、https://www.mofa.go.jp/mofaj/area/korea/visit/1112_pre/meeting.html”、二〇一八年六月二九日アクセス。

（13）「慰安婦問題、野田政権が解決へ昨秋交渉 被害者へのおわび・償い金など提案 斎藤勁前官房副長官明かす」『*Huffington Post*』二〇一三年一〇月八日、https://www.huffingtonpost.jp/2013/10/08/yoshihiko-noda-lee-myung-bak_n_4061773.html”、二〇一八年六月二九日アクセス。

（14）例えば、目良浩一『アメリカに正義はあるのか グレンデール「慰安婦像」撤去裁判からの報告』ハート出版、二〇一八年。杉田水脈『慰安婦像を世界中に建てる日本人たち 西早稲田発→国連経由→世界』産経新聞出版、二〇一七年。

（15）この間の経緯を簡便に纏《まと》めたものとして、以下を参照せよ。ダニエル・スナイダー「日韓最終合意の裏で米政府が進めてきたこと——米国は日韓の和解へ向け努力を重ねてきた」『東洋経済』（電子版）、二〇一六年一月一〇日、https://toyokeizai.net/articles/-/99951”、二〇一八年六月二五日アクセス。「日韓慰安婦合意成立　最大の理由は米国の圧力と経済的な要因」『*SAPIO*』二〇一六年三月号、https://ironna.jp/article/2941”、二〇一八年六月二九日アクセス。

（16）日米韓首脳会談（概要）、二〇一四年三月二五日、https://www.mofa.go.jp/mofaj/a_o/na/page3_000712.html”、二〇一八年六月二九日アクセス。

（17）"David Ignatius's full interview with Japanese Prime Minister Shinzo Abe," *Washington Post*,

March 26, 2015, https://www.washingtonpost.com/blogs/post-partisan/wp/2015/03/26/david-ignatiuss-full-interview-with-japanese-prime-minister-shinzo-abe/?utm_term=.ef1b29f1cbbb, accessed on June 29, 2018.

（18）米国は日本と韓国以外に、フィリピンとも相互安全保障条約を締結している。太平洋安全保障条約は元来、米国、豪州、ニュージーランド三ヵ国が締約国であるが、米国がニュージーランドに対する防衛義務を停止しているため、実際には、米豪の二国間条約と化している（ただし、依然として、これら三ヵ国に加えて、イギリスとカナダは諜報傍受同盟関係を維持している。この点に関しては、拙著『軍事情報戦略と日米同盟』芦書房、二〇〇四年、第2章。また、米国はシンガポールとも限定的な防衛協力協定を締結している。さらに、米国の国内法である台湾関係法も米国の台湾に対する防衛援助努力を定めている。

（19）Press Conference with President Obama and President Park of the Republic of Korea, April 25, 2014, https://obamawhitehouse.archives.gov/the-press-office/2014/04/25/press-conference-president-obama-and-president-park-republic-korea, accessed on June 29, 2018.

（20）この点は、日韓最終合意で、韓国政府が「日本政府が在韓国日本大使館前の少女像に対し、公館の安寧・威厳の維持の観点から懸念していることを認知し、韓国政府としても、可能な対応方向について関連団体との協議を行う等を通じて、適切に解決されるよう努力する」、さらに、「韓国政府は……今後、国連等国際社会において、本問題について互いに非難・批判することは控える」としていることから、明らかである。

（21）*Nazi War Crimes and Japanese Imperial Government Records Interagency Working Group Final Report to the United States Congress*, April 2007, https://www.archives.gov/files/iwg/reports/final-report-2007.pdf#search=%27Nazi+War+Crimes+and+Japanese+Imperial+Government+Records+Inte ragency+Working+Group+Final+Report+to+the+United+States+Congress%27, accessed on June 29, 2018. この報告書では、公開資料に関する限り、「南京大虐殺」や「七三一部隊」に関する証拠もなかったと結論付けている。端的な要約としては、"Interview with Michael Yon: The Truth Behind the Comfort Women," The Liberty Web: True insight into world affairs, December 25, 2018, http://eng.the-liberty.com/2014/5641/, accessed on June 29, 2018. この米国政府の調査結果は、朝鮮戦争時、韓国が米軍のために積極的に慰安婦を多数提供したことを考えると、何ら不思議ではない。崔吉城『韓国米軍慰安婦はなぜ生まれたのか』ハート出版、二〇一四年。なお、こうした状態は一九七〇年代以降も継続した。Katharine H. S. Moon, *Sex Among Allies Military Prostitution in U.S.-Korea Relations*, Columbia University Press, 1997.

(22) *Nazi War Crimes and Japanese Imperial Government Records Interagency Working Group Final Report to the United States Congress*, *Ibid*, p. xi. Interview with Michael Yon, *op. cit*.

(23) 例えば、代表的な米国の高校歴史教科書として、Jerry H. Bentley, Herbert F. Ziegler and Heather Streets-Salter, *Traditions & Encounters: A Global Perspective on the Past*, McGraw Hill Higher Education, 2011.

(24) こうした実態は、本論著者自身がブルッキングス研究所、ヘリテージ財団、ケイトー研究所に客員研究員として所属したことはある一方、その間、その他の主要なシンクタンク研究者と交流したことがあるため、個人的に体験している。一般的な解説としては、横江公美『アメリカン・シンクタンク　第五の権力の実相』ミネルヴァ書房、二〇〇八年。船橋洋一『シンクタンクとは何か　政策起業力の時代』中央公論新社、二〇一九年。

(25) For example, Jim DeMint, "Tension between Korea-Japan is poison to Asia. U.S. Should Mediate," *Commentary*, Heritage Foundation, Aug 28th, 2014, https://www.heritage.org/asia/commentary/

tension-between-korea-japan-poison-asia-us-should-mediate, accessed on June 29, 2018. John Lee," The Strategic Cost of South Korea's Japan Bashing," *Commentary*, Hudson Institute, November 5, 2014, https://www.hudson.org/research/10775-the-strategic-cost-of-south-korea-s-japan-bashing, accessed on June 29, 2018. John Lee, "U.S. Stokes Flames Of Discontent Between Korea And Japan," *Commentary*, Hudson Institute, December 18, 2014, https://www.hudson.org/research/10881-u-s-stokes-flames-of-discontent-between-korea-and-japan, accessed on June 29, 2018. Ted Galen Carpenter, "Japan's Growing Quarrel with South Korea: Is China the Main Beneficiary?" *Commentary*, Cato Institute, March 5, 2015, https://www.cato.org/publications/commentary/japans-growing-quarrel-south-korea-china-main-beneficiary, accessed on June 29, 2018. James L. Schoff and Duyeon Kim, "Getting Japan–South Korea Relations Back on Track," *Commentary*, Carnegie Endowment for International Affairs, November 9, 2015, http://carnegieendowment.org/2015/11/09/getting-japan-south-korea-relations-back-on-track-pub-61918, accessed on June 29, 2018.

(26) Thomas U. Berger, "Abe's Perilous Patriotism: Why Japan's New Nationalism Still Creates Problems for the Region and the U.S.-Japanese Alliance," Center for Strategic and International Studies, October 3, 2014, https://csis-prod.s3.amazonaws.com/s3fs-public/legacy_files/files/publication/141003_Berger_AbePerilousPatriotism_Web_0.pdf, accessed on June 29, 2018.

(27)「韓国、谷内国家安保局長の訪問に冷ややかな態度『首脳会談は時期尚早』——中国メディア」『exciteニュース』二〇一四年一〇月二一日、https://www.excite.co.jp/News/chn_soc/20141021/Recordchina_20141021029.html、二〇一八年六月二九日アクセス。

(28) 邦文での概説書としては、中田 安彦（著）副島 隆彦（監修）『ジャパン・ハンドラーズ——日本を操るアメリカの政治家・官僚・知識人たち』日本文芸社、二〇〇五年。

（29）https://www.csis.org/people/michael-j-green, accessed on June 29, 2018. https://en.wikipedia.org/wiki/Michael_Green_（political_expert）, accessed on June 2018. Michael J. Green, *Arming Japan: Defense Production, Alliance Politics, and the Postwar Search for Autonomy*, Columbia University Press, 1995.

（30）"The United States and Japan: Advancing Toward a Mature Partnership", *INSS Special Report*, October 11, 2000, https://spfusa.org/wp-content/uploads/2015/11/ArmitageNyeReport_2000.pdf, accessed on June 29, 2018. "The U.S.-Japan Alliance: Getting Asia Right through 2020," CSIS, October 2007, https://csis-prod.s3.amazonaws.com/s3fs-public/legacy_files/files/media/csis/pubs/070216_asia2020.pdf, accessed on June 29, 2018. "The U.S.-Japan Alliance: anchoring stability in Asia," CSIS, August 2012, https://csis-prod.s3.amazonaws.com/s3fs-public/legacy_files/files/publication/120810_Armitage_USJapanAlliance_Web.pdf, accessed on June 29, 2018.

（31）Thomas Berger, *War, Guilt, and World Politics after World War II*, Cambridge University Press, 2012. Thomas Berger, *Cultures of Antimilitarism: National Security in Germany and Japan*, John Hopkins University Press, 2003.

（32）「日本は隣国を怒らせる無意味な行動を避けるべき＝米国学者」『exciteニュース』二〇一三年五月一〇日、https://www.excite.co.jp/News/chn_soc/20130510/Searchina_20130510008.html、二〇一八年六月二九日アクセス。

（33）Mark E. Manyin, "Managing Japan-South Korea Tensions," Discussion Paper, December 2015, https://cfrd8-files.cfr.org/sites/default/files/pdf/2015/12/Discussion_Paper_Korea_Japan_Manyin.pdf, accessed on June29, 2018.

（34）メニハンの経歴については、https://www.cfr.org/experts/mark-e-manyin, accessed on June 29,2018.

（35）ただし、この組織が米国の国際政策を牛耳っているとの陰謀論的理解には無理があろう。陰謀論的なものとしては、J・F・マクナマス（著）、湯浅慎一（訳）『見えざる政府CFR――ホワイトハウスを操る指令塔』太陽出版、一九九三年。
（36）塩崎弘明『国際新秩序を求めて――国際新秩序を求めて――RIIA、CFR、IPRの系譜と両大戦間の連係関係』九州大学出版会、一九九八年。
（37）「日韓外相会談　岸田外相「汗をかく」慰安婦問題で開催調整」『毎日新聞』（電子版）二〇一五年一二月二五日、https://mainichi.jp/articles/20151225/k00/00e/010/208000c、二〇一八年六月二九日アクセス。
（38）Berger, *op.cit*, p.1.
（39）*Ibid*, pp.2-4.
（40）*Ibid*, p. 1, pp. 6-8.
（41）*Ibid*, p. 8.
（42）*Ibid*, pp. 10-11.
（43）*Ibid*, p. 2, pp. 12-13.
（44）Manyin, *op. cit*, pp. 1-6.
（45）*Ibid*. pp.7-8.
（46）*Ibid*, pp. 8-12.
（47）*Ibid*, p. 13.
（48）「世界の名目GDP（USドル）ランキング2017年」『世界経済のネタ帳』二〇一八年四月一九日、http://ecodb.net/ranking/imf_ngdpd.html、二〇一八年六月二九日アクセス。

第六部　北朝鮮問題後の国際政治への展望

第六部では、トランプ政権の新たな動きが単に北朝鮮の非核化を狙っているだけではなく、結果的に、北東アジアそして東アジア・西太平洋地域における国際安全保障秩序の再編成に繋がる可能性を多分に有していることから、北朝鮮問題後の国際政治を展望してみる。第13章では、北朝鮮に埋蔵される膨大なレアメタル・鉱物資源を巡る水面下での国際的競争を分析し、日本の北朝鮮に関する地経学的思考を考察する。第14章では、米国が既に覇権衰退期に入り、トランプ政権が米国覇権の縮小再編成に舵を切ったとの認識に基づき、北朝鮮問題後に訪れる国際秩序、特に東アジア秩序の変容の中で日本が直面すると思われる危機を考察する。

第13章　日本の北朝鮮に対する地経学的思考

北朝鮮の軍事外交的な瀬戸際政策に直面して、日本は地理的に近接していることから北朝鮮の核弾道ミサイルに対して非常に脆弱な状況に置かれている。とはいえ、日本政府は少なくとも最終的な政策目標として北朝鮮による核武装化・弾道ミサイル開発、日本人拉致、これら二問題の同時解決を求めてきた。その結果、日本政府は、六ヵ国協議のプロセスにおいて北朝鮮を除く他の四ヵ国が核問題を最優先する中で、時折孤立した。日本政府は、核問題と拉致問題が本質的に専制的な北朝鮮体制に深く根ざしている、つまり既存体制が核兵器の力によってその重大な人権蹂躙《じゅうりん》によってもたらされた国際的な孤立から上手く切り抜けようとしている、と捉えてきた。このような観点から見れば、これらの二問題は別々に分析できても、現実には別個の政策問題として扱うことはできない。

これら二問題に関する懸念が大きくなるなか、二〇〇八年末当時、日本の北朝鮮政策は、日本の国家安全保障が中東を中心に世界規模で台頭する反テロ戦争と中国に多分に手酷く足をすくわれる地政学的文脈のなかで形成されていた。六ヵ国協議は無視できない存在として韓国が加わっているものの、米国、中国、日本、ロシアによる大国間パワー・ゲームの重要な場であった。また、この協議によって地域安全保障秩序の安定を確保するように四ヵ国の地政学的利益を調整するための手段でもあった。日本政府は、その利害が地政学的計算によって決まる限り、多分そうした政策路線に従うであろうと思われた。

しかし、当時既に北朝鮮のレアメタルその他の金属資源の関する激しい競争の重要性を重視する日本の地経学的思考は芽生えていた。そうした競争は北東アジア地域の国際的なパワー・バランス、したがって地域国際安全保障秩序を形成する重要な要因であった。地政学的相互作用は特定の国際的パワー・バランスの下で起こるものである。それに対して、地経学的相互作用は時間経過に伴ってそうした状況を変容させ、国力の増大に成功する国家に有利な形で戦略的相互作用のパターンを変化させる。その場合、地経学的パワー・ゲームは富を追求する諸国家の間での権力闘争によって特徴付けられる。

六ヵ国協議の枠組みにおいて、北朝鮮は一旦少なくとも原則として、寧辺にあった三つの核施設の初期段階の無力化と全ての核兵器開発プログラムの最終的廃止による核兵器開発能力の完全な放棄を受け入れることを余儀なくされた。北朝鮮政府は当時既に保有していた萌芽的な核能力を梃にその力に基づいた先延ばし戦術によって体制の生き残りを追求する一方、交渉で著しい拘束を受け、その自由度は著しく狭められた。その結果、世界は長期に亘って北朝鮮の初歩的な核兵器と共存せねばならないであろうが、朝鮮半島統一に光明が見えたように思えた。確かに、主として急速の高齢化が進む拉致被害者の両親や親類による非常に効果的な運動の高まりによる輿論からの圧力――それ自体は高齢化を考えれば長期的には維持できないであろう――により、日本政府は拉致問題に対して強硬なアプローチを採ってきた。とはいえ、そうしたアプローチは長期的には衰え、六ヵ国協議は核問題で限定的であるが有意な進展を産むであろうと期待された。とすれば、未来のある時点において、日本の北朝鮮政策は不可避的に従来の地政学的アプローチから地経学的アプローチに転換すると思われた。或いは、万一北朝鮮の既存体制が崩壊し、国際的な現状に満足した新たな体制に取って代わられた場合には、そうした転換は案外早くなると思われた。

本章では、北朝鮮の地下資源を巡る金融や直接投資での米欧間の競争がいかに日本の戦略的思考を地経学アプローチに向かわせるか、その重要な諸要因を考察する。第一に、二〇〇八年末現在、当時の米国の北朝鮮政策が日本人拉致問題を無視していたことに対して日本国民の不満がますます強くなっていたこと、そして日本国民が日本政府の政策上の自由度を広めねばならないと捉えていたことを分析する。第二に、北朝鮮政府が「スーパー・ノート（super note）」として知られる、超高精度の一〇〇米ドル札の偽札を大量に印刷しているとの米国政府の主張に対する不信が日本において出てきたことを検討してみる。このことは当然、日本政府の北朝鮮に対する強硬的なアプローチが米国政府の偽情報によって操作されてはいるのではないかとの警戒観を伴っていた。第三に、北朝鮮のレアメタルその他の鉱物資源と関連インフラ建設に対する欧州側の直接投資――米国政府による北朝鮮に対する長期的な経済制裁の下、米国側の商業的利害関係と多分に衝突すると思われる――について代表的なケースを分析する。要するに、本章では、日本政府の北朝鮮に対する地経学優先のアプローチが徐々に発展する可能性を考察する。このため、本章は補完的に外国語文献や外国語文献に言及した邦文文献を用いるが、主として邦文文献を使用して分析を進める。

本章の研究では、米国政府の北朝鮮政策に関する断定的主張、特に公式声明やその他の公式発言に見られる政策意図や鍵となる諸事実に関して取り調べの手法を用いる。したがって、本章は、そうした主張を北朝鮮の瀬戸際政策と当該地域国際関係に関する政策分析の想定や前提として受容しがちである既存の主流文献に対して、ある種新奇な帰納法的反論となっている。新奇或いは既存のものに取って代わる事実は必然的に全く異なる分析視覚をもたらし、それによって従来とは全く異なる研究課題の設定を可能とする。

1 ブッシュ政権に対する日本国民の幻滅

二〇〇八年六月二六日、G・W・ブッシュ大統領は六ヵ国協議を加速しようとして、米国内法に基づくテロ支援国家のリストから北朝鮮を除外すると公式に発表した。これによって、米国内法による対北朝鮮経済制裁を解くこととなった[1]。この米国の北朝鮮政策における唐突とは言えぬまでも急激な転換は、長年北朝鮮に拉致されたままなっている日本人拉致被害者の運命に強い懸念を持っていた日本国民と政治指導者を愕然とさせた。実際、ベルリンでの米朝交渉からも分かるように、二〇〇七年二月以降のブッシュ政権の対北朝鮮交渉戦術はますます宥和的になっていたことから、この政策の変化は予期されてはいた。しかし、驚くべきことに、ブッシュ政権は北朝鮮から全ての核兵器開発プログラムの完全かつ検証可能で不可逆的な解体を実行するとの明確な言質を取らずに、急激に政策を転換してしまった。この動きは、北朝鮮を利する時期早尚かつ一方的で行き過ぎた譲歩であったと言えよう。

その結果、それまでのブッシュ政権の妥協しないアプローチと軌を一にしてきた日本の対北朝鮮強硬策は、転向した米国と北朝鮮に懐柔的な中ロ韓三国に取り囲まれ、六ヵ国協議の交渉プロセスで孤立することとなった。北朝鮮が二〇〇六年六月に行った弾道ミサイル発射実験と同年一〇月に行った核爆発実験に対抗して、二〇〇六年一〇月には、第一次安倍晋三政権（二〇〇六年一〇月～二〇〇七年九月）は国連安全保障理事会の先頭に立って、北朝鮮に経済制裁を科す国連安保理決議1718号を成立させた。この決議は国連安保理を舞台とした緊密な日米間の外交連携の成果であった。安倍首相は、日本における北朝鮮関連の金融資産凍結、日本の金融機関と北朝鮮の人・組織の間の金融取引禁止、北朝鮮船舶の日本入港禁止を骨子とする追加的な日本独自の対北朝鮮経済制裁も科した。この安倍首相のアプローチは、後任の福田康夫首相（二〇〇七年九月～二〇〇八年九月）にも引き継がれたが、当時強硬であったブッシュ政権の北朝鮮政策とは多分に独立していた小泉純一郎首相（二〇〇一年四月～二〇〇六年九月）のアプローチとは際立って対照的であった。二〇〇二年九月のピョンヤン宣言では、小泉首相と金正日総書記・国防委員長は、一連の条件が満たされた場合には、日朝国交正常化を実現した上で、日本政府が北朝鮮政府に対して巨額の経済援助を供与することに原則的に合意した。

一旦北朝鮮に対する米国の経済制裁が解かれてしまえば、日本の独自制裁措置は遥かに有効でなくなると懸念された。逆に、日本政府はこれらの制裁措置を解き、さらには北朝鮮がその核関連施設を無力化する限定的措置を取った場合或いは取るとの言質との交換条件で、北朝鮮に原油を含めた経済援助を与えるよう強く求められはしないかと懸念した。疎遠になった日米関係の下では、当時新たに発足した李明博政権も同様に北朝鮮政府に対する資金援助の形で宥和政策を再開するよう強いられる恐れがあった。李政権は、急進左派であった金大中政権と盧武鉉政権が北朝鮮に対して数年に亘って供与を約束していた二〇億米ドル相当の各種経済援助を保留にしていた。したがって、ブッシュ政権は米国の独自制裁を解くことで、北朝鮮に対する経済援助の相当な部分を日本と韓国に背負わせることができるようになると思われた。

しかし、詳しく見れば、ブッシュ政権による二〇〇八年六月二六日の声明に先立って、北朝鮮に対する独自制裁の象徴的、限定的な制裁解除の意向を初めに公表したのは福田政権の方であった。二〇〇八年六月一三日、高村正彦外相（当時）は、当該制裁解除が北京で開かれた日朝実務者協議において、北朝鮮代表団が日本人拉致被害者に関する「調査」を再開するとの意思を表明したことに報いることを意図したと語った。(2) そうした返報は北朝鮮政府が単に「調査」再開の言質を与えただけであることから、時期早尚かつ一方的かつ過度であった。

青山繁晴氏はこの福田政権の北朝鮮政策における不可解な転換を分析するために極めて重大で興味深い事実を幾つか提示した。(3) 青山氏はベテランのジャーナリストでかつ民間シンクタンク代表であり、日本政府内の匿名インサイダー情報に基づく詳細な分析で声価を確立してきた。同氏は総理官邸からのリーク情報に言及して、日米政府間の遣り取りが不可解な政策転換に至った経緯を語った。

注目に値する第一の事実とは、ブッシュ大統領が福田首相に先ず日本政府が北朝鮮に対する独自制裁を部分解除するように繰り返し要求した点である。これは、同大統領が米議会と米国民に対して、劇的に米国のテロ支援国家のリストから北朝鮮を除外し、北朝鮮に対する経済制裁の解除を正当化するためであった。(4) この動きは、同大統領が日本人拉致問題を無視することで日米同盟関係の安定性を損なうことを回避しなければならなかったことを物語っている。それは、拉致問題が存在するために、北朝鮮に最も厳しい政策を主導してきた日本政府の政策への追従に見せかけることによってのみ可能だったからである。任期の残りと進行中であった大統領選のサイクルを踏まえると、ブッシュ大統領は次期大統領就任予定者が決まる前に顕著な進展を収めるためには、二〇〇八年六月末までに行動を起こさねばならなかった。そうすることで北朝鮮をテロ支援国家リストから除外し、テロ支援国家の数を減らすことによって、ブッシュ大統領は米国の外交・安全保障政策に対して自分のレガシーを残すことができた。さもなければ、ブッシュ政権は当時イラク戦争とアフガニスタン戦争での泥沼に陥ったことに如実に示されたように、無分別な軍事的冒険主義と完全な大失敗によって記憶に残されることになったであろう。

第二の事実とは、福田首相が二〇〇八年六月一三日に北京において日朝実務者協議が開かれる前に対北朝鮮制裁を一部解除する旨、既に決定をしていたことである。つまり、この決定は、北朝鮮政府が日本人拉致被害者の「再調査」を行うことに対する日本政府の反応では全くなかった。むしろ、日本政府が北朝鮮政府の方へ制裁解除を提案するために接近したのであって、その逆には見えないように、日朝交渉の裏チャンネルを通じて北朝鮮にアプローチしたのは日本政府の方であった[5]。

第三の事実とは、福田政権が決定後一週間、六月二〇日には独自制裁を解除する予定を隠していたことである。同政権は日朝両国民の限定的往来を伴う北朝鮮チャータ船の日本入港を許可する計画であった[6]。日本国民はこの制裁解除をそれまで一貫した北朝鮮政府に対する強硬策に矛盾すると捉え、立ちどころに制裁解除に対する国民の激しい非難が巻き起こった。その結果、同政権は結局、制裁を解除することに失敗した。

以上の分析は、経済援助を排除した強硬策が継続する限り、近い将来、追い詰められた北朝鮮政府が保有する核能力を完全に解体せざるを得なくなる正にその段階において、何故ブッシュ政権が北朝鮮政策を強硬策から宥和策に転換させたのかとの疑問を生じさせる。確かに、北朝鮮政府は追い詰められており、瀬戸際政策でさらに別の極端な行動に訴えるかもしれなかったが、北朝鮮政府、米国政府、日本政府、何れも六ヵ国協議で妥協するように強いられていなかった。主流の見方では、ブッシュ大統領が転向したのは米国史に自分のレガシーを残すためであった。しかし、この時、幻滅した日本国民はマクロ的な国家安全保障のために日米同盟が非常に有益であると認識した上で、ますます現実的な分析と計算に基づいた独自の戦略的アプローチを作り出す必要があると考えるようになっていた。この観点から見れば、注目すべきは、ブッシュ政権の真意を完全には説明できない中、北朝鮮を焦点とした具体的な利害に関するパワー・ゲームの方を重要視すべきであるとの新たに出てきた日本の見方であった。

2 疑わしい米国の主張——北朝鮮の「スーパー・ノート」

日本国民の中に現実主義的な感覚が高まると、日本の分析家の中には北朝鮮に対する具体的政策措置について、ただ素直に米国のリードに従う危険性について警告を発する者も出てきた。この警告は、日本の政府と国民が米国政府の政策諜報の信憑性を否定ないしは確認する独自情報源を有しておらず、したがって、少なくとも米国の諜報が持つバイアス、最悪の場合には、枢要な政策決定を下す際に米国政府の情報操作に動かれやすい状況では、とりわけ当を得たものであった。

元外交官であった原田武夫氏によれば、この点、マカオにある商業銀行「バンコ・デルタ・アジア(BDA)」に対する米国政府の法執行のケースによく当てはまっている。[7] ブッシュ政権はその北朝鮮政策を強硬策から宥和策に転換するに際して、先ずこの件《くだん》の法執行措置を北朝鮮政府に対する主たる鞭として十分に用いた後、十分な説明もなく撤回した。ブッシュ政権は北朝鮮政府の悪漢振り――日本政府をして北朝鮮に最大限厳しい経済制裁を科させた主要因である――を証明しようとBDA事件を利用したのであって、日本政府はブッシュ政権に翻弄され、ことによると操作されたのであった。

米国はBDAが資金洗浄を行っていると一方的に見做し、愛国法に則ってBDAに法執行措置を科した。これによって、BDAを介した米国の全ての金融機関と北朝鮮の人・組織との金融取引を停止させ、北朝鮮政府を国際金融取引のネットワークから切り離したのであった。当初、ブッシュ政権はこの措置が国内法に則った法執行であって、国際法による経済制裁ではないと主張して、北朝鮮政府に対して科した措置を決して止めようとはしなかった。しかし、その後、同政権はこの主張を否定する確かな状況証拠が出て来た結果、北朝鮮が資金洗浄に従事しているとの主張が維持できなくなったことから、件の法執行措置を躊躇《ちゅうちょ》なく取止めた。例えば、二〇〇七年五月に公表されたスイス連邦政府偽札警察の報告書は以下の分析を提示した(8)。

「米国のシークレット・サービスによれば、過去一六年間、世界中で五〇〇〇万米ドル相当の超高精度の偽札が没収されたが、その一部分しか米国内で没収されなかった。二億米ドル相当に上る米国政府の偽札被害に比して、五〇〇〇万ドル相当の超高精度偽札の被害はたいしたものではない。米国の連邦準備銀行は主として海外市場用に本物の一〇〇ドル札を印刷している。それ等の札が米国に還流した際には、連邦準備銀行が赤外線技術による偽札検知器で検査して、簡単に『スーパー・ノート』と本物を識別することができる。このため、米国政府は従来ほとんど『スーパー・ノート』による経済的被害を被むらなかった。

「北朝鮮にあるような造幣機関は数時間のうちに五〇〇〇万ドル相当の紙幣を印刷できる。とはいえ、今日、北朝鮮政府が一九七〇年代の代物である印刷機を用いて、非常に粗悪な品質の自国紙幣を印刷していることから、高品質の「スーパー・ノート」を印刷できるのか大いに疑問がある。現在確認されている一九の異なる「スーパー・ノート」の製造に注がれた多大な努力は尋常ではない。こうした努力ができるのは、政府機関だけである。とはいえ、矛盾するのは、これまで発見された偽札が限られ或いは制御された額でしかないことである。そうした機関は何ら疑念を持たせず、簡単にその額の十倍の紙幣を流通させることができることである[9]」。

このスイス政府の報告書と二〇〇七年一月九日に独『フランクフルト・アルゲマイン・ゾンターグツァイトゥング』紙に掲載されたクラウス・W・ベンダー氏による記事に依拠して[10]、原田氏は、「スーパー・ノート」がスイスのローザンヌにあるKBA－GIORI社のみが保有する凹版ステッチグラビア（Intaglio-Stichtiefdruck）と呼ばれる方法によってのみ印刷可能であると指摘した。また、スイスのローザンヌにあるSIPCA社によって独占的に製造されインクとスイスの造幣局が秘密の方法で調合したインクによって印刷される必要があると指摘した[11]。したがって、米紙幣の印刷に用いられる印刷機、印刷用紙、インクは高度に規制されていた。つまり、スイスの企業と排他的な契約を結ぶことによって入手可能となり、市販流通されていなかった。この状況は、スイスのハイテク印刷業界がこの分野の国際市場を支配している事実を反映していた。

他方、ベンダー氏が書いたように、スイスのハイテク印刷業界の関係者や偽札調査員の間には、北朝鮮の造幣能力が極めて限定されていることに関して意見の一致が見られた。[12] この意見一致は、「スーパー・ノート」は恐らく極東以外のどこかで印刷され流通されたとのスイス連邦偽札警察の結論と符合する。この結論は、スイス偽札警察が全世界で押収された「スーパー・ノート」の五％を差し押さえて検査した結果に基づいているだけに、実に確かなものである。[13] 原田氏は、万一北朝鮮政府がハイテクの偽札印刷能力を有するなら、何故「スーパー・ノート」の流通が限定的なのかと疑問を呈し、さらに北朝鮮政府が中国政府に北朝鮮紙幣の印刷を委任した可能性に言及した。[14]

北朝鮮に対する米国政府の主張と同じように実証されていないが、原田氏は北朝鮮ではなく米国の中央情報局（ＣＩＡ）が偽米ドル札を印刷していると断言した。ケビン・ホールは、これらの疑問に関してシークレット・サービス、連邦準備銀行、財務省に繰り返し取材を求めたが、すべて拒絶されたと記した。[15]

原田氏は日本の或る一般向け週刊誌に書いた評論の中で、西欧金融業界における主流の見方として、ＣＩＡがアフリカ諸国の親米独裁政権を支援する秘密工作において主要西欧諸国や中国と競争する際、「スーパー・ノート」を主要な裏金源として使用しているとさえ主張した。その上で、同氏は、これらのアフリカ諸国が「スーパー・ノート」を使って北朝鮮製兵器を購入し、そのため北朝鮮政府が件の偽札を外貨準備として保有していると推測した。[16]

要するに、日本国民は偏向や情報操作を伴っているかもしれない米国の情報収集や諜報分析に取って代わる政策諜報に接しつつあったのである。本章の文脈から言えば、偽米ドル札を印刷しているのが北朝鮮ではなく米国であるという主張を否定ないしは肯定することは重要ではない。実際、米国政府または北朝鮮政府を責める主張は何れも確固とした証拠がなく、またその状態は近い将来も継続すると思われた。しかし、日本国民が自立した戦略思考を持つようになり、日本政府に対して日本の具体的な国益に則して積極的な外交政策を展開するように要求するようになったことは極めて重要なことであった。とりわけ、「スーパー・ノート」問題が日本国民に北朝鮮を巡る米欧間のパワー・ゲームの存在にますます目を向けさせたことは注目に値する。

3　北朝鮮における直接投資

北朝鮮に対して経済制裁が科される前には、中国人と韓国人が貿易と直接投資の分野で北朝鮮の主たる相手であった[17]。日本人は、この二国に次いで貿易の相手国であり、北朝鮮経済に必須の工業製品を輸出し、生鮮食品を輸入していた。この状況は、二〇〇六年に北朝鮮が行った弾道ミサイルと核爆発実験に対する国連制裁その他の追加的二国間制裁のために変化した。中国人と韓国人は各々自国の政府が北朝鮮に対する厳しい制裁の執行に後ろ向きであったことに乗じて、北朝鮮に対する従来の経済的地位を強化した。この点は、日本政府が北朝鮮籍の貨客船「万景峰号」の定期船の往来を含め、北朝鮮との全ての経済的・金融的取引を遮断したことと際立った対照をなした[18]。現実には、日本政府は北朝鮮既存体制に対する経済的梃を縮小させてしまった。

米国人は自国政府が北朝鮮に対して厳しい経済制裁を科していたため言うに及ばないが、西欧人も北朝鮮と顕著な経済関係を有していなかった。しかし、目に見える関与がないことは必ずしも彼等が次第に拡大しつつあった北朝鮮における商機に無関心であったことを意味しなかった。それどころか、西欧人はますます北朝鮮、特にレアメタルその他鉱物資源部門において確かな経済的プレゼンスを確保したいと思うようになっていた。そうすることで、西欧人は北朝鮮既存体制との間で一連の巨大な利権を獲得した或いは共同事業プロジェクト合意を締結した中国人や韓国人と競争しようとした[19]。本書第8章で分析したように、これらの利権やプロジェクトの開発・利用が十分に進めば、北朝鮮は中国によって実質的に植民地化されることになると可能性があった。とはいえ、その時点では、これらの中国人による計画や活動は資金問題や政治問題、特に中国政府と北朝鮮政府の間に存在した期待の差異のために酷く勢いが衰えていた[20]。その結果、中国人のプレゼンスが過大評価された一方、西欧人の関与は全く過小評価されていた。

既に二〇〇一年五月には、欧州連合（EU）はスウェーデン首相のゴーラン・ペーション（Göran Persson）、欧州委員会委員（対外関係担当）のクリス・パッテン（Chris Patten）、欧州理事会共通外交安全保障政策上級代表のハビエル・ソラナ（Javier Solana）からなるハイレベルの代表団をピョンヤンに送っていた。その際、これらの欧州指導者たちは恐らく北朝鮮の最高指導者の金正日との間でEUと北朝鮮の経済協力のプロセス、とりわけ、直接投資による欧州の経済的関与を通じた北朝鮮政府の経済改革を開始することで合意した。そのプロセスの一環における返礼として、二〇〇二年三月、北朝鮮政府は李（Ri Kwang Gun）対外貿易相に率いられた高級経済官僚の使節団をブリュッセルに派遣した。この使節団は欧州委員会の担当者、欧州議会、欧州投資銀行、世界銀行、これらの機関の代表者たちと会った[21]。パッテン委員は次にように語った。

「昨年春、ストックホルムで開かれた欧州理事会では、北朝鮮における平和、安全保障、自由を支持する点でEUの役割を高めることが合意された。私は今週のブラッセルとピョンヤンとの対話の機会を歓迎する。EUは既に北朝鮮に対する最大の人道援助供与国の一つとなっており、EUは人権に関する対話を試行し始めた。今や私はEUが北朝鮮にさらに繁栄した未来を築けるよう北朝鮮に支援できることを希望する[22]」。

明らかに、EUは北朝鮮と次第に実質的な関係を構築してきた。この点は、EUがソラナ上級代表とフランク＝ウォルター・スタインメイアー（Frank-Walter Steinmeier）ドイツ外相（当時、欧州理事会議長）を含むハイレベルの代表団を更にもう一つピョンヤンに派遣したことによって示された。彼等は、ニューヨークで米朝協議が開かれ、ハノイで日朝実務者協議が開かれていた正にその時に、金正日と会った[23]。

二〇〇七年一〇月には、韓国大統領の盧武鉉と北朝鮮最高指導者の金正日がピョンヤンで首脳会談を開き、朝鮮戦争を国際法上終結させる講和条約を締結する必要性を強調する共同宣言に署名した。二人の指導は北朝鮮西岸の新たな経済特区、インフラ整備、天然資源開発に関する諸問題を含めた更なる経済協力を行うことで一致した[24]。

この首脳会談後、欧州委員会委員（産業・企業担当）のギュンター・フェアホイゲン（Guenter Verheugen）は北朝鮮へ直接投資を行うことにますます強い関心を示した[25]。また、北朝鮮では「規制制度・運用が全く予測不可能であり、ルールが差別なく適応される確実性が全く存在しない」と語り、政治的条件が整えば、経済的潜在能力を顕著な成長と発展に転化させることができると確信していた。[26]

いわゆる「ロンドン＝ピョンヤン・コネクション」（以下、「コネクション」）が北朝鮮における商機を掴み取ろうとする欧州側の努力を例示していた。「コネクション」は旧東ドイツ時代まで遡る長年に亘《わた》るドイツ産業界と北朝鮮との関係に及ぶ。現在のドイツが旧東ドイツを統合した際に、その北朝鮮と外交的、経済的、人的関係をも引き継いだことはしばしば忘れられている。例えば、ドイツの文化交流機関であるゲーテ・インスティトゥートはピョンヤンにもあり、西側、特に欧州の視点で幅広い情報を自由に提供する珍しい窓の役割を果たしている。米国政府によるマカオのバンコ・デルタ・アジア（BDA）に対する法執行措置に際して、その親会社であるデルタ・アジア・フィナンシャル・グループのスタンリー・アウ（Stanley Au）会長の陳述に基づいて、原田は、一九九〇年代後半、BDAがロンドンにある主要商業銀行であるミッドランド銀行（Midland Bank）を介して国際市場で北朝鮮の金取引を行ったと指摘した。ミッドランド銀行はドイツのプライベート・バンクのトリンカス・バークハート（Trinkaus & Burkhardt KGaB）社を吸収した一九八〇年から良い業績を収めてきた。その後、ミットランド銀行自体がロスチャイルド系の著名な国際金融持株会社の傘下にある香港上海銀行（HKSB）に吸収された。[27]

「コネクション」の枢要な中心として、北朝鮮政府が核爆発実験を行う一カ月前の二〇〇六年九月、主として欧州と中国の投資家からの資金によってロンドンに朝鮮開発投資基金（Chosun Development and Investment Fund）が設立された。そのビジネス活動は北朝鮮の鉱業、金融、エネルギー部門における有望な直接投資に焦点を当てていた。その目的は、金正日が所有する企業が金、銀、亜鉛、マグネサイト、銅、ウラニュウム、白金の採掘に必須である施設と設備を入手できるようにすることであった。この基金は、借款交渉に関して北朝鮮の銀行のコンサルタントやロンドンにおける北朝鮮保有の金の売却のブロカーとして、一九七〇年代後半から北朝鮮とビジネス上の関係を経験してきた英国人ビジネスマン、コリン・マクアスキル（Colin McAskil）によって管理されていた。アングロ・サイノ・ファンド（Anglo-Sino Fund）の三人の取締役がマクアスキルを手伝い、実際にはこの基金を運営していた。この基金の資金運用は英国の金融サービス機構（ＦＳＡ：Financial Service Authority）の監督に服してした。二〇〇六年五月、マクアスキルは北朝鮮の鉱業、金融そしてエネルギーの三部門分への直接投資を事業目的とするこの基金の認可をＦＳＡから獲得した。[28]

また、マクアスキルは香港のコウリョー・アジア（Koryo Asia）社の会長を務めていた。この企業はヴァージン諸島に登記されたペパー・カンパニー「フェニックス・コマーシャル・ヴェンチャー（Phoenix Commercial Venture）」を介して英国投資家が株式の七〇％を所有することで、外国資本が入った北朝鮮唯一の共同事業体銀行である大同信用銀行（ＤＣＢ：Daetong Credit Bank）の銀行業務免許を支配していた。マクアスキルは、ＤＣＢの事業は約二〇〇の海外投資対象となった共同事業体、海外の人道支援団体、外国在住の個人との取り引きによって、それまでの一二年間利益を上げてきたと主張していた。[29]

しかし、マクアスキルは、大同信用銀行が総資産の一〇億米ドルのうちの七億米ドルをマカオのＢＤＡに預金していたことから、ブッシュ政権がＢＤＡに法執行措置を科した際、大きな失敗を被った。[30] 彼はこの法執行措置を非難した。というのは、ブッシュ政権はＤＣＢが違法行為を犯したとの何らの証拠を提示せず、法執行措置が偽ブランド商品、偽札、麻薬取引、廃棄拡散などの違法活動実態から無縁であるＤＣＢの完全に適法で正当なビジネスに対する不公正なものであり、嫌がらせとさえなると捉えたからであった。

「約五〇の北朝鮮の銀行、貿易商社、個人と共に、（ＢＤＡにあった）大同信用銀行の預金口座は凍結された。ＢＤＡによれば、その仮勘定に保管された全額は約二五億米ドルに達し、その内、大同信用銀行の預金が最も大きな割合を占めた。それ以来、大同信用銀行と定期的に通信を行っていた全ての外国の銀行は米国の金融システムから排除されることを恐れて、大同信用銀行との接触を絶った[31]」。

さらに、マクアスキルは驚くべき話を漏らした。

「米財務省のＢＤＡに対する主たる申し立ての一つは、ＢＤＡが偽一〇〇米ドル札を流通させたというものであった。しかし、マスアスキルによれば、二〇〇五年には、ＤＣＢはＢＤＡに四九億米ドルを入金したが、その全部が香港上海銀行（ＨＫＳＢ）に送られ偽札検査を受けた。その内僅か三枚だけが偽一〇〇米ドル札の嫌疑をかけられ押収された[32]」。

ここまで見てきたように、マクアスキルは米国の法執行措置が澳門のＢＤＡを標的にしたものだと非難した。彼の言説の真否は確認されていないが、前述の偽札「スーパー・ノート」に関するベンダーや原田の分析と一致する。つまり、四九億米ドル相当の一〇〇米ドル札の内、僅かに三枚だけが押収されたこと、マクアスキルの言説がスイス連邦偽札警察の報告書の結論と一致することを考えわせると、説得力がある。

これまで分析してきた欧州側の批判的な視角に続いて、日本の分析家も、ブッシュ政権が澳門のBDAに対する法執行措置を強行することで、米国のビジネス界に北朝鮮のレアメタルその他の金属資源開発に有望な投資機会を掴ませさせようとしたと見るようになった。浜田和幸は、ブッシュ政権は朝鮮半島が統一される前に、米国のビジネスマンが既得権益を確立できるように、金正日体制を存続させる必要性に既に気付いていたと推測した。さもなければ、競争相手である中国人や韓国人が北朝鮮における地下資源の主要部分のほとんどを手にすることになる恐れがあると捉えていた[33]。同じく、原田も、ブッシュ政権が遅蒔きながら北朝鮮の地下資源に関する既存競争に強引に参入し始めたと捉えた。また、中国人が既に一連の重要な権益を確保した一方、欧州人は積極的に直接投資を始めたと見ていた。原田によれば、米国政府は懸命に北朝鮮政府と直接駆け引きをして、米国のビジネスのために北朝鮮の門戸を開く取引を行った。その結果、米国政府は、これを実現するには、北朝鮮が米国のテロ支援国家のリストから除外されねばならないことが分かった。この原田の分析は、二〇〇八年六月二八日のブッシュ大統領の声明を理解するには最善の分析視覚と枠組みは何かとの本章冒頭の議論に立ち戻らせることになる[34]。

4　激烈さを増す米欧間の競争

一九九〇年代初頭から、米国人と欧州人は北朝鮮での商機を巡って互角に張り合ってきていた。一九九一年、国連開発計画（ＵＮＤＰ）が豆満江を中心にした開発計画を立て、その一部として、北朝鮮政府は朝中ロ国境線が交わる地域の近傍に羅津・先鋒自由経済貿易区を設けた。一九九六年五月の時点では、英蘭資本のロイヤル・ダッチ・シェルと米企業のスタントン・グループ（Stanton Group）がこの特区に直接投資を行う契約をした。もっとも、この契約は北朝鮮政府の瀬戸際政策に対する一連の経済制裁のために実現することはなかった。[35] 浜田の理解では、一九九八年六月、全米鉱業協会（U.S. National Mining Association）はロックフェラー財団からの研究助成を得て北朝鮮において現地調査を行い、その後、ロックフェラー財団と全米鉱業協会は北朝鮮当局に五億ドルを支払い、レアメタル・金属資源の試掘権を獲得した。[36] もし経済制裁が科されなかったなら、クリントン政権はスタントン財団の契約を認可し、[37] 試掘は継続されていたと思われる。

実際、ブッシュ政権は一旦は米国の経済界に北朝鮮への直接投資を認める旨準備ができていた。報道によれば、ジェームズ・ケリー（James Kelly）東アジア・太平洋問題担当国務次官補（当時）は、米国の関連法令を遵守する限り、ブッシュ政権はその時点で朝鮮開発投資基金を設立する計画であった前述のマクアスキルが北朝鮮に直接投資することを妨害はしないことを確約した。マクアスキルは米国に当該基金を置く予定であったが、二〇〇二年一〇月、北朝鮮政府による濃縮ウラン・プログラムが露見したため、基金発足前に米国人投資家は基金への参加を取止めてしまった。その後、彼は拠点をロンドンに移さざるを得なくなった。同じく、報道によれば、カーギル社（Cargill、穀物・鉱物資源商社）、ベクテル社（Bechtel、建設業）、ゴールドマン・サックス社（Goldman-Sachs、証券・投資銀行）、シティーグループ（Citigroup、銀行業）等、米国の巨大企業が北朝鮮への直接投資に強い意欲を持っていた。(38)

二〇〇八年末迄の七年間、北朝鮮の地下資源を巡る米欧間の競争は深化する経済のグローバル化の下、急速に激烈なものとなっていた。急速に経済成長を遂げていたブラジル、ロシア、インド、中国（いわゆるＢＲＩＣｓ諸国）に住む三〇億の人々は工業生産活動に膨大な量の天然資源その他の資源を消費していた。その結果、物価は鰻上りに上昇し、地球温暖化に対する主たる対抗策である原子力発電がブームになった結果、さらに制御不可能な国際的投機によって状況は悪化していた。例えば、原油価格の上昇の結果、二〇〇八年までの五年間で、ウラン鉱石の価格は一〇倍になった。(39)北朝鮮は六〇〇億バーレルの石油だけでなく、一〇〇〇〜二〇〇〇トンの金、三〇〇〇〜五〇〇〇トンの銀、二一五万トンの銅、六〇〇万トンのタングステン、二〇億〜四〇億トンの鉄鉱石、六〇〇万トンの黒鉛、一〇〇〇億トンの石灰石、三万〜四万トンのマグネサイト、一一〇億トンの無煙炭、二六〇〇億トンのウラン鉱石等を地下に埋蔵している。(40)さらに、ハイテク製品に必須の数多くの主要レアメタルの相当な埋蔵量もある。(41)

北朝鮮への関心が高まるにつれ、外国人投資家は過去の対北朝鮮借款によって担保となっていた債権でさえ敢えて購入する程度まで、喜んでより高いリスクを取るようになっていた。二〇〇七年七月には、北朝鮮債権の市場価格は額面一米ドルのところ、二一セントから二七セントに上昇した。元々この債権は一九九七年三月、バンク・ナショナール・ド・パリ（ＢＮＰ：Banque National de Paris）

――その後パリバ（Paribas）に吸収されてユーロ圏で最大の金融機関の一つであるBNP・Paribasになる――によって組まれた。この銀行は世界中の金融機関が保有する北朝鮮関連のローン債を担保に、七億七七〇〇万ドイツマルク相当の債権に証券化した。この債権は、ロンドンにある非流動的なローン、出資債権、債権を専門にする証券会社、ロンドンのエグゾティック社（Exotic Limited）によって取引された[42]。

二〇〇八年六月二六日にブッシュ大統領が声明を出した後、国際投資家、特に米国人投資家と欧州人投資家は実際、北朝鮮が米国のテロ支援国家リストから除外され、同国に対する経済制裁が解除される前に、北朝鮮における鉱物採掘権の確保を試みた。この声明は、北朝鮮のカントリー・リスクに関する米国人投資家の警戒感を相当和らげ、ロンドンを介した北朝鮮への投資を容易にした。また、ロンドンでも香港でも、類似の基金が次々と設立する努力が加速された。特に注目すべきは、これらの基金の幾つかはウラン鉱石採掘の権益の獲得を狙っていた点である。その状況は、ジョン・ボルトン（John Bolton）がウラン鉱石を含む、北朝鮮における民間部門主導の天然資源開発と関連する国際融資経路に懸念を示す水準に達していた。その懸念とは、北朝鮮政府はウラン精鉱の生産・輸出を通じてハード・カレンシー（交換可能通貨）を入手することができるようになる一方、必然的に核の拡散を伴うことであった[43]。しかし、アジアを専門とする或るワシントンの投資コンサルタントは、北朝鮮を対象とする投資基金を設立しようとする情熱が間もなく大きくなると予測していた[44]。

早晩、日本政府は、日本の個人投資家や機関投資家が既に利潤を求めて限定的な規模の資金を前述の北朝鮮関係の債権に投資していたことから、北朝鮮に対して地経済学的アプローチを採らざるを得ないと思われた[45]。当時の状況では、類似の北朝鮮投資ファンドが日本で設立されても何ら不思議ではなかった。また、北朝鮮への投資する政治的障害が次第に減少すれば、日本人投資家の関心は減退するのではなく、劇的に高まると思われた。

5　競争における日本の優位性

日本の財界と国家は、三六年間に及んだ大日本帝国による朝鮮併合期において宗主国であったことを利用すれば、北朝鮮を巡る国際競争において抜き出る可能性が多分にあった。一般的に言えば、旧宗主国は旧植民地や旧属領と緊密で不可分の関係にある。これは、前者がインフラ（鉄道、道路、ダム、発電所等）から教育まで、さらには科学技術から食物や文化に至るまで、かつて後者の政治、経済、社会システムを形成したためである。この点は日本の北朝鮮との関係にも良く当て嵌まり、日本が北朝鮮において工業団地を建設する幅広い経験を有していることを意味する。朝鮮統治時代、日本の直接投資はこれという天然資源もなく圧倒的に農業依存の半島南部ではなく、半島北部に集中していた。また、発電、採鉱、化学生産、製鉄等を含み、全分野を網羅していた（とはいえ、日本の朝鮮統治が大東亜戦争での敗北により予想以上に早く終了してしまい、その後半島北部の日本の資産が接収されてしまったため、当時の日本の投資家が十分な投資回収や利潤獲得ができたかは甚だ疑問である）。

特に留意すべきは、北朝鮮の地下資源についての最も重要で詳細な情報を持っているのは、大日本帝国の遺産を受け継ぐ日本国であり、米国でも欧州諸国でも中国でも韓国でもない。確かに、米国は宇宙空間から遠隔探査によって、北朝鮮に相当な鉱物資源が存在することを分かる。しかし、この方法では、どの資源が正確に何処にどれ程存在しているのかは分からない。こうした情報は詳細な現地での地質調査とそのデータを書き込んだ地質図によってのみ知ることができる。二〇〇八年までの数年間、米国政府は日本政府に対してそうした地質図を提供するように要求し続けていた。日本政府筋によれば、米国防総省や米国企業の委託研究を行う米国の専門家がしばしば日本の国会図書館や公文書館を訪問し、日本統治下の朝鮮半島において大日本帝国政府当局が行った地質研究の成果を調査していた(46)。

同じく、ウラニウムに関する戦前の地質データは早期段階にあったソ連の核開発プログラムにも極めて重要であった。大日本帝国の軍部はまだ萌芽期にあった独自の核兵器開発プログラムのために北部の興南地方にあった化学工場でウラニウムを含有するモナザイトを処理した。ソ連赤軍は大日本帝国との戦争に参戦した直後にこの工場を接収した一方、米軍は朝鮮戦争勃発後、この工場を空爆で完全に破壊した。ソ連は一九四九年の最初の核爆発実験の後、北朝鮮から九〇〇〇トンのウラン鉱石を輸入することによって核兵器保有国の地位を強化した。スターリンは、一九四五年以降に占領した朝鮮半島北部において前述の日本が編集したデータを入手し、北朝鮮に埋蔵されるウラン資源のことを知るに至った。これまで、北朝鮮の既存体制は同じ埋蔵ウラン鉱石と日本統治時代から受け継いだ施設や技術を用いて、独自の核兵器開発を行ってきた。大日本帝国のモナザイト処理技術は興南地方にあった共同事業体によって引き継がれた。この事業体は金正日が所有する企業と日本の朝鮮総連関連の企業により設立された(47)。

これらの具体的な強みに加えて、日本円は北朝鮮国民の衰えることなき反日本帝国主義にも係わらず、彼等の間では相当な信用を保っていた。大日本帝国政府は主要特殊銀行として設立した朝鮮銀行を通じて通貨発行権を保有し、朝鮮統治の期間を通じてその支配の手段とした(48)。帝国の領域と勢力圏を通じて設立された他の特殊銀行とともに、日本はその帝国を中核とする地域大の円ブロックを形成した。この歴史的遺産を引き継いだため、戦後のスターリン主義体制下の北朝鮮国民は久しく日本との貿易のために日本円を使用し、他に大して流通しないにも係らず金融資産の退蔵手段とした。日本円の現金や蓄えは既存体制のエリートのために日本製品やサービス製品を購入するためにも必須であった。これには、耐久消費財だけではなく、広く軍事目的に用いられる軍民両用の産業製品も含まれた。一九九六年に韓国沿岸の浅瀬に座礁し発見された北朝鮮特殊部隊用の小型潜水艦が日本製の小型漁船用GPS位置確認装置を搭載していたのは、その典型である(49)。

したがって、一旦日本政府が小泉首相と金正日に間で妥結した日朝ピョンヤン宣言の条件に従って、北朝鮮に対して巨額の経済援助を供与し始めれば、援助が日本の非常に強力な影響力行使の手段となることは明白である(その条件とは、北朝鮮政府が核・弾道ミサイルと拉致の二問題を解決せねばならないということである(50))。日韓国交正常化の際に日本から韓国に供与された経済援助を現在価値で換算すれば、無償協力援助と低金利の円借款を含んで北朝鮮への援助は約一兆円に達するという見方もある(51)。そうした日本の援助の規模は必ず日本以外の六ヵ国協議の参加国全ての援助額の合計よりも大きくなるであろう。そして、インフラ建設や人的資源の開発を狙った日本の援助と貿易と直接投資に工業生産が組み合わされた時、北朝鮮を巡る日本の競争力は著しく強化されるであろう。そのようなアプローチはかつて発展途上世界に対する日本の援助政策を特徴付けたのであって、日本政府は再び同じアプローチを実行することができる(52)。

6 結論

ここまで、本章は日本政府を北朝鮮に対して地経学的アプローチを採るように押し動かす幾つかの主要な要因を分析してきた。第一に、日本国民は二〇〇八年六月に行われたG・W・ブッシュ政権による過度な北朝鮮宥和政策への急激な転換に大きな幻滅を感じた。第二に、日本国民は北朝鮮の偽札関連活動に関する米国の申し立てに関して従来とは異なる新たな視角に触れ、それを容易に信じないようになっていた。つまり、日本国民は米国の北朝鮮政策によって操作されているとの感覚を次第に強く持つようになった。したがって、第一と第二の要因によって、日本国民は日米同盟が日本の安全保障の主柱であることを許容しながらも、米国からの制約に対してより自由度の高い自国の北朝鮮政策が必要であると考えるようになった。第三に、北朝鮮の地下資源は国際投資家、特にロンドン＝ピョンヤン・コネクションを通じて欧州人投資家の関心をますます引き付けていた。第四に、欧州人投資家と米国人投資家は北朝鮮における商機を巡って競争を激化させていた。第五に、日本の財界と日本人投資家は日本が北朝鮮の旧宗主国であるという歴史的遺産の御蔭で、米欧その他の競争相手に対して相当な強みを持っている。この強みは詳細な北朝鮮に関する情報、広範な工業政策の経験、その他北朝鮮との潜在的な経済的関係を含んでいる。

確かに、二〇〇八年末時点で、日本の対北朝鮮政策の基本が直ぐには簡単に地政学から地経学に転換するとは思えなかった。というのは、日本のアプローチが核・弾道ミサイルと拉致の二問題に主たる焦点を縛った妥協を許さない地政学的計算に根差していたからであった。日本政府は必ず二〇〇二年の日朝ピョンヤン宣言の原則や条件を遵守し、北朝鮮政府がそうした原則や条件を満たさない限り決して経済援助を供与しないと判断された。とはいえ、このアプローチは変化がなく固定しているわけでも永久的なものではなかった。二〇〇八年当時、六ヵ国協議が核問題の解決を優先していただけで、それまでもそれ以後も二問題を解決するよう北朝鮮政府を制約した。この協議プロセスは時折北朝鮮政府の瀬戸際政策に直面したり、さらには深刻な後退を経験したりするであろうが、どんなに遅くとも、長期的には進展するように思われた。プロセスが顕著な進展を遂げ、地政学的な緊張が著しく低下すれば、日本政府は国益を再定義し、それに応じて北朝鮮政策を調整する際には必ず地経学要因を特別に重視すると考えられた。あるいは、万一北朝鮮既存体制が突然崩壊し、新たな体制が国際関係の現状を受け入れるならば、日本政府は同じように反応すると思われた。この見通しは、突然深刻な米中対立に引き起こされるなど、新たな冷戦状況でも生まれないかぎり、有効であると思われた。

本章は、二〇〇八年末の朝鮮半島を巡る状況から、長期的には恐らく日本の北朝鮮政策が地経学的アプローチへ転換するであろうと論じた。しかしながら、実際、日本政府がいかに新たな政策を採用、確立、追求するのかは本章の考察の範囲を超えている。このことは、二〇〇八年末の日本政府の戦略的アプローチが拉致問題の中で行き詰っていたことから、よく当てはまる。日本の指導者が政策的に先手を取るのか、はたまた他の列強の地経学的行動を後追いで模倣することを余儀なくされるのかは予断できなかった。したがって、当時の政策担当者や分析専門家は形を見せ始めた北朝鮮を巡る地経学的パワー・ゲームと依然として顕著には顕在化してなかった日本の地経学的思考パターンに十分注意を払うべきだと思われた。

（注）

（1）米国の対敵取引規制法（Trading with Enemy Act）によれば、発表時、制裁解除は大統領から議会に通告のあった四五日後の二〇〇八年八月一一日に発効する予定であった。二〇〇八年一〇月一一日、ブッシュ政権は北朝鮮に核能力の無力化に関して必要な措置を執行するとの明瞭な米朝合意を結ぶことなく制裁解除を発効させてしまった。

（2）*AFP-BB* News, June 13, 2008, http://www.afpbb.com/article/politics/2404909/3030238Accessed on November 20, 2008.

（3）青山繁晴、関西テレビ放送番組「アンカー」二〇〇八年七月二日。http://kukkuri.blog58.fc2.com/blog-entry-369.html、二〇一八年八月一九日アクセス。同様の視点については、重村智計『金正日の正体』講談社、二〇〇八年、一四頁。

（4）青山、前掲。

（5）青山、前掲。

（6）青山、前掲。

（7）原田武夫『北朝鮮VSアメリカ――「偽米ドル」事件と大国のパワー・ゲーム』筑摩書房、二〇〇八年。

（8）Bundeskriminalpolizei Kommisariat Falschgeld, *Falschgeldmeldungen Schweizer Franken Ausländish Währungen Allegemines 2004/2005*, May 2007.

（9）Kevin G. Hall, "Swiss authorities question U.S. counterfeit charges against North Korea," *Knight Ridder Tribune News Service*, May 22, 2007.

（10）Klaus W. Bender, "Das Geheimnis der gefälschten Dollarnoten" *Frunkfruter Allegemeine Sonntagszeitung*, January 9, 2007. An English translation is available at http://watchingamerica.com/frankfurterallgemeine000009.shtml, accessed on November 20, 2008.

（11）原田、前掲書、三七頁、八〇頁～八四頁。
（12）Bender, *op.cit.*
（13）原田、前掲書、三四頁～三五頁。
（14）同書、八二頁。
（15）Kevin G. Hall, “U.S. counterfeiting charges against North Korea based on shaky evidence,” *McClatchy – Tribune News Service*, January 9, 2008.
（16）原田武夫「北朝鮮製偽ドル札はＣＩＡが作っているか」『週刊現代』二〇〇九年二月九日。
（17）世界経済情報サービス（編）『北朝鮮：経済・貿易の動向と見通し』ＡＲＣレポート、二〇〇二年～二〇〇七年（年鑑）。
（18）経済産業省「対北朝鮮の輸入禁止措置継続について」二〇〇七年五月二四日。http://www.meti.go.jp/policy/anpo/kanri/catch-all/shingikai/dai9wg/siryou2.pdf -search=北朝鮮 貿易統計、二〇〇八年一一月二〇日アクセス。
（19）『北朝鮮：経済・貿易の動向と見通し』前掲レポート、二〇〇七年、五四頁～五五頁。
（20）*ARC Report, op.cit*, p.56.
（21）“EU/North Korean Relations: Trade Minister Leads visit to Brussels”, the European Union press release, March 4, 2002, IP-02-352, http://europa.eu/rapid/pressReleasesAction.do?reference=IP/02/352&format=HTML&aged=0&language=EN&guiLanguage=en, accessed on November 20, 2008.
（22）*Ibid.*
（23）「ＥＵの代表団、北朝鮮を訪問」ＥＵプレス・レリース（日本語版）、http://www.deljpn.ec.europa.eu/home/news_jp_newsobj2117.php, accessed on November 20, 2008.
（24）Declaration on the Advancement of South-North Korean Relations, Peace and Prosperity, October

4, 2007, https://peacemaker.un.org/sites/peacemaker.un.org/files/KP%20KR_071004_Declaration%20on%20Advancement%20of%20South-North%20Korean%20Relations.pdf, accessed on November 20, 2008.

(25) "EU industry commissioner says that NKorea must reform to win European investment", *International Herald Tribune*, October 5, 2007, http://www.iht.com/articles/ap/2007/10/06/business/AS-FIN-Koreas-Economy-EU.php, accessed on November 20, 2008.

(26) *Ibid.*

(27) 原田『北朝鮮VSアメリカ』前掲書、五三頁〜五四頁。

(28) 田村秀男「対北投資ファンド暗躍」『産経新聞』二〇〇八年八月一八日。Donald Greenlees, "Daedong fights U.S.-imposed sanctions on North Korea banks", *International Herald Tribune*, March 8, 2007; Anna Fifield, "North Korean fund gets UK approval", *Financial Times*, May 29, 2006.

(29) 田村、前掲記事。Greenlees, *op.cit*, Fifield, *op.cit*.

(30) Greenlees, *op.cit*.

(31) *Ibid.*

(32) *Ibid.*

(33) 浜田和幸「米朝合意の裏で早くも過熱する北朝鮮レアメタル利権争奪戦」『ＳＡＰＩＯ』二〇〇七年七月二五日。

(34) 原田武夫「にわかに起こったインテリジェンス・ブームの裏には北朝鮮利権を巡る米国が」『ＳＰＡ』二〇〇七年七月一〇日。

(35)『産経新聞』一九九六年五月一五日。

(36) 浜田、前掲論文。

(37)『日本経済新聞』一九九七年四月一八日。
(38)『産経新聞』二〇〇八年七月六日。
(39)『朝鮮日報』(日本語電子版)二〇〇七年一一月二二日、http://www.chosunonline.com/article/20071122000040、二〇〇八年一一月二〇日アクセス。
(40)『朝鮮日報』(日本語電子版)二〇〇七年七月九日、原田武夫『「日本封じ込め」の時代――日韓併合から読み解く日米同盟』筑摩書房、二〇〇八年。一六〇頁に引用。浜田、前掲論文。
(41)木村光彦、安倍桂司『北朝鮮の軍事工業化――帝国の戦争から金日成の戦争へ』知泉書館、二〇〇三年。
(42)黒木亮「北朝鮮債券が密かな人気商品に一〇年先を読む「途上国債権」売買の次の焦点は?·」『日経ビジネス*online*』二〇〇七年五月八日、http://business.nikkeibp.co.jp/article/topics/20070507/124220/、x 二〇〇八年一一月二〇日アクセス。
(43)『産経新聞』二〇〇八年七月六日。
(44)田村、前掲記事。
(45)田村、同記事。
(46)浜田、前掲論文。田村、同記事。
(47)田村、同記事。
(48)多田井喜生『朝鮮銀行』PHP研究所、二〇〇二年。
(49)テレビ朝日報道番組「スクープ」一九九九年二月二二日、http://www.tv-asahi.co.jp/scoop/.
(50)日朝平壌宣言、二〇〇二年九月一七日、https://www.mofa.go.jp/mofaj/kaidan/s_koi/n_korea_02/sengen.html.
(51)『東京新聞』二〇〇〇年一〇月二六日。
(52) Masahiro Matsumura, *Japan and the U.S. in International Development, 1970-1989*, Osaka, St.

Andrew's University Research Institute, 1997.

第14章　北朝鮮問題後に訪れる本当の危機
――東アジア秩序への衝撃

二〇一八年年六月一二日にシンガポールで開かれた初の米朝首脳会談において、北朝鮮の非核化実現に関して曖昧な原則が合意され、交渉プロセスは緒に就いた。その後、両国の担当者は断続的に交渉を重ねているが、未だその成否は見通せず、悲観論と楽観論が百出している。とはいえ、そのほとんど全てが朝鮮半島を焦点に北東アジア安全保障の観点から米国、北朝鮮、中国（さらに、補足的に、韓国、日本、ロシア）の動きとその相互関係を分析・考察したものばかりである。しかし、こうした捉え方は、米国がグローバルな覇権国であり、その北東アジア政策が様々な地域政策の連関の中の一要素でしかないことを踏まえると、「木を見て森を見ず」と言わざるを得ない。そこで、本章では視角を空間と時間軸の両面で一挙に広げて北朝鮮問題の本質を捉え直してみる。

1　トランプ政権の優先順位
――公式表明の内容と実際の齟齬《そご》

「国家安全保障戦略」は米国の戦略文書体系で最上位を占める。その最新版（二〇一七年一二月一八日）は中国とロシアを長期的な競争相手として明示しており、限定的な核戦力の開発・保有を急ぐ北朝鮮が最も重要な脅威であるわけではない。北朝鮮は現在の国際秩序を撹乱し、多分に中ロを利するリスクがあるために慎重に対処しなければならないだけである。

したがって、この戦略の問題は、恐らく意図的に中ロの何れが主たる潜在的敵国であるのかを曖昧にしている点にある。確かに、そうすることで、反米で中ロに緩やかに連携させる一方、実際の米国の政策行動にも操作の余地を残している。冷戦では、米国は中ソ対立に乗じてソ連陣営から劣勢の中国を引き離し、中国をソ連に対抗する駒とするよう戦略的連携関係を構築した。現在の米中ロ関係は冷戦時とは多分に異なるものの、基本的には、北朝鮮問題は三大国関係におけるエピソードでしかない。

実際、トランプは既に大統領選時からロシアとの戦略的連携を唱えていた[1]。また、二〇一七年四月のシリア・北朝鮮危機では、シリアのシャイラット空軍基地に巡航ミサイル五九発を撃ち込む際、事前にロシア側に通告し、同基地に駐留していたロシア軍要員に被害が出ないようにした[2]。また、攻撃の二日後には、ティラーソン国務長官（当時）をモスクワに送り、プーチン大統領やラブロフ外相と実務的な会談を成功させた[3]。さらに、二〇一八年七月一六日には、ヘルシンキにおいて初の本格的な米ロ首脳会談を開き、冷戦後最悪とされる米ロ関係の改善をめざし、核軍縮条約の継続協議で一致した。[4] 依然として、米議会を中心に冷戦時代からの反ソ連・反ロシア産軍複合体支持勢力が強く、トランプ大統領の対ロ協調志向は長らく先の米大統領選へのロシア介入疑惑（今やデッチ上げと判明した所謂「ロシアゲート」）によって阻まれてきたものの、その路線の存在は明らかである。

　また、トランプ大統領は二〇一八年五月にはオバマ前政権が主導したイラン核合意から離脱し、米国の中東に対する関与を急速に弱めたとの印象が強まった。この結果、同合意は米国抜きの英仏独ロ中五ヵ国で存続し、イランの核開発を抑えることとなった。[5] さらに、同月、中東諸国の強い反対にも拘わらず、米国の駐イスラエル大使館をエルサレムに移転させ、同市を黙示的に首都として認めた。[6] この動きはイスラエル国民や米国内で政治的に強力なイスラエル支持勢力を満足させはしたが、イスラエルの国際的孤立感を高めた。こうした新たな状況の下、イランの脅威に対抗するためにイスラエルとサウジアラビアは連携を深めている。[7] また、両国は最大の不安定要因であるシリア紛争でイランを牽制できるロシアに接近している。つまり、米国の関与低下はイスラエルとサウジの自助努力と自律性を高めるとともに、部分的に中東政治の主導権をロシアに移譲しつつあると言えるだろう。

　そして、トランプ大統領は欧州諸国との同盟関係も急速に弱体化させてきた。既に大統領選の段階で、同氏は英国——極めて緊密な同盟関係（「特別な関係」）で米国覇権を支えてきた——の欧州連合（ＥＵ）からの離脱を支持していた。[8] 一旦英国が国民投票で離脱を決定すると、米国は従前のように英国を介してＥＵに影響力を行使することができなくなった。同様に、トランプは既に大統領選時から、独仏を含め欧州の大半の北大西洋条約機構（ＮＡＴＯ）加盟国が公式指針の国防費対ＧＤＰ比二％を満たしていないことを批判し、満たされない場合、米国のＮＡＴＯ離脱を示唆していた。二〇一六年七月のＮＡＴＯ首脳会議では、一応欧州諸国が二％支出の意志を示したため、ＮＡＴＯから離脱はしないとしたものの、一方的に公式指針を四％に引き上げるよう求めた[9]。このトランプの動きは、安全保障で米国に依存してきた欧州諸国の対米自立性を高めるよう作用するであろう。この傾向は、二〇一八年五月以降、米国がＥＵに対して厳しい輸入制限と貿易制裁を示唆して、強引に広範な工業製品に関する関税引き下げ交渉に持ち込んだことから[10]、拍車がかかるであろう。さらに、同年七月には、米ロ両国自身が首脳会談で関係改善に踏み出したことから[11]、二〇一四年のクリミア半島危機・併合問題で米国に同調して厳しい対ロ制裁に与した欧州諸国をロシアに接近させるよう作用するように思われる。

他方、トランプ大統領は中国に対して軍事、経済、政治の三方面で厳しい圧力を加えている。軍事面では、二〇一七年一〇月以来、米海軍は定期的に「自由の航行作戦」を行い、南シナ海における多数の大規模の人工島埋め立てとその軍事化を進める中国をあからさまに牽制してきた[12]。また、北朝鮮に軍事的圧力を加えるために、中国に近い朝鮮半島付近で大規模な軍事演習を行った[13]。経済面では、中国の急速で大規模な軍拡を支えた経済力を削ぐため、二〇一八年三月の知的財産権侵害に対する大規模な対中関税制裁から始まり、その後広範で大規模な貿易制裁を科した。米中は制裁の応酬となり貿易戦争の様相を呈しているが、対米貿易依存率の高い中国は窮している[14]。さらに政治面では、二〇一八年三月、従来、事実上禁止していた米政府高官の訪台を認める台湾旅行法に署名し、同法を成立させた一方[15]、同年六月には事実上の大使館である在台湾米国協会（ＡＩＴ）の大規模庁舎を落成させ、その機能を強化した[16]。また、同月末には、台湾へ大規模な防衛用兵器の輸出を認めた[17]。

総合的には、トランプ大統領はロシアとの限定的連携を模索し、欧州の対米自立とロシアへの接近を促し、多極化を促す形で米国覇権の縮小再編成を進めているように思える。他方、あからさまに米国覇権に挑戦する中国に対しては正面から対抗する姿勢を強めている。こうした構図で米朝交渉を捉えれば、米国が集中して中国に対抗できるように、北朝鮮との手打ちは合理的な選択である。北朝鮮問題がある限り、米国は北朝鮮に強い影響力を持つ中国に常に協力を求めねばならないからである。さて、この理解はこれまでのトランプ大統領の基本方針と一致するであろうか。

2　トランプ政権の基本方針——選挙公約に忠実

従来、米国の政権は大統領を頂点に高級政治任用者が国際問題の危機管理に当たるとともに、自らの課題設定に基づいて国際戦略を策定し、具体的政策を実行するよう努力してきた。もちろん、これは必ずしも実際の政策が戦略通りになることを意味しないし、大統領の政治任用者に対する依存度もケース・バイ・ケースであることは言を俟たない。とはいえ、従来、政権の意図や志向は概ね各種主要戦略文書等で明らかであった。

こうした定石はトランプ政権を理解する上では余り役に立たない。確かに、法令に基づく主要戦略文書は分析、情勢認識、選択肢等の点で重要な情報源ではある。とはいえ、二〇一八年八月の時点でも、国務省や国防総省を含め主要官庁では依然充分には主要な政治任用ポストが埋まっておらず、これらの文書が大統領を含め権力中枢の意向に沿った内容になっているとは限らなかった。しかも、トランプ大統領は大統領首席補佐官、同国家安全保障担当補佐官、国務長官を事実上更迭するなど、主要な政権幹部を頻繁に替えてきた。この傾向は多分に今後も続くであろうから、政策決定は基本的に大統領個人の采配に左右されることになると言っても過言ではない。

とはいえ、政治的に偏向した米主要メディアの報道とは裏腹に、トランプは決して気紛れにいい加減な采配を振るっているわけではない。それどころか、歴代の大統領と比しても、大統領選その他で示した公約の実現率が驚くほど高く、[18]良くも悪くも、一貫性がある。

トランプ大統領は就任演説で基本的な考えや方針をある程度纏《まと》まった形で単純明快に表明した。これまでのところ、これを越える内容の公式文書や演説はないと思われる。この中で、トランプは従来採られてきた覇権・グローバリズム推進政策が米国の一般国民の利益とそれに基づいた国益に反していると唱え、自分の政権では「アメリカ・ファースト」により反覇権・反グローバリズムを大方針とすると明らかにした。[19]つまり、覇権の縮小再編成（場合によっては、その完全放棄）、そして国際政治の多極化を志向していることは否めない。[20]

3　窮地に追い込まれるＪＩＢs (Japan, Israel, Britain)

米国が覇権を縮小再編成すると、英国、イスラエル、日本——本拠地の北米大陸から大西洋と太平洋を挟んで位置する世界最大のユーラシア大陸をコントロールするために不可欠の前方展開基地であった——の戦略的価値は著しく低下する。この状況変化は、これら三ヵ国が安全と繁栄を確保するために採ってきた対米依存の「勝ち馬戦略」（bandwagoning）を危うくさせることは言を俟たない。

もっとも、米国とこの三ヵ国は単に軍事安全保障面だけではなく、政治面、経済面、社会面にも及ぶ多層的で深い関係を有しており、そうした関係は条約等による制度化や緊密な人的なネットワーク化によって強靱に構築されているため、一挙には瓦解しない。特に、英国は金融・諜報分野で、イスラエルは諜報分野で、各々強力かつ独自のパワーと影響力を持つ一方、緊密な人的ネットワークを通じて米国内政治にも介入し、ある程度操作することができる。

しかし、既に見たように、トランプ大統領の英国やイスラエルに対する動きは、両国が安全保障面で対米自立性を高めざるを得ないように作用し、結果的に国際政治全体の多極化を助長させている。

それでは、トランプの動きは日本の安全保障の在り方にどのような圧力を加えているのだろうか。わが国は多額の米国債を安定的に保有し、資金調達・金融面で米国覇権を支えてきたが、英国やイスラエルのような対米パワー・影響力を持っているわけではない。そうした条件の下では、北朝鮮問題の処理は決定的に重要となる。それは、なぜか。

4　戦略的自立を迫られる日本

地政学的に見れば、日本の安全保障と朝鮮半島は切り離すことができない。日清・日露戦争は敵対勢力に朝鮮半島を支配させないために戦われた。当然、この基本条件は第二次世界大戦での日本の敗戦によっても変化することはなく、現在は日本を自己の勢力圏に組み込んだ米国が同様の負担を負っている。

その経緯を簡単に振り返れば、先の大戦に勝利した米国は連合国を主導して日本を武装解除し、日本全土を占領した。占領中の一九四七年、米国は日本に新憲法を作らせ、交戦権を放棄させた。しかし、米ソ冷戦が急速に深刻化して、一九五〇年には突如、朝鮮戦争が勃発したため、米国は占領政策方針を逆転させ、日本に警察予備隊を持たせた。朝鮮戦争が継続する中、一九五二年にはサンフランシスコ講和条約と日米安保条約が同時に成立し、日本は再独立した。一九五三年には、朝鮮戦争の休戦協定が成立する一方、戦争状態は継続し、一九五四年には、日米相互防衛援助協定が成立した。この協定は日本に自らの防衛に責任を持つよう再軍備を課した。同年成立した防衛庁設置法と自衛隊法の直接の根拠法は憲法ではなく、この協定である。一九五四年には、日本と国連との間で朝鮮国連軍地位協定も結ばれ、日本に朝鮮国連軍後方司令部が設置された一方、朝鮮半島有事の際には、主要な在日米軍基地が国連軍基地と成ることとなった。在日米軍の法的地位は既に日米行政協定（一九五二年）により定められていた（その後、一九六〇年には日米地位協定が締結された）。

要するに、日本国憲法体制、サンフランシスコ講和条約体制、日米同盟体制、朝鮮戦争・休戦体制（これは、米韓同盟体制と表裏一体である）、これらは構造的に相互に密接に依存し合っていることから、全体として一体であると見做さなくてはならない。さらに言えば、この構造はグローバルな米国覇権システムの下で東アジア・西太平洋地域におけるサブシステムを構成している。それ故、これら四体制の内、一つでも存在しなくなれば、サブシステム全体の構造も持続しがたく、終には瓦解すると考えねばならないだろう。したがって、米国覇権を維持強化するなら、現存する四体制全てを死守すべきである一方、覇権を放棄し多極化を促進しようとするなら、その一つの体制を決定的に弱体化すれば事足りる。

こうした理解を踏まえて、トランプ大統領の仕掛けた米朝交渉の意義を考えてみると、驚くべきことに、中長期的な結果はその成否に係わらず、ほぼ同じである。

交渉の成功とは、北朝鮮が非核化を実行する交換条件として、米国が武力攻撃によって北朝鮮の体制変換をしないとの保証を意味する。これは在韓米軍の存在理由を奪い、当然、トランプ自身が既に示唆したように、早晩、朝鮮戦争の休戦協定の廃止、講和条約の締結、さらには在韓米軍の縮小・撤退に繋がる。そうなれば、在日米軍基地の軍事戦略上の価値は下がり、在日米軍の縮小に繋がるだろう。具体的には、米国は極東有事に際し、自らが軍事介入すると決断した場合に、日本国内に軍事拠点を確保できれば事足りる。すでに、北朝鮮問題が現在のように深刻化する前の段階でも、米軍は沖縄の海兵隊部隊の主要部隊をグアム島に移動させ、普天間基地を日本に返還して、代替施設として辺野古に基地を建設することに同意している。交渉成功はこの傾向を顕在化させるだけである。他方、米国が国益に照らして軍事介入しない可能性が排除できないことから、日本は自助能力と対米自律性を高めざるを得なくなるだろう。したがって、少なくとも現在の日米同盟がそのままの形で維持されることはありそうもなく、日米安保条約の大幅改定は回避し難いだろう。その際、焦点が日本の通常兵器による戦力投射能力や核兵器の保有の是非や程度に絞られるであろうことは言を俟たない。最悪の場合、日米同盟は破棄されて、緩やかな協商関係になるかもしれない[21]。

他方、米朝交渉の失敗とは、北朝鮮が近未来に米本土に到達する核弾頭搭載弾道ミサイルを完成・保有・実戦配備することを意味する。一旦、北朝鮮がこの能力を保有してしまえば、米国は北朝鮮による米本土の主要都市への核報復攻撃を覚悟せねばならなくなり、北朝鮮に対して先制攻撃を行うのは極めて困難となる。従来、米国はこうした懸念を持たず、一方的に北朝鮮に対して先制攻撃を仕掛けることができた。確かに、北朝鮮は既に米国の同盟国である日本の主要都市や在日米軍基地に対して核攻撃を行う能力は有する可能性は排除できなかったが、米国は全く安全な米本土或いは遠方の戦略核ミサイル搭載原子力潜水艦から一方的に圧倒的な核報復攻撃で北朝鮮を抹殺することができた。こうした状況変化は米国の日本に対する拡大核抑止の信頼性を著しく損なうことになる。その結果、日本は少なくとも米国の破れた「核の傘」を補う独自の最小限核抑止力を保有せざるを得なくなる（実際、トランプ大統領は大統領選では、日本の核武装を容認する旨、明言していた）[22]。そうなれば、日米同盟は根本的に変化せざるを得ず、最悪、日米安保条約廃止の可能性も排除できなくなる。

要するに、米朝交渉の成否に係わらず、早晩、日本は戦略的自立を模索せざるを得なくなる。

5　回避できない戦略的自立
――多国間安保体制は選択肢ではない

戦後七〇年余、良くも悪くも、対米依存を当然視してきた日本の指導者には、わが国が戦略的自立を模索せざるを得ないことが俄《にわか》には受け入れがたいかもしれない。或いは、無意識のうちに、その必要はないと自己欺瞞に陥っているのかもしれない。この状況下で持ち出されそうな代替策は外交を通じた多国間安保体制の構築であろう。しかし、これは「いつか来た道」であり、全く見込みがないように思える。なぜか。

思い起こせば、第一次世界大戦後の国際秩序はベルサイユ講和条約（一九二〇年）体制を主柱として形成された。さらに、この体制はサブシステムとして欧州方面のロカルノ条約体制、東アジア・西太平洋方面のワシントン条約体制によって支えられていた。はたして、この制度的には堅牢に構築されたかに思えた体制は脆くも崩れて去り、第二次世界大戦に突入したのは周知の事実である。

ワシントン条約体制（一九二一年～一九三六年）はワシントン海軍軍縮条約（一九二二年）、中国に関する米英蘭伊仏白葡日中の九ヵ国条約（一九二二年）、太平洋地域に関する米英仏日の四ヵ国条約（一九二一年）から成っていた。ところが、多国で責任と負担を分かつ安全保障体制は責任の所在が明確でない上に、言を弄して責任や分担を果たさない国や只乗りする国の出現を防げなかったことから、上手く機能しなかった。とりわけ、中国の違反行為に対して、当初日本はこの体制に沿って処理しようとしたが、他の条約当事国が必要な武力を行使しなかったため、単独で行動した。その結果、日本は中国における権益を争点として列強と激しく対立し、これが大戦の遠因となった[23]。

留意すべきは、この背景には米英間の覇権交代劇があったことである。日本は日英同盟（一九〇二年）を結んだ後、これを利用して日露戦争に勝利した。その後、日本は東アジア・西太平洋地域における英国覇権の補完勢力となり、英国の側について第一次世界大戦に参戦した。戦後は、戦勝国として欧米諸国に伍する列強となった結果、急速に台頭してきた米国と対峙することとなった。そこで、急速に凋落する老覇権国・英国は米国と対立しないために日英同盟を解消したかった一方、米国も英国と対立しないように、日英同盟を廃棄に追い込みたかった。ワシントン条約体制は日英同盟に止めを刺すには絶好の口実であった。

現在、東アジア・西太平洋地域における米中間の競争状態はかつての凋落する覇権国・英国と台頭する米国の間の競合状態を髣髴《ほうふつ》とさせる。何れの場合も、この地域における国際秩序の安定性は日本の去就にかかっていると言えるだろう。既に北朝鮮問題に関する米中ロ日韓朝の六ヵ国協議は機能しなかったことは誰の目にも明らかである。今後、別の多国間安保体制を作っても恐らく機能しないであろうから、早晩、日本はその存亡を賭けて米中間で微妙なバランスを取りながら、戦略的自立を模索せねばならなくなると思われる。

（注）

（1）「【米大統領選2016】トランプ氏、プーチン氏はオバマ氏より優れた指導者と」『*BBC News Japan*』二〇一六年九月八日、http://www.bbc.com/japanese/37304026、二〇一七年八月一七日アクセス。

（2）Jonathan Karl and Alexander Mallin, "Tillerson: Russia 'complicit' or 'incompetent' with Syria", ABC News, April 7, 2017, http://abcnews.go.com/Politics/tillerson-russia-complicit-incompetent-syria/story?id=46640880, accessed on August 19, 2017. Molly Hennessy-Fiske and Nabih Bulos, "Syrians report 15 dead in U.S. airstrike", *Los Angeles Times*, April 7, 2017, http://www.latimes.com/world/middleeast/la-fg-syria-airstrike-20170406-story.html, accessed on August 19, 2017; and, "MoD to hold briefing after US strike in Syria", *RT Russia*, April 7, 2017, https://www.youtube.com/watch?v=ZeI81gj37ks, accessed on August 19, 2017.

（3）Alec Luhn, "Putin meets with Rex Tillerson in Russia amid escalating tensions over Syria", *Guardian*, April 12, 2017, https://www.theguardian.com/world/2017/apr/12/rex-tillerson-russia-moscow-trip-syria-attack, accessed on August 19, 2017.

（4）『朝日新聞』（電子版）二〇一八年七月一七日、https://www.asahi.com/articles/ASL7J22NQL7JUHBI00D.html、二〇一九年二月一一日アクセス。

（5）『日本経済新聞』（電子版）二〇一八年五月一〇日、https://www.nikkei.com/article/DGXKZO302906

40Q8A510C1EA1000/、二〇一九年二月一一日アクセス。

(6)『毎日新聞』(電子版夕刊)二〇一七年一二月六日、https://mainichi.jp/articles/20171206/dde/001/030/070000c、二〇一九年二月一一日アクセス。

(7)「イラン包囲のためなら敵にも近づく　イスラエル・サウジ接近の衝撃」『*Asahi Shimbun Globe*』二〇一八年九月四日、https://globe.asahi.com/article/11792280、二〇一九年二月一一日アクセス。

(8)「【英国民投票】トランプ氏　英国のEU離脱を支持」『*BBC News Japan*』二〇一六年五月六日、https://www.bbc.com/japanese/36226278、二〇一九年二月一一日アクセス。

(9)「NATO加盟国、防衛費の対GDP比2%達成を確約=事務総長」『*Reuters*』二〇一八年七月一三日、https://jp.reuters.com/article/nato-us-idJPKBN1K22XZ、二〇一九年二月一一日アクセス。

(10)「米・EUが自動車を除く工業製品の関税、非関税障壁等の撤廃に向けた交渉開始に合意」日本関税協会、二〇一八年七月三〇日、http://www.kanzei.or.jp/topic/international/2018/for20180730.htm、二〇一九年二月一一日アクセス。

(11)『朝日新聞』(電子版)前掲、二〇一八年七月一七日。

(12)「米軍、南シナ海で航行の自由作戦　中国の進出けん制=米当局者」『*Reuters*』二〇一七年一〇月一一日、https://jp.reuters.com/article/usa-china-military-idJPKBN1CF36J、二〇一九年二月一一日アクセス。

(13)「米韓が合同演習『フォールイーグル』開始　空母カール・ビンソン投入で過去最大規模に　北朝鮮へ〝警告〟」『産経新聞』二〇一七年三月一日、http://www.sankei.com/politics/news/170301/plt1703010014-n1.html、二〇一七年八月二〇日アクセス。「米戦略爆撃機B1Bが再び韓国に　爆撃訓練で北朝鮮けん制」『聯合ニュース』二〇一七年三月二二日、http://japanese.yonhapnews.co.kr/Politics2/2017/03/22/0900000000AJP20170322003600882.HTML、二〇一七年八月二〇日。「米軍が朝鮮半島に原子力潜

水艦展開　北朝鮮に圧力」『朝鮮日報』二〇一七年三月二一日、http://www.chosunonline.com/site/data/html_dir/2017/03/21/2017032102675.html、二〇一七年八月二〇日アクセス。「米空母　二五日ごろ朝鮮半島東の海上に＝対北抑止へ武力誇示」『聯合ニュース』二〇一七年四月一七日、http://japanese.yonhapnews.co.kr/Politics2/2017/04/17/0900000000AJP20170417000900882.HTML、二〇一七年八月二〇日アクセス。

(14) 一般に、米中貿易戦争（China-US Trade War）と呼ばれ、その経緯の概略については、邦文版及び英語版ウィキペディア（Wikipedia）を参照せよ。

(15)『産経新聞』（電子版）二〇一八年三月一七日。

(16)『産経新聞』（電子版）二〇一八年六月一二日。

(17)『産経新聞』（電子版）二〇一七年六月三〇日及び二〇一八年九月二五日。

(18) 堀田佳男「選挙公約をほぼ達成したトランプ大統領」『*livedoor news*』二〇一八年三月一八日、http://news.livedoor.com/article/detail/14434531/、二〇一八年二月一一日アクセス。

(19) Donald Trump, The Inaugural Address, January 20, 2017, https://www.whitehouse.gov/briefings-statements/the-inaugural-address/, accessed on August 19, 2017.

(20) 国内政治的には、従来権力を牛耳ってきた民主・共和両党に跨る既成体制勢力（エスタブリッシュメント）――この勢力は産軍複合体、財務省・ウォールストリート複合体、諜報機関、主要メディア、そして関連する米議会内勢力などから成る――と闘い勝利すると宣言した。当然、既得権益を巡る両者の攻防は極めて激烈となり、そのことは各種スキャンダル、政権主要ポストを巡る人事面での変動、予算や重要法案を巡る議会との駆け引き等に顕著に現れた。とはいえ、既成体制勢力は決して一枚岩ではなく、トランプは上手く分断した上で臨機応変に合従連衡を繰り返し、凌いできた。二〇一八年八月の時点は、トランプとその支持勢力はやや優勢を呈していたが、その後の見通しは同年秋の中間選挙の結果に左右されると思われた。この種の分析に関しては、拙著『衰退する米国覇権システム』芦書房、二〇一八年、二一五頁～二五五頁を参照せよ。また、同中間選以降の分析については、拙稿「『トランプ革命』と覇権放棄政策」『問題と研究』第48、Ibv巻1号、二〇一九年を参照せよ。

(21) Masahiro Matsumura, "Brace for the rise of the 'Japan question'", *Japan Times*, June 6, 2018.

(22)『日本経済新聞』(電子版) 二〇一六年三月二七日。

(23) ジョン・ヴァン・アントワープ マクマリー (著)、アーサー ウォルドロン (編著)、北岡伸一 (監訳)、衣川宏 (訳)『平和はいかに失われたか――大戦前の米中日関係もう一つの選択肢』原書房、一九九七年。

おわりに

本書は、朝鮮半島を列強が厳しい権力闘争を行う「格闘場（cockpit）」であると捉えた上で、国際構造の変容と半島情勢の変化の相関関係を分析し、近未来の展望を試みた。具体的には、依然として冷戦構造が強固に残存する朝鮮半島において、北朝鮮による核兵器開発・核武装が米国覇権の安定期、動揺期、衰退期の変遷の中で、どのように主要関係国の外交・安全保障政策を変化させたかに注目した。

その結果明らかになったことは、特定の局面若しくは特定の問題分野では、その時点での主要各国の戦略的相互作用の状況や政策面での優劣が短期的な結果を左右したが、本書の分析対象となった約二〇年間全体を通じて観ると、米国覇権の盛衰と中国の台頭に特徴付けられる国際構造の変容、そしてそれがもたらした既存国際秩序の動揺が中長期的な流れを大きく左右してきた点である。歴史に「もし」はないが、敢えて思考実験を行えば、もし米国覇権が盤石であったとしたら、中国は米国の北朝鮮政策にかなり妥協・協力したであろうし、日米韓安全保障協力も順調に深化し大きな効果を上げたであろうから、北朝鮮問題はここまで錯綜せず、長期化もしなかったように思える。実際、二〇一九年八月二三日、韓国は日本に対して両国間の秘密軍事情報保護協定（ＧＳＯＭＩＡ）の破棄を通告し、これが撤回されねば、同年一一月二三日には失効する。その結果、日米韓安全保障協力関係は動揺し、弱体化の様相を呈している。期せずして、こうした展開は本書の視角や分析が全く妥当であることを裏打ちする結果となった。

したがって、こうした視点に立てば、北朝鮮を焦点とする朝鮮半島・北東アジア安全保障研究は、この地域で展開する個別の現象を詳細に分析しつつも、常に国際構造の変動と国際秩序の動揺、つまり現在の国際政治においては米国覇権の盛衰の観点から位置付けて理解せねばならないと言えるだろう。本書の分析を踏まえれば、主要各国の政策はこうしたマクロ国際政治のダイナミズムに極めて強い制約を被り、往々にしてその付随現象（epiphenomenon）であったと理解される。

結局、数多くある北朝鮮問題や北東アジア情勢に関する分析に対する本書の意義は、米国覇権の盛衰に焦点を置いたマクロ国際政治分析を主軸にして、それと安全保障分野における北朝鮮に関する比較政治学的研究や北東アジアに関する地域研究を著者なりのやり方で総合した点にある。当然、北朝鮮・地域研究を主軸として、マクロ国際政治分析を加味した、従来のアプローチを是とする立場とは大いに異なる。著者としては類書がほとんどない本書に対する読者の批評を待つ一方、こうしたマクロ分析とミクロ分析の総合を重視した後続研究が北朝鮮・北東アジア安全保障研究その他の分野で出ることを期待したい。

二〇一八年六月のシンガポールにおける米朝首脳会談以降、北朝鮮を巡る国際情勢は依然として流動的で予断をゆるさない。既に、著者は近著『衰退する米国覇権システム』（芦書房、二〇一八年）でマクロ国際政治情勢に関して基本的な捉え方を提示した一方、「『トランプ革命』と覇権放棄政策」『問題と研究』（第48巻第1号、二〇一九年）で直近の情勢分析を試みた。今後、これらの分析視角や情勢分析を踏まえて、北朝鮮情勢の推移を注視していきたい。

（補論）北朝鮮のスヴァールバル条約加入に関する一考察

北朝鮮は核兵器・弾道ミサイル開発を急速に進め、国際的な緊張を高める中、現在スヴァールバル（Svalbard）条約として知られる、「ベア島を含むスピッツベルゲン群島に関する条約」（Treaty concerning the Archipelago of Spitsbergen, including Bear Island）に、二〇一六年三月一六日に加入した。同条約は一九二五年八月一四日発効しており、実に一〇〇年余を経て加入したことになる。[1]

この唐突な北朝鮮の行為は、一見して北朝鮮が北極圏の科学調査、スヴァールバル諸島における資源調査・開発や商業活動等に利害や能力を持ち合わせていないことから、不可思議である。北朝鮮がその意図について何ら説明していないことから、[2]核兵器開発を焦点とした同国の外交・安全保障政策と何らかの関係があるのではないかと憶測を呼ぶこととなっている。

『週刊現代』（二〇一七年一〇月七日号）は「金正恩氏『急遽作った極秘ルート』で最後はロシアに亡命か」を掲載し、その中で中村逸郎（筑波大学教授）は北朝鮮の独裁者、金正恩とそのファミリーの亡命先としてスヴァールバル諸島を挙げた。同氏は、ロシアが既に同ファミリーの逃亡のために朝ソ国境の山岳地帯に秘密トンネルを建設しており、「ウラジオストクから北極海に面したムルマンスク軍港まで軍用機で運び、そこから約一〇〇〇キロメートル離れたスヴァールバル諸島に、亡命先を用意」するとの判断を示した[3]。

この説には、次の三つの前提がある。

（1）朝鮮半島有事が勃発し、北朝鮮現体制が崩壊した場合、金正恩ファミリーが亡命を選択する。
（2）金ファミリーが北朝鮮からスヴァールバル諸島まで移動する経路が確保されている。具体的には、平壌《ピョンヤン》からロシア国境までの、さらにはそこからスヴァールバル諸島までの安全な移動手段が確保されている。ロシアにはこれを実行する能力と意志がある。
（3）スヴァールバル諸島が金ファミリーにとって安全で自由な生活を継続的かつ安定的に過ごせる場所である。それに対して、米国やその他の国が軍事力や警察力を行使しない。

（1）に関しては、直接確認する情報や方法はないが、金正恩にとって有力な選択肢であると想定して考察を進めても、特段問題はないと思われる。この想定がどの程度妥当かは（2）（3）の想定が成立するかに左右される。

（2）に関しては、一旦金ファミリーがロシア領内に入れば、ロシアには軍用機でスヴァールバル諸島まで送り届ける能力がある。この経路の大部分はロシア領内の移動である。ロシアの政治的意志については、本補論執筆時点で確認する情報・方法はないが、特段否定的な情報もない。平壌から朝ソ国境までの移動については、そもそも体制崩壊の状態での移動には不確実性が伴う。しかも、当然、朝ソ国境の秘密トンネルの存否は確認できない。とはいえ、ロシアは特殊部隊を派遣して移動を護衛することはできるだろう。とすれば、（2）は確実な想定ではないが、かといって積極的に排除せず考察を進めることが無意味だともいえない。

したがって、（3）が成立するかどうかを、考察してみることが必要となる。はたして、スヴァールバル条約が金ファミリーの亡命生活を法的に保証する内容となっているのであろうか。同条約に関する邦文での文献は皆無であり、[4]英文のものも限られていることから、邦文での初歩的な分析を提供する意義はある。また、同条約による法的義務が主要国、とりわけ米国によって遵守され続けられる見込みがあるか否かに関しては、国際政治の視点から分析されねばならない。亡命先が確保されれば、金正恩体制は有事勃発のリスクを冒しても、米国に対して強硬な外交・交渉姿勢を取ることができるから、本補論の意義は今後の北朝鮮情勢を分析する上でも小さくない。

1　スヴァールバル諸島の概要

地図1と地図2が示すように、北極圏にあるこの群島は北極海のヨーロッパ寄りに位置し、東はバレンツ海、西にあるグリーンランドとの間はフラム海峡、南西はグリーンランド海、南東はノルウェー海に囲まれている。総面積は六万六四〇平方キロメートル、人口は二五八三人（二〇一七年七月現在）であり、その割合は、ノルウェー人が五九・八％、ロシア人・ウクライナ人が二〇・四％、その他が一九・四％となっている（二〇一六年での概算）である。唯一の有人島であるスピッツベルゲン島には、最大の町であるロングイヤービーン、その他の主な定住地として炭鉱の町であったニーオル

地図１：スヴァーバル諸島の位置

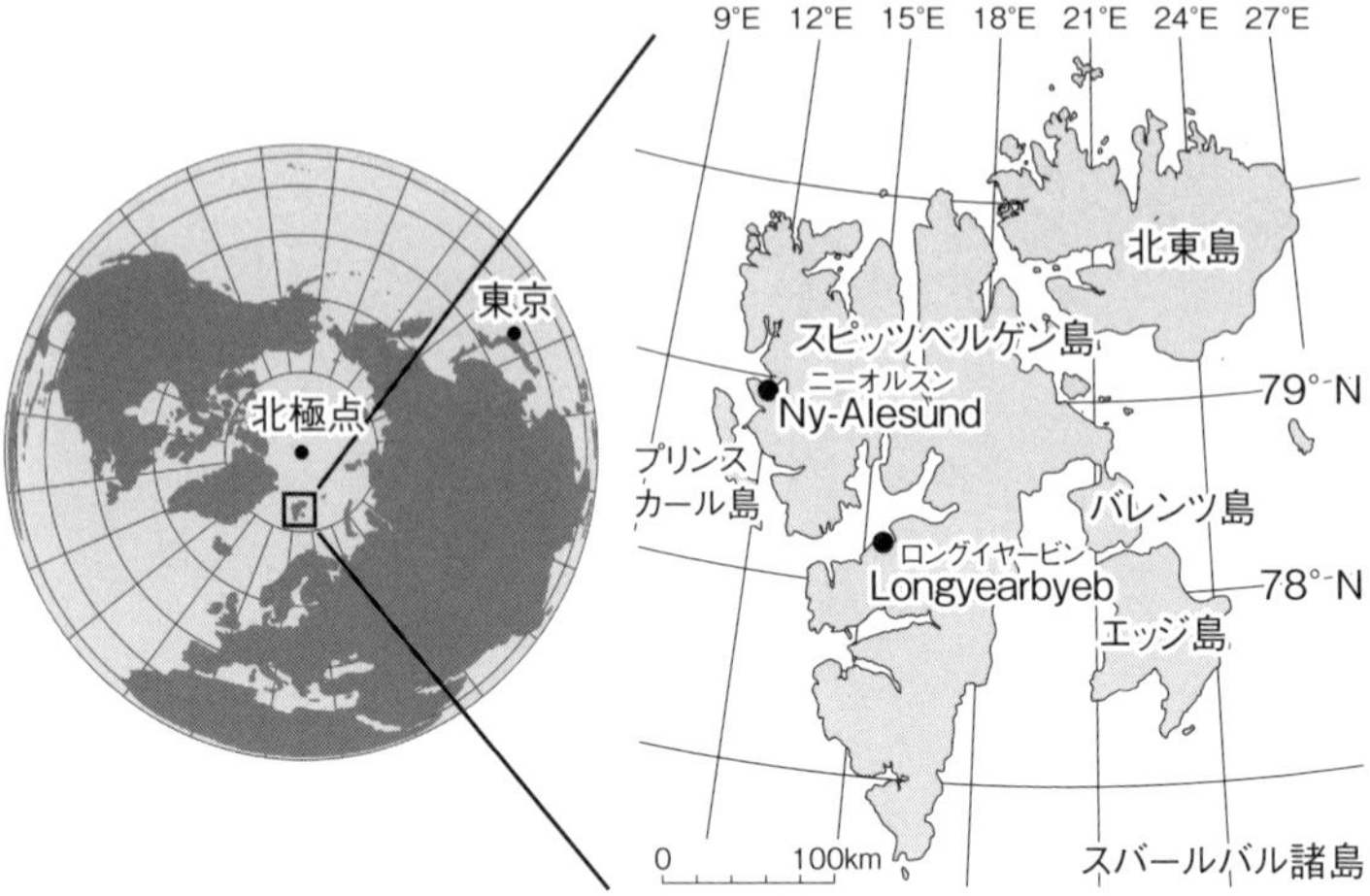

（出典）http://www.nipr.ac.jp/aerc/kyodo/svalbard.html, accessed on May 20, 2018.

スン、ロシア人が暮らし独立性の高いバレンツブルクがある。その他は酷寒のほぼ不毛の島々である。主要な産業は採炭、観光、国際科学観測（極地科学研究）である。[5]

スヴァールバル諸島はノルウェー領であるが、スヴァールバル条約に則って制定されたノルウェーの法令によって、特異な法制度や行政機構を有する。したがって、同条約が締結されるに至った経緯を簡単に把握しておく必要があろう。

スヴァールバル諸島は一六世紀末にオランダ探検家によって発見された。一七世紀になると、鯨油とセイウチの牙などの資源が同諸島の資源として注目され、英国とオランダの間に資源獲得や関連施設の設置場所を巡って激しい競争が展開されたが、過当競争で利潤が低下すると、両国は協定を締結して競争を停止した。他方、ロシア白海沿岸地方のスラブ系原住民であるポモール人（Pomors）も同諸島における狩猟活動を止め、同諸島は誰のものでもなく、如何なる国家の主権にも服さない「無主の地」（terra nullius）となった。その後、一九世紀には、同諸島は植物相、動物相、地質、地理などの点で科学調査研究の対象となる一方、石炭が発見・開発され採炭ブームに沸いた[6]。

地図２：スヴァールバル諸島の地理

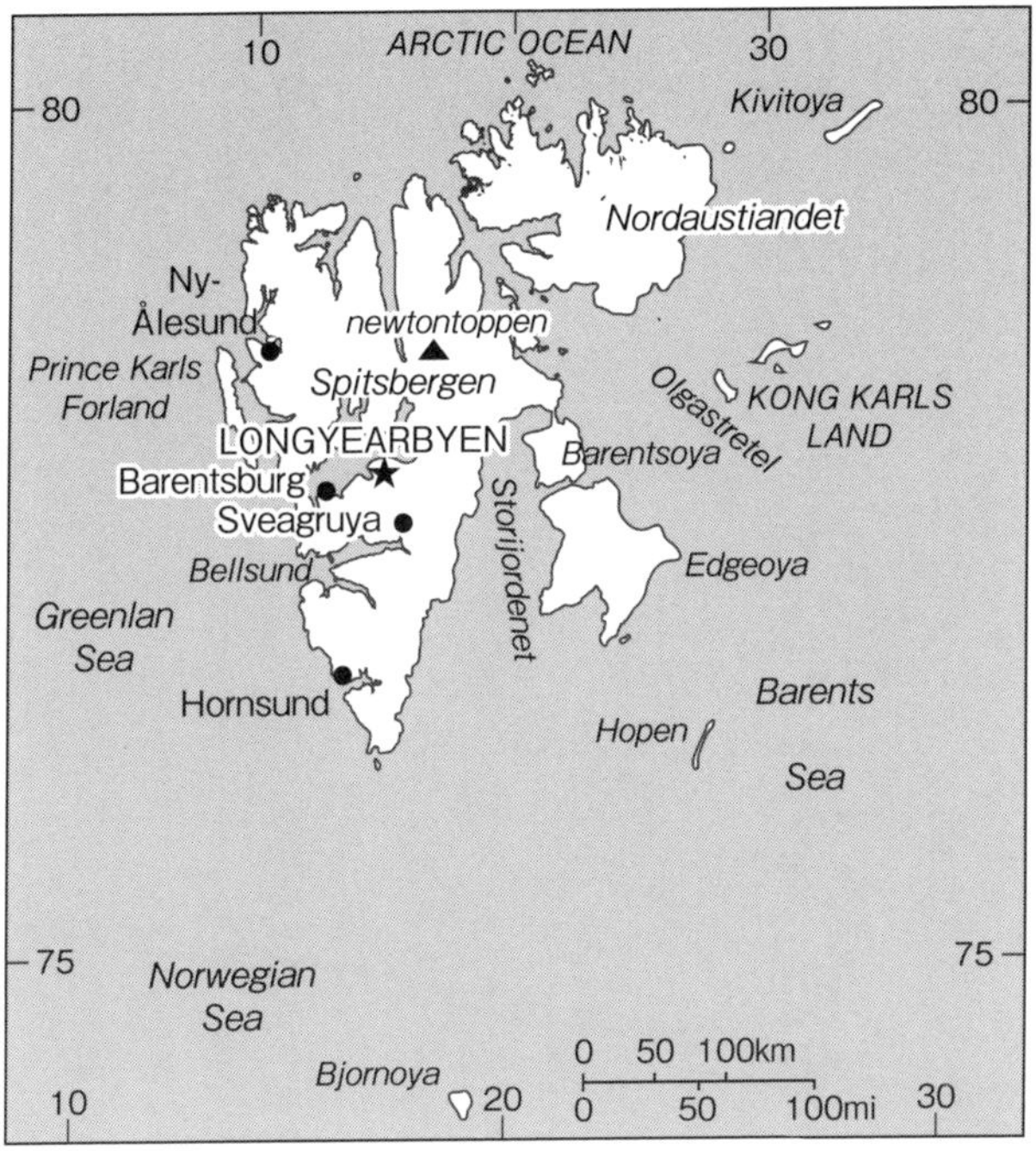

（出典）Svalbard, World Factbook, CIA, https://www.cia.gov/library/publications/resources/the-world-factbook/geos/print_sv.html, accessed on May 20, 2018.

採炭産業の急発展に伴い、「無主の地」における排他的所有権の確立、採炭業者と所有者の法的紛争処理のための法令構築と紛争裁定が必要となった。一九〇五年にスウェーデン・ノルウェー同君連合が解消され、ノルウェーが独立すると、スヴァールバル諸島に隣接し、同諸島に対する影響力の拡大を試みていたノルウェーは、スウェーデンとロシアと共に国際会議を開催し、同諸島に対する管轄権の問題を解決しようとした。具体的には、当初の計画は同諸島の「無主の地」としての法的位置付けを変更せず、三ヵ国による合同委員会によって統治するとしていた。また、六年毎に輪番で同委員会委員長を選出する一方、同委員会により総督（governor）を任命し、三ヵ国による国際警察を組織するとしていた。さらに、三ヵ国が同諸島の資源を開発・利用する権利を平等に有し、合同委員会の法令が適用される経済活動以外は、各々の母国の法律によって扱われるとしていた。しかし、この国際会議は第一次世界大戦のために失敗した。こうした経緯を経て、一九一九年、同大戦のパリ講和会議に関連して、スヴァールバル諸島に関する委員会が設けられ交渉・合意に至った。一九二〇年二月九日、米国、大英帝国、デンマーク、フランス、イタリア、英国、日本、ノルウェー、オランダ、スウェーデンが同諸島に関する条約に署名し、一九二五年八月一四日に発効した。(7)

2 スヴァールバル諸島に関する国際法レジーム

スヴァールバル条約第1条はスヴァールバル諸島に対するノルウェーの「完全で絶対的な主権（full and absolute sovereignty）」を規定している。これは、第一次世界大戦前の交渉が同諸島を「無主の地」のままにして、ノルウェー、スウェーデン、ロシアの三ヵ国による国際共同管理を是としていた経緯を踏まえると、断絶があるような印象を与える。

しかし、スヴァールバル条約は経済活動等に関しては、同諸島の法的地位を実質的に「無主の地」

のままの状態に置いている。[8] つまり、同条約は、原締約国と第10条の手続きによる加入国の国民に対して同諸島の領域に於ける全く平等の法的権利を保証しており、ノルウェー国民に対して特権又は優遇を認めていない。具体的には、漁業・狩猟の自由（第2条）、出入境の自由（第3条）、海運業・製造業・鉱業・商業活動の自由（第3条）、無線通信施設設置の自由（第4条）、民間経済活動での通信の自由（第4条）、輸出入及び通過に対する関税を含めた一切の規制免除（第3条）、気象観測所設置及び科学調査の自由（第5条）が保障されている。他方、ノルウェーは必要最低限の規制を行う権利が認められるに過ぎない。具体的には、自然保護・環境保全の措置（第2条）、無線条約（1912 Wireless Convention）に則った無線通信施設設置の許可（第4条）、鉱業権を含む私的財産権の認可（第7条）、公益事業及び適切な賠償のための公用収用（第7条）、他の締約国と協議した上での鉱業料や各種税金等を含む鉱業規制（第8条）を行う権能が与えられている。

軍事面に関しては、スヴァールバル条約第10条は、ノルウェーが自国の海軍基地を設けることだけでなく、他国の海軍基地設置を認めることを禁止している。さらに、同諸島における如何なる要塞・防備施設の建設（fortifications）とその軍事作戦目的（warlike purposes）での使用を一切禁止している。[9]

したがって、スヴァールバル条約には、比較的小国であり軍事的脅威を及ぼすことがないノルウェーにスヴァールバル諸島の主権を与えることにより、同諸島を列強間の権力闘争の埒外に置く地政学的意図があったと言えるだろう。ただし、同条約が定めるレジームには軍事利用に関する見解の対立や非難を解決するメカニズムがない。実際、一九九七年、ノルウェーは同諸島に衛星通信所を設置し、ここを経由した写真データが米軍のイラク侵攻（「砂漠の嵐作戦」）に用いられたことが判明したため、これが条約違反であったかどうかについて決着はついていない[10]。

こうしたスヴァールバル条約体制の下では、締約国・加入国の国民によるスヴァールバル諸島への出入境が全く自由であり、当然全く査証が不要である。一般に、他国の領域に入り滞在・居住するためには、当該国の同意・許可が必要であり、金正恩ファミリーのような事案の場合は、国際法上そして当該国の国内法上、政治亡命として手続きと形式を取らねばならない。しかし、スヴァールバル諸島への移動・居住にはこうした法的障害が全く存在しない。

さらに、スヴァールバル条約はスヴァールバル諸島に対する軍事攻撃等を禁止している。もっとも、米国を含め、強国が意図的に同条約に違反し、ノルウェーの主権を侵犯することは軍事的には十分可能であるから、金正恩ファミリーを殺害したり、強制的に連れ出したりすることはありうる。したがって、問題の焦点は、米国などの強国が従来のように同条約を遵守し続けるか、現在及び近未来の見通しを国際政治の観点から考察してみる必要がある。

3 スヴァールバル諸島を巡る国際政治状況

スヴァールバル諸島は軍事戦略上重要であり、強国にとってここを支配することができれば最も望ましいが、列強間の競争や相互牽制でそうできない場合、次善の策としては同諸島を何らかの方法でどの列強にも支配させない形が望ましい。スヴァールバル条約はそうした必要を満たしている。

この点、第二次世界大戦での経緯を見れば、明らかとなる。独ソ戦が始まると（一九四一年六月）、ソ連向けの援助物資輸送航路が同諸島とノルウェーの間を通っていたことと、北極海の気象データが中欧での軍事作戦にとって重要であったことから、同諸島は戦略上の重要拠点となった。同年八月には、連合国軍は同諸島にあった測候所や炭鉱の施設を使用不能にして労働者たちを避難させると、ドイツ軍が気象観測所を設置した。一九四二年と一九四三年には、同諸島の支配を巡って両軍の攻防が続いた一方、同諸島沖では援ソ船団とそれを狙うドイツ海空軍と激戦が繰り返された[11]。

冷戦中もスヴァールバル諸島の戦略的重要性は減ずることはなかった。米ソ両国は北極海を挟んで大量の戦略核兵器を持って対峙したが、同諸島の対岸にあるコラ半島にはムルマンスクの司令部を中心にソ連海軍北方艦隊の基地群があり、航空母艦、巡洋艦だけでなく多数の戦略原潜や攻撃原潜の母港となっていた。また、有事には、同諸島は北大西洋に南下する同艦隊の艦船を牽制、阻止する上で重要な位置を占めていた。

冷戦後も、スヴァールバル諸島は依然として戦略的重要性を有している。確かに、ソ連崩壊後の混乱の中、一時的にロシア海軍北方艦隊の能力と活動水準は落ちたが、徐々に回復し、現在は重要な拠点となっている[12]。二〇一四年にはロシア系武装集団がウクライナのクリミアに侵攻し、その後ロシア領に編入された。米国を含む先進民主制諸国はロシアが国際秩序の現状を力によって変更しようとしていると見て、政治的に対立し、軍事的にも緊張状態にあることから、一層、同諸島の戦略的重要性が高まっている。

近年、地球温暖化によって急速に北極海の氷塊が融解した結果、軍民両用で使える北極海航路の可能性も論じられており、一層、同諸島の戦略的重要性に関する関心が高まっている[13]。

さらに、こうした北極海の氷塊が融解した結果、技術進歩と相俟って、この地域における資源、とりわけ、巨大な石油・天然ガスや水産物資源に関して、その開発・利用に対する激しい国際競争が生じつつある。北極海に直接面したロシア、ノルウェー、デンマーク（グリーンランド・フェロー諸島を含む）、カナダ、米国の五ヵ国は自国に有利な領海や排他的経済水域を主張し、外交活動や軍事活動を活発化している。今のところ、これら五ヵ国はアイスランド、スウェーデン、フィンランドを加えた北極海評議会（Arctic Council）を利用して多国間制度を模索することによって、大枠、現状維持で地域秩序を保とうとしており、武力衝突の兆しはない[14]。

4 結語

現在の北極海を巡る国際政治・軍事の大状況の文脈において、スヴァールバル諸島に関する国際政治・軍事の小状況を考えれば、予見できる未来においてスヴァールバル条約による国際レジームを維持することで米国を含め列強の利害は一致していると考えてよかろう。したがって、万一、北朝鮮が体制崩壊の危機に瀕した場合、金正恩ファミリーがスヴァールバル諸島に移住するという形での実質的な政治亡命は選択肢としてありうると言える。

発展途上世界において、核兵器開発を巡って米国と対立・対決した独裁政権の指導者の末路は悲惨である。かつてのリビアのカダフィは核兵器開発を放棄した後、リビア内戦の中、反政府勢力の部隊によって殺害されたし、核開発の疑惑を持たれたイラクのサダム・フセインはイラク戦争敗北により政権が崩壊した結果、逮捕されその後死刑となった。二〇一八年現在、北朝鮮は限定的な核戦力を保有した上で、米国に到達する大陸間弾道ミサイルと核弾頭を急速に完成しつつあると考えられている。一方、米国は北朝鮮に対して軍事攻撃を示唆しつつ、その「完全で検証可能かつ不可逆的な非核化（ＣＶＩＤ：Complete, Verifiable, Irreversible Disarmament）」を要求している。非核化で妥協できない米国と主たる交渉材料が核兵器である北朝鮮との交渉はただでさえ困難なものと思われるが、本補論で分析したように、実質的な亡命が選択肢として存在しており、金正恩は強気で交渉できるであろうから、一層困難なものとなると思われる。

（注）

（1）オランダ政府条約データベース、https://verdragenbank.overheid.nl/en/Verdrag/Details/004293、二〇一八年五月二〇日アクセス。

（2）二〇一八年五月二〇日現在、北朝鮮労働党の機関紙「労働新聞」（http://www.rodong.rep.kp/en/）や同国外務省（http://www.mfa.gov.kp/en/）の公式ホームページを検索してみたが、特段言及はなかった。なお、国営朝鮮中央通信の英語版日本サイトは簡単な事実だけを報道した。"DPRK accedes to Svalbard Treaty," http://www.kcna.co.jp/item/2016/201601/news30/20160130-11ee.html, January 30, 2016.

（3）http://gendai.ismedia.jp/articles/-/52983、二〇一八年五月二〇日アクセス。

（4）著者は、https://ci.nii.ac.jp/, https://scholar.google.co.jp/に検索をしてみたが、邦文で該当するものはなかった。石渡利康による研究は、北極圏の地域統合の観点からスヴァールバル諸島の分析を含む。同氏「北極圏地域研究」、日本大学博士論文（国際関係）、一九九九年、https://ci.nii.ac.jp/naid/500000181735/、二〇一八年五月二〇日アクセス。

（5）*World Factbook*, CIA, https://www.cia.gov/library/publications/resources/the-world-factbook/geos/print_sv.html, accessed on May 20, 2018. https://en.visitsvalbard.com/visitor-information/destinations/longyearbyen, accessed on May 20, 2018. https://en.visitsvalbard.com/things-to-do/ny-alesund-the-northernmost-town-in-the-world-better-moments-p2522773, accessed on May 20, 2018. https://en.visitsvalbard.com/visitor-information/destinations/barentsburg, accessed on May 20, 2018.

（6）Lotta Numminen, "A History and Functioning of the Spitsbergen Treaty," in Dinna Wallis and Stewart Arnold, ed., *The Spitsbergen Treaty: Multilateral Governance in the Artic*, Artic Papers vol. 1, August 30, 2011, pp.7-8, https://dianawallis.org.uk/en/page/spitsbergen-treaty-booklet-lauched, accessed on May 20, 2018.

（7）*Ibid*, p. 8.

（8）ただし、同条約が実質的に「無主の地」の扱いとしているのはスヴァールバル諸島の領域（領土、領海、領空）だけである。したがって、同諸島周辺の海域が国連海洋法条約の定める排他的経済水域（ＥＥＺ：Exclusive Economic Zone）に該当するかどうかは大きな法的問題となる。ノルウェーは同諸島に対する同国の「完全で絶対的な主権」により同国のＥＥＺとなると主張する一方、それ以外の国は同条約の原則を当てはめ「無主の地」の扱いを求める事態となっている。こうした曖昧さは同条約の締結時には予期されなかった。Wallis, *op.cit.*, pp. 10-15. Christopher R. Rossi, "A Unique International Problem: The Svalbard Treaty, Equal Enjoyment, and Terra Nullis: Lessons of Territorial Temptation from History," *Washington University Global Studies Law Review*, Vol. 15, No. 1, pp. 93-94, https://openscholarship.wustl.edu/cgi/viewcontent.cgi?article=1564&context=law_globalstudies, accessed on June 8, 2018.

（9）本論著者は「warlike purposes」を軍事作戦目的と意訳したが、意図的に戦争に向けた目的、或いは戦争を念頭に武力による威嚇を行う目的、その他一切の軍事的敵対行為を含むと理解している。

（10）Wallis, *op.cit.*, p.16.

（11）"Operation Gauntlet-Spitzbergen: 19 Aug-8 Sept" 1941, The Royal Edmonton Regiment Military Museum, https://www.lermuseum.org/second-world-war-1939-45/1941/operation-gauntlet-spitzbergen-19-aug-8-sept-1941, accessed on June 10, 2018. "The Second World War: The History of Spitsbergen," https://www.spitsbergen-svalbard.com/spitsbergen-information/history/the-second-world-war.html, accessed on June 10, 2018. "Arctic naval operations of World War II," Wikipedia, https://en.wikipedia.org/wiki/Arctic_naval_operations_of_World_War_II, accessed on June 10, 2018.

（12）*The Military Balance: The Annual Assessment of Global Military Capabilities and Defense Economics*, International Institute for Strategic Studies, various years.

（13）「北極海秩序の将来」『東アジア戦略概観2011』防衛研究所、http://www.nids.mod.go.jp/publication/east-asian/pdf/eastasian2011/j03.pdf、二〇一八年六月一〇日アクセス、五一頁～五五頁。否定的な見解としては、文谷数重「期待外れの北極海航路と儲からない資源開発 安全保障上の価値も存在しない幻想に過ぎぬ『北極海ブーム』」『軍事研究』第52巻5号、二〇一七年五月。

（14）「北極海秩序の将来」前掲、六一頁～七二頁。北極海評議会については、https://www.arctic-council.org/index.php/en/、二〇一八年六月一〇日アクセス。

●著者略歴

松村昌廣（まつむら・まさひろ）

1963年、神戸市生まれ。

関西学院大学法学部政治学科卒。米オハイオ大学にて政治学修士号（MA）、米メリーランド大学にて政治学博士号（Ph.D.）。現在、桃山学院大学法学部教授、平和・安全保障研究所研究委員、防衛省行政事業レビュー外部有識者。

この間、ハーバード大学オーリン戦略研究所ポストドクトラル・フェロー、米国防大学国家戦略研究所客員フェロー、ブルッキングス研究所北東アジア政策研究センター客員フェローなどを務めた。

専門は国際政治学、国家安全保障論。研究の焦点は日米同盟政策、防衛産業政策、軍事技術開発政策、軍事情報秘密保全政策など。2001年国際安全保障学会最優秀論文賞（神谷賞）、2005年同会防衛著書出版奨励賞（加藤賞）受賞。

著書に『日米同盟と軍事技術』（勁草書房）、『米国覇権と日本の選択――戦略論に見る米国パワー・エリートの路線対立』（勁草書房）、『軍事情報戦略と日米同盟――C4ISRによる米国支配』（芦書房）、『動揺する米国覇権』（現代図書）、『軍事技術覇権と日本の防衛――標準化による米国の攻勢』（芦書房）、『東アジア秩序と日本の安全保障戦略』（芦書房）、『米国の覇権凋落と日本の国防』（芦書房）、『衰退する米国覇権システム』（芦書房）ほか論文多数。

Japan-U.S. Alliance and the Korean Peninsula: A Cockpit of World Politics

日米同盟と朝鮮半島——国際政治における格闘場

■発　行——2019年11月30日
■著　者——松村昌廣
■発行者——中山元春
■発行所——株式会社芦書房　〒101-0048 東京都千代田区神田司町2-5
電話 03-3293-0556／FAX 03-3293-0557
http://www.ashi.co.jp
■印　刷——モリモト印刷
■製　本——モリモト印刷

ISBN978-4-7556-1304-3 C0031